नदी में खड़ा कवि

[व्यंग्य-संग्रह]

नदी में खड़ा कवि

शरद जोशी

संकलन

नेहा शरद

राजकमल प्रकाशन

ISBN : 978-81-267-2284-6

मूल्य : ₹595

पहला संस्करण : 2012
दूसरा संस्करण : 2021

प्रकाशक : राजकमल प्रकाशन प्रा.लि.
1-बी, नेताजी सुभाष मार्ग, दरियागंज
नई दिल्ली-110 002

शाखाएँ : अशोक राजपथ, साइंस कॉलेज के सामने, पटना-800 006
पहली मंजिल, दरबारी बिल्डिंग, महात्मा गांधी मार्ग, प्रयागराज-211 001
36-ए, शेक्सपियर सरणी, कोलकाता-700 017

वेबसाइट : www.rajkamalprakashan.com
ई-मेल : info@rajkamalprakashan.com

मुद्रक : बी.के. ऑफसेट
नवीन शाहदरा, दिल्ली-110 032

NADI MEIN KHADA KAVI
by Sharad Joshi
Compilation by Neha Sharad

नदी में खड़ा कवि

अनुक्रम

आग लगने पर कवि-धर्म 9
कवि और कन्दराएँ 15
खाली जगह की पूर्ति 19
मेरा मालिक, मेरा यार 22
साहित्य का महाबली 27
चाचा का ट्रक और हिन्दी साहित्य 32
बरसात का एक दिन 36
यदि महाभारत फिर से लिखा जाए 40
नदी में खड़ा कवि 44
पुराने पेड़ की बातें 52
अमरता के एहसास की भयावनी रात 56
झरता नीम : शाश्वत थीम 60
जाने-किस-स्तान के कवि से बातचीत 64
कवि, अफसर और चिड़िया 69
राजनीतिक कविता और कवियों की राजनीति 72
जीवन में गुलगुले पर साहित्य में गुड़ से परहेज 77
चक्रवर्ती गीतों का अर्थशास्त्र 81
राजनीतिक मंच पर परेशान हैमलेट 86
मार्गदर्शक 87
सन्त सीकरी में बड़े व्यस्त हैं 94
विज्ञापित, मैं 99
इस वर्ष मुकुन्दी टॉप करेंगे 103
जो टायर थे, वे टायर ही रहेंगे 107
तलाश कुछ शब्दों की 110
कोमलकान्त रोग और माधुरी दवाएँ 113

घास छीलने का पाठ्यक्रम 117
तुम कब जाओगे, अतिथि 120
कैक्टस और मैं 123
साहित्य-गोष्ठी में पुलिसवाला 134
टाइपरायटर पर प्रवाहवादी प्रयोग 142
प्रभु, हमें डॉक्टरेट से बचा 148
पान के बहाने कविता और कर्म पर एक बहस 152
मौन : एक रामबाण 159
कॉफी-हाउस में बैठे चार व्यक्ति 163
प्रेमचन्द के बासी आलोचक 168
समीक्षा की 'छेड़खानी शैली' के समर्थन में 171
निर्माण और साहित्य 175
कवि सम्मेलन 177
चाकू-तरंग पर भीमपलासी ऐब्स्ट्रैक्ट 179
गुस्सैल कविताओं का डनलपिलो पर तांडव 183
हिन्दी का नया वाद : अनुवाद 190
दीर्घायु और पत्रकार की आत्मा 193
तुम छले गए मुक्तिबोध 197
मेघदूत 200
मेघदूत की पुस्तक-समीक्षा 206
कहहुं लिखि कागद कोरे! 212

आग लगने पर कवि-धर्म

आग का आविष्कार नहीं होता तो सिगरेट कैसे जलाई जाती? सिगरेट नहीं जलती तो साहित्य कैसे रचा जाता? कागज पर कलम के घर्षण से आग उत्पन्न करने वाले साहित्यिक बर्बर-मानव के इस नाते आभारी हैं कि उन्होंने पत्थर टकराकर आग की प्रसूति सम्पन्न की थी। मगर जैसा कि फायर-ब्रिगेड वाले कहते हैं कि आग अगर आदमी की दोस्त है तो साथ ही गहरी दुश्मन भी। अतः किसी भी कवि अथवा लेखक का घर नई रचना के सृजन के सुखद क्षणों में यदि जल जाए तो आश्चर्य नहीं करना चाहिए। ऐसे अवसर पर बिना घबराए इस लेख की सुरक्षित कटिंग निकालकर ध्यान से पढ़ना चाहिए और बिना भाषा और शिल्प पर टीका-टिप्पणी किए, उस पर व्यवहार करना चाहिए।

जैसे कि आप कवि हैं, कवि हैं और समय-समय पर टिप्पणी भी लिखते हैं। आप रजाई पूरी तरह ओढ़े, मुँह ढके सहज भाव से सिगरेट पी रहे हैं। रजाई के अन्दर का अन्धकार सिगरेट के धुएँ में घुल-मिल रहा है। आप मन-ही-मन कविता गढ़ रहे हैं। किसी पत्रिका ने आपकी इकट्ठी पाँच रचनाएँ मँगाई हैं और पाँचों आज सिगरेट के एक पैकेट के बल पर लिख देने का दृढ़ निश्चय किए हैं। रजाई में छुपे आप सोच रहे हैं :

—विस्तार, किनारीदार
क्षितिज की
सुरमई रेख से भी दूर तक
विस्तार, सिलसिलेवार
फैलाव यह अपार
मैं बाँध नहीं पाता, लाचार
अपनी बाँह से
क्योंकि शायद वह तुम हो।
जलागार
सागर यह अपार

अपरम्पार
पी नहीं पाता हूँ, लाचार
शायद वह तुम हो।

और सिगरेट ने रजाई को चूम लिया। एक सिहरन-सी रजाई के रेशों में दौड़ गई। घूँघट की गोरी की तरह वह बिना घासलेट छिड़के जलने लगी। आप दूसरी कविता सोच रहे हैं :

सुनो, सुनो
आ...ओ।
दिशान्त के थके प्रहरी
तुम्हारी आस्थाओं के अमिय-घट को
किसी विषैले नाग ने घेरा है!
अपने रौंदे हुए व्यक्तित्व (कविता वाले)
धूँधली आँखों (हीरोइक)
और थकी बाँहों से मैं जूझा हुआ हूँ
कालियामर्दन के पुराने फोटो की तरह।
सुनो ओ प्रहरी!

अब आपके कपड़े जलने लगे हैं। सिगरेट खत्म हो गई है जिसे अधजली ही आपने सोफे के कुशन पर फेंक दिया है और नई जला रहे हैं। तीसरी कविता बन रही है :

किसी आदिम जादूगर की तरह
अंगारों पर पैर रखता
मैं तुम्हारे पास आया हूँ
नीले समन्दर की ओ जलपरी
मेरे पैरों पर लहरें उलीचो
मेरे हाथों में बन्द
पुरानी मर्यादाओं की राख
तुम्हें सौंपता हूँ!
यह सिन्दूर का भ्रम है,
क्या तुम्हारी माँग को स्वीकार होगा?

जमीन पर बिछी दरी अब जल रही है। घर-भर में धुआँ उठ रहा है जिसे आप सिगरेट का धुआँ समझ रहे हैं। आग कागज की तरफ बढ़ रही है पर आप इन क्षणों में नई कविता भोगने में व्यक्त हैं। चौथी रचना हो रही है :

जब पत्रिकाएँ खोलोगी
मुझे पाओगी,

मैं धारावाहिक उपन्यास हूँ।
जब रेडियो खोलोगी
मुझे गाओगी,
मैं शास्त्रीय संगीत हूँ।
जब आँखें दौड़ाओगी
मुझे पाओगी
मैं सिनेमा पोस्टर हूँ।
तुम जब चाहो, मुझे पा लो
सरौता छू देने भर से प्रकट,
सड़ी सुपारियों के यथार्थ की तरह
मैं सदा उपलब्ध हूँ।

आपकी पाँचवीं और अन्तिम कविता बहुत छोटी है। आग से अखबार आधे ही जले हैं कि आप रच देते हैं :

शीर्षक : साजन सीढ़ी उतर गए!

रचना :
साजन
सीढ़ी
उतर
गए!

और आप अपनी प्रतिभा से स्वयं आक्रान्त, अपनी कस्तूरी से स्वयं मोहित जब रजाई फेंककर उन्हें लिख देने को उछलते हैं तो देखते हैं कि आह, मैंने कितनी सिगरेटें पी डालीं। सारे घर में धुआँ है। फिर जाने कैसे आपके कवि-व्यक्तित्व में दबा हुआ समझदार आदमी जाग जाता है और आप देखते हैं कि घर में आग लगी हुई है। खिड़की खोलकर देखिए, यह आपके किसी समकालीन एवं समनगरीय कवि की हरकत तो नहीं है। बाहर तो कोई नहीं है। फिर यह आग किसने लगाई? यह तो स्पष्ट है कि आपकी सिगरेट से यह आग लगी नहीं है। आप सदैव सिगरेट पीते रहे और कभी ऐसा नहीं हुआ। खैर, आप घबराइए नहीं। मोहल्ले वालों को आवाज नहीं दीजिए। भूलिए नहीं कि आप नए कवि हैं और हर अवस्था में आप अकेले हैं। आपका संघर्ष, अकेले का संघर्ष है। अपनी कविताओं में आप बार-बार यह कह चुके हैं। आप मोहल्ले वालों को कभी आवाज नहीं दीजिए। हाँ, पत्नी को चाहें तो बुला सकते हैं।

"अरी सुनो, ओ-ओ! क्या मेरा स्वर तुम तक पहुँचता है?"

"क्या है, क्यों चिल्ला रहे हो? तुम्हारे मारे नाक में दम है।" रेडियो के मजाकिया

प्रोग्राम की छिछली हिरोइन की तरह वे चिल्लाती हैं।

''अरी सुनो, देख रही हो, आग...हाँ, शायद आग ही।'' वे बिलकुल कवि-अप्रिया वेश में दरवाजा खोलती हैं और चीखती हैं, ''हाय, सारा घर जला डाला। तुम्हें कब अकल आएगी?'' आदि। हो सकता है वे आपको और भी कुछ गालियाँ दें। यह आपके उनके सम्बन्ध और उनके मायके की संस्कृति, परम्परा क्या रही है, इस पर निर्भर करता है। आप इन सबके बावजूद शान्त रहिए और हो सके तो मेरा यह हिदायतनामा उन्हें भी ऐसे मौके पर पढ़ने की सलाह दीजिए।

''दरवाजा जलने लगा, हाय अब क्या करें।''—वे विह्वल हैं। आप शान्त भाव से उत्तर दीजिए, ''मेरे विचार में यह आग...पानी से बुझ सकती है। कुछ जल...पानी होगा?''

''जलपान! तुम्हें इस वक्त जलपान की सूझ रही है?''

''नहीं-नहीं, मेरा यह आशय कदापि नहीं था। तुम मुझे गलत समझ रही हो। मैं सदैव गलत समझा गया हूँ, क्या साहित्य में, क्या घर में। मेरा आशय यह था कि यदि कुछ पानी मिल जाए तो शायद यह आग बुझ सकती है।''

''पानी कहाँ है! तुमने सारा नहा डाला! नल एक घंटे बाद आएगा।''

''तो क्यों नहीं हम प्रतीक्षा करें!'' आप उत्तर देते हैं।

''हाय-हाय, पड़ोस से पानी ले आओ ना। घर जल रहा है और तुम मुँह देख रहे हो।'' यों स्त्रियों का मुख देखना कवि का जन्मसिद्ध अधिकार है पर इस बात को आप भूल जाइए और पड़ोसी का दरवाजा खटखटाइए।

वे दरवाजा नहीं खोलते। भूतकाल में आपने उन्हें समय-असमय बोर किया है, अतः वे दरवाजा खोलने में देरी व संकोच करेंगे। आप खटखटाते जाइए। हमारा विश्वास है कि वे खोलेंगे। नहीं खोलेंगे तो क्या करेंगे? दरवाजा खुलने पर आप धीरे से कहिए–

''कुछ पानी चाहिए दीजिएगा?''

''अवश्य!'' और वे अन्दर जाकर एक गिलास पानी लेकर आते हैं।

''धन्यवाद।'' आप पानी पी जाइए और फिर कहिए।

''कुछ ज्यादा पानी चाहिए। एक बाल्टी...हो सके तो, कृपया।''

''क्या बाल्टी भर पानी पीजिएगा?'' वे आपसे मजाक करेंगे।

''जी नहीं, मैं एक बाल्टी क्या पिऊँगा। आप तो मुझे परिहास का विषय बना रहे हैं। बात यह है, घर में आवश्यकता आ गई है।''

''पीने का चाहिए या नहाने का?'' प्रश्न हुआ।

''आग बुझाने का। बात यह है घर में थोड़ी-सी आग लग गई है।''

''आग!'' और वे भागते हैं। ईसामसीह ने ऐसे अवसरों के लिए कहा है—तेरा

पड़ोसी वही है जिसके साथ तू उपकार करे। आप कवि-धर्म निभा रहे हैं। वे भी पड़ोसी-धर्म निभाएँगे। बाल्टी भर-भर के पानी फेंका जा रहा है। आप खड़े रहिए और मात्र हिदायतें दीजिए, "देखिए पत्रिकाएँ भीग नहीं जाएँ। मेरा साहित्य बचाते हुए पानी फेंकिए। धन्यवाद।"

पर आग छत पकड़ चुकी होगी। पड़ोसी को अपने घर का ख्याल आएगा, कहीं वह न जल जाए। वे आपसे कहेंगे–

"देखिए महाशय। अब यह घर बचना मुश्किल है। आप जितना हो सके, सामान बाहर फेंक दीजिए। मैं भी अपने घर का सामान फेंकता हूँ। भाभी बाहर जाइए, आप। नहीं तो बाद में निकल नहीं सकेंगी।" वे चले जाते हैं।

"तुम सामान फेंको घर का, हम सँभालती हैं बाहर।"

"परन्तु कौन वस्तु कहाँ रखी है, यह तो हमें बताती जाओ।"–आप पूछिए।

"सब बाहर निकालो तुम जरूरी चीजें। जरा अक्ल से काम लो।" और वे निकल जाती हैं।

अब चारों तरफ आग है और बीच में आप खड़े हैं। आप, जिन्होंने प्रयोगवाद को पगडंडी और नई कविता को नई दिशा दी है। आप, जो हिन्दी नवलेखन के प्रतिनिधि कलाकार हैं। चिरन्तन मान्यताओं के प्रति अटल विश्वास तथा सार्वलौकिकता के प्रति असन्दिग्ध आग्रह आपकी हर कृति में प्रतिबिम्बित है। चारों तरफ लपटें हैं। भाव जगत् के साथ वस्तु जगत् आँखमिचौनी कर रहा है। आपकी वैयक्तिकता तथा वास्तविकताओं के साथ कैसे संघर्ष का पहर है यह। आपने सुख-दुख, आशा-निराशा, घात-प्रतिघात के आँधी-तूफानों का सम्पूर्ण आस्था से सामना किया है तथा नवीन संवेदनशीलता, ग्रहणशीलता के साथ हर परिस्थिति, मोड़ तथा सम्भावनाओं को स्वीकार किया है। कैसा दृश्य है यह? इसकी अनुभूति का यह अवसर नहीं छोड़िए। अग्नि का ऐसा उत्पात, ऐसा भयावह स्वरूप या तो वैदिक ऋषियों ने देखा था या आप देख रहे हैं। सब कुछ जल रहा है, आप खड़े हैं। पुरानी मान्यताओं के भस्मीभूत होने के क्षणों में नए कवि के समान आप खड़े हैं। मर्मान्तक पीड़ा हो रही है, भावनात्मक विस्फोट हो रहा है। अप्रत्याशित घट रहा है, ये स्वप्न-भंग। भ्रम-निराशा की इस घड़ी में आपका कंचन व्यक्तित्व आग की लपटों में और निखर कर आ गया है।

फिर भी बाहर खड़े समाज का आग्रह है कि आप सामान फेंकिए। पत्नी बाहर से चिल्ला रही है। भावजगत् पर वस्तुजगत् की यह विजय दुखद अवश्य है पर परम्परा निभाइए और सामान फेंकिए। सबसे पहले अपनी कविताओं की डायरी, प्रेमिकाओं के पत्र (चन्द हसीनों के खतूत जो अन्यथा बाद मरने पर निकलते), रचनाओं की कटिंग्स्, पाठकों, मित्रों तथा कवि-सम्मेलन के संयोजकों के पत्र, सारी पत्रिकाएँ,

किताबें, सिगरेट का पैकेट, शेरवानी, उनकी याद के रूमाल, माचिस, अपने सम्बन्धी समाचारों के कटिंग्स्, तकिया, दीवार पर कोई चित्र हो तो, कलम, सरौता, पानदान, रेडियो के कॉन्टेक्ट और हो सके तो रेडियो भी!

(यह ध्यान रहे कि इन वस्तुओं को बाहर फेंकना है, आग में नहीं!) पत्नी से चिल्लाकर पूछिए, "और कुछ चाहिए या हम आ जाएँ।"

"अरे, अभी तो बहुत सामान रहा है, मेरी साड़ियाँ, जेवर!"

भावजगत् पर फिर वस्तुजगत् जीता और आप सामान बाहर निकाल देने लगे। पर याद रखिए कि इस फैलती हुई आग से बचकर आपको बाहर भी आना है। समाज के भरोसे नहीं रहिए कि वह आपको निकालेगा। हिन्दी साहित्य को आपकी कितनी आवश्यकता है, यह आप ही जानते हैं, दुनिया नहीं जानती। अतः जल्दी से जल्दी बाहर आ जाइए। तब तक मोहल्ले वाले फायर-ब्रिगेड बुलवा चुकेंगे पर इसके पूर्व हमें आशा ही नहीं, वरन् पूर्ण विश्वास है कि सब कुछ स्वाहा हो चुकेगा।

जले हुए घर की ओर देख, ऐसे अवसर पर जब नगर के साहित्यकारों का झुंड आपके आस-पास खड़ा हो, आँखों में आँसू लाकर कहिए, "सब कुछ जल गया! सब जल गया! स अ ब...जल...ग या आ!!"

"कितना नुकसान हुआ भाई?

"मेरे तीन उपन्यासों की पांडुलिपियाँ, एक कथा-संग्रह, दो कविता-संग्रह, इस दशक के पूर्व लिखी मेरी सब रचनाएँ—हाय! सब जल गईं। अब मैं कैसे वे सब लिखूँगा?" (चाहें तो आप निबन्ध-संग्रह और नाटक-संग्रह के जलने की भी बात कह सकते हैं।)

आप समाज को कोसिए, शासन को गाली दीजिए, इस स्वार्थी युग पर प्रहार कीजिए और देखिए कि आपके लिए चन्दा होगा, समितियाँ बनेंगी, प्रकाशन हो जाएँगे, पुरुस्कार मिल जाएँगे और यकायक आपकी सेवाओं की चर्चाएँ होने लगेंगी। चूँकि आपकी सारी रचनाएँ जल चुकी हैं, अतः हो सकता है कुछ लेखक आपको रचनाएँ लिखकर भी दें और कभी बोर भी कर दें। पर, इन झमेलों में आप ये पाँच कविताएँ जो आपने रजाई में ओढ़कर सोची थीं, लिखकर पोस्ट करना न भूलें। आग की अनुभूति पर भी कुछ लिखिए, लिखेंगे ना?

पर यदि कवि का नहीं, किसी आलोचक का घर जल रहा हो तो घास की पिंडियाँ फेंकिए और जमालो की तरह दूर खड़े रहिए। चाहें तो कुआँ खोदने का नाटक कर सकते हैं। कवि-धर्म यह भी है।

कवि और कन्याएँ

मेरे एक मित्र हैं कवि, शुद्ध कवि। यों तो इस जमाने में शुद्ध कौन-सी चीज मिलती है? कवि अगर थोड़ा-सा आलोचक और नाममात्र को नाटककार भी हो जाए, तो आश्चर्य नहीं। पर वे काफी हद तक कवि हैं। अर्थात् जिस हद तक उनकी बुद्धि उन्हें ले जाती है, वे वहाँ तक कवि हैं। उसके आगे वे दैनिक पत्र भी नहीं पढ़ते। उनके पूरे व्यक्तित्व का 70 प्रतिशत काव्य में, 10 प्रतिशत बच्चों का पिता होने में, 10 प्रतिशत नौकरी में, 10% विचारों का मनन करने में और 5 प्रतिशत आदर्शों के निर्वाह में व्यस्त रहता है। अब यह हो गया कुल 105 प्रतिशत, तो इसमें मेरा नहीं, उनका कसूर है। उनका गणित कमजोर है और व्यक्तित्व सन्तुलित नहीं। यह बात सारी दुनिया जानती है।

शासन ने साहित्य को प्रोत्साहित करने की अपनी नीति के अन्तर्गत तीसरी योजना में कवि महोदय के घर के समीप एक कन्या महाविद्यालय की स्थापना कर दी। पिछले दिनों हिन्दी में जो तेजी से रोमांटिक कविता की मधुर बाढ़ आई है, उसके मूल में शिक्षा विभाग का यही निर्णय है। सच है कि आजादी के बाद स्थितियाँ बहुत बदलीं। अंग्रेजों के जमाने में तो गर्ल्स कॉलेज के एक मील क्षेत्र में कवियों को फटकने नहीं दिया जाता था। अंग्रेज नहीं चाहते थे कि हिन्दी काव्य प्रगति करे। वे हमारे सभी देशी उद्योगों को मारना चाहते थे और देश को रोमांटिक साहित्य के लिए विदेश का मुँह जोहना पड़ता था। अब ऐसा नहीं है। कवि चाहे तो कन्या महाविद्यालय के दरवाजे से सिर टिका कर रो सकता है। उस मोटर की चन्दनवर्णी धूल अपने माथे लगा सकता है, जिसमें लड़कियाँ बैठकर जाती हैं। शासन साहित्य के हित में ऐसी घटनाओं को बढ़ावा देता है।

जबसे कन्या महाविद्यालय की स्थापना हुई है, मेरे कवि मित्र के दो संकलन प्रकाश में आए हैं। मुझे उन्हें मुफ्त में पढ़ने का सौभाग्य प्राप्त हुआ है। मैं मानता हूँ कि हर कविता का अपना भूगोल और अपना इतिहास होता है। भूगोल के विषय में सम्पादक सोचें, मेरी रुचि इतिहास में है। जैसे कवि महोदय की ये पंक्तियाँ :

बैठा इस पहाड़ी पर,
याद करता उसकी अटारी
वहाँ से भी लौट आया था,
यहाँ से भी चला जाऊँगा।

ये तो क्या लौटेंगे? बाकायदा निकाले गए हैं। रोज शाम दफ्तर से छूटे और उस कन्या के घर पर! रोब, गप्पें और कविताएँ। बेचारी अपने माँ-बाप सहित इनसे तंग आ गई। बोरियत इस सीमा तक बढ़ी कि प्यार का बिरवा कँटीला हो गया। एक दिन कड़ी बातें हो गईं। 'जनाब, यह शरीफों का घर है' और 'आप मुझे मिसअंडरस्टैंड कर रही हैं', किस्म की बातें। वह क्रोध में अन्दर चली गई और भाई ने कमीज की बाँहें चढ़ा लीं। कवि महोदय का आना-जाना बन्द हो गया। अब वे स्वास्थ्य लाभ के लिए पहाड़ी की तरफ जाने लगे हैं। यह कविता उन दिनों ही लिखी थी। हाथ आया, कविता का पारिश्रमिक दस रुपए। उसको जन्मदिन पर जो पैंतीस रुपए की साड़ी भेंट कर आए थे, उसका भी दाम नहीं निकला।

मैंने जब यह अर्थ कविता का बताया, तो वे बहुत क्रोधित हुए। कहने लगे, तुझे कविता की समझ नहीं है। मगर वे कितना ही बनें, मुझे उनकी हर कविता के पीछे जो घोटाला है, पता है। जैसे यही कविता लीजिए, जो इधर काफी प्रसिद्ध हुई :

भीड़-भीड़—सब तरफ भीड़
दरवाजों पर ठसे लोग,
खिड़कियों से झाँकती गर्दनें
पार्क की बेंचें भरी हुईं
कॉफी हाउस में शोर
कोई गली निर्जन नहीं
कहाँ जाऊँ—
कहाँ जाऊँ अकेला।

अकेले-वकेले की बात बिलकुल गलत! भाई एक और देवी जी के फेर में पड़ गए थे। वह एम.ए. में बैठ रही थी और आधुनिक कविता पर उसे थीसिस देनी थी। इनके पास किताबें लेने आती। प्रेम ऐसा बढ़ा कि उसकी पूरी थीसिस आपने लिख दी। वह महाविद्यालय से चलती और रोज इनके घर पहुँच जाती। घर में कवि जी की पत्नी और बच्चे, अतः औपचारिकता का वातावरण बना रहता। बाहर घूमने जाएँ, यानी कॉफी हाउस वगैरह, तो बदनामी का डर! वह एम.ए. हो गई, पर कुछ बात नहीं जमी। थीसिस के बाद आपने यह कविता लिख मारी, जिसमें भीड़ के प्रति नाराजगी दिखाई थी।

आपकी हर कविता के पीछे कोई किस्सा है। दोनों संग्रहों में कई घपले हैं। ध्यान से देखें तो साहित्य के माध्यम से जीवन की अनेक पोलें खुल जाएँ। इसीलिए कहा गया है कि यदि कवि के विषय में जानना चाहते हो, तो उसका साहित्य पढ़ो। मैं तो चुप हूँ कि किसी तरह हिन्दी में नई कृतियाँ तो आ रही हैं और एक प्रतिभा का विकास तो हो रहा है। सब कन्या महाविद्यालय खुल जाने का प्रताप है, अन्यथा यह सब कैसे होता? मुझे तो कवि मित्र की वही रचना सबसे अच्छी लगती है, जो कन्या महाविद्यालय की सभी लड़कियों को एक साथ संबोधित है। भैया का बस चले तो पूरी इमारत उठाकर बाँहों में भर लें और पगलाए फिरें। कविता यह है :

बहुत सारी चिड़ियाएँ
बहुत सारे चाँद
खूब-खूब सितारे
खूब से फूल
सुगन्धें, उजाले और स्वर
अनेक-अनेक रंग
सब मेरे आँगन में हों गिरफ्तार
समेट लूँ सबको।
सबको-सबको-सबको!

वाह, क्या कहने! यानी एक दिन ऐसा आ जाए (उम्मीद पर दुनिया कायम है!) कि कन्या महाविद्यालय जाने वाली सारी लड़कियाँ पीरियड छोड़कर भैया के आँगन में आ जाएँ।

यह हद है! मैं कहता हूँ जी हद है। विशफुल थिंकिंग की भी इंतिहा है। सरकार क्या अब ऑर्डिनेंस निकाल कर सारी लड़कियाँ इनके आँगन में खड़ी कर दे? हद है! कन्या महाविद्यालय खोल दिया, काफी है। जहाँ कन्या महाविद्यालय होता है, उस मोहल्ले में यूँ ही दर्जनों कवि हो जाते हैं। फिर भैया तो काफी पहले से खालिस कवि रहे हैं। मगर इतनी ज्यादा उम्मीद लगाना कि सब चाँद, सितारे, चिड़िया इनके आँगन में...! जब मैंने कवि महोदय को उनकी रचना का यह भाष्य बताया, तो मारने दौड़े।

मैंने कहा—अच्छा माना, मुझे कविता की समझ नहीं है। पर आप यह बताएँ कि जब से कन्या महाविद्यालय घर के पास स्थापित हुआ, आपने सबसे ज्यादा कविताएँ कैसे लिख लीं और दो संकलन कैसे प्रकाशित करवाए? और दोनों संकलन कन्या महाविद्यालय की प्राचार्या को पुस्तकालय में रखने के लिए निःशुल्क क्यों भेंट किए?

यह सुनकर वे चौंक गए और मुझे चुप रहने का इशारा करने लगे, क्योंकि अन्दर उनकी पत्नी सुन रही थी। मैं चुप हो गया। कवियों की प्रेरणा भी दो प्रकार की होती

है—एक स्थायी यानी पत्नी और दूसरी अस्थायी यानी छात्राएँ या अन्य महिलाएँ। वे दोनों को अलग खानों में बन्द रखते हैं और प्राप्त भिन्न अनुभूतियों से कविताएँ रचते हैं। सतत साहित्य के विकास का यही रहस्य है। मेरे कवि मित्र अपनी एक रचना में वास्तविकता भी लिख गए हैं :

नहीं मिलतीं लड़कियाँ
नहीं मिलतीं
नहीं मिलते सुख
मिलते हैं आँसू, घाव, दुःख—
मीठे स्वर नहीं मिलते
प्यार नहीं मिलता
मिलती हैं झिड़कियाँ
बन्द दरवाजे, खिड़कियाँ
नहीं मिलती मगर
लड़कियाँ!

खाली जगह की पूर्ति

कवि, कवि एक प्रश्न का उत्तर दे! कवि होने से तुझे क्या मिला?

मुझे पत्नी मिली। मुझ पर मोहित थी। शादी कर ली।

पत्नी को क्या मिला?

मैं मिला। उस पर मोहित था। अब भी हूँ। उससे बच्चे मिले।

कविता से तुझे और क्या मिला?

नौकरी मिली। कवि था, इस कारण मिल गई।

कविता का क्या हुआ?

उसका संकलन बना। छपा।

संकलन का क्या हुआ?

बिका। पुरुस्कार मिला। सम्मान मिला। समीक्षा मिली।

तो कविता से पत्नी मिली, नौकरी मिली, पुरुस्कार मिला, मान मिला, समीक्षा मिली। और क्या मिला?

चर्चा मिली, जिक्र मिला, कॉफी हाउस में जगह मिली, पत्रिका का सम्पादन मिला, लेखों में अपने पर प्रशंसा भरे विचार मिले। कहीं-कहीं पूरे लेख अपने पर मिले।

इस सबसे क्या मिला?

और बड़ी नौकरी मिली। और बड़ा पुरुस्कार मिला। कमिटियों की सदस्यता मिली। पैसा मिला। आदर मिला। रेडियो मिला, टेलीविजन मिला। और एक प्रेयसी मिली।

कविता से पत्नी मिली। फिर प्रेयसी मिली।

अकादमी से अवार्ड मिला। विदेश यात्राएँ मिलीं। पुस्तकों के सम्पादन मिले। भाषण देने को सम्मेलन मिले। बड़े लोगों से दोस्ती मिली, सम्बन्ध मिले। रहने को बंगला मिला। पाठ्यक्रमों में जगह मिली। विश्वविद्यालय से बिना शोध किए डॉक्टरेट मिली। बिना काम किए फेलोशिप मिली।

और क्या मिला?

पद्मश्री मिला। राज्यसभा की सदस्यता मिली। पराई भाषा में मेरे अनुवाद हुए।

नाम मिला। इनाम मिला। मुझ पर डॉक्यूमेंटरी बनी। मैं दर्शनों के योग्य हुआ, निमंत्रणों के योग्य हो गया, विशेष अतिथि के योग्य हो गया, ऑटोग्राफ लेने के योग्य हो गया, जन्मदिन मनाने के योग्य हो गया, अभिनन्दनों के योग्य हो गया, पुस्तक समर्पण के योग्य हो गया, चरण स्पर्श के योग्य हो गया, आशीर्वाद देने के योग्य हो गया, पुस्तक लिखने के योग्य हो गया, जीवनी प्रकाशित करने के योग्य हो गया, विश्वविद्यालयों द्वारा पी-एच. डी. और डी. लिट्. करने के योग्य हो गया, दीक्षान्त भाषणों के योग्य हो गया, राष्ट्र के नाम सन्देश देने के योग्य हो गया, इंटरव्यू में प्रश्नों के उत्तर देने के योग्य हो गया। षष्टी पूर्ति के योग्य हो गया। अभिनन्दन ग्रन्थों के योग्य हो गया, अखबारों में चित्रों के योग्य हो गया। कवि होने से मुझे यह सब मिला। विश्वविद्यालय में चेअर मिली। वेतन मिला। भत्ता मिला। बीमार होने पर इलाज का पैसा मिला। बढ़िया इलाज मिला। मेरे लड़कों को अच्छी नौकरियाँ मिलीं। उन नौकरियों के कारण उन्हें अच्छे घर की लड़कियाँ मिलीं। दहेज मिला। मेरी लड़कियों को योग्य वर मिले। वक्त जरूरत आर्थिक सहायता मिली। थैली मिली। भेंट मिली। रेल का फ्री पास मिला। पूरे देश के सभी कोनों में घूमने को मिला। संसार भर का भ्रमण मिला। कितने प्रकार की शराबें पीने को मिलीं। खाने मिले। आनन्द लेने को नजारे मिले। भीड़ मिली। महफिलें मिलीं। वाह-वाह मिली। लतीफे सुनाने को मिले। गीत गुनगुनाने को मिले। बढ़िया पान चबाने को मिले। चेहरे आँख मिलाने को मिले। कई गुल खिलाने को मिले। पहनने को हार मिले। बैठने को कार मिली। गपियाने को यार मिले। छपने को अखबार मिले।

यश मिला। अहं मिला। दम्भ मिला। विवेचना मिली। मूल्यांकन और पुनर्मूल्यांकन मिला। विश्लेषण मिला। समीक्षा मिली। कवि होने से मुझे सब कुछ मिला।

कवि होने से तुझे सब कुछ मिला। पद, पत्नी, सम्मान, पैसा, यश, अवसर, यात्रा, जीवन। अब एक प्रश्न का उत्तर दे कवि। इस सबसे तुझे सन्तोष मिला?

मिला। भरपूर सन्तोष मिला।

अब दूसरा और अन्तिम प्रश्न। कवि होने से तुझे सब कुछ मिला। कविता मिली?

कवि चुप रहा। प्रश्न फिर दोहराया गया।

कवि होने से तुझे सब कुछ मिला। कविता मिली?

कविता नहीं मिली।

कविता नहीं मिली और तू भरपूर सन्तुष्ट है। एक जिज्ञासा। तू किस भाषा का कवि है, जिसे कविता बिना मिले ही सब कुछ मिल जाता है। कविता जिसके लिए सब कुछ पा लेने का माध्यम है फिर भी कविता जिसके पास नहीं है। सब कुछ मिल

गया। कविता अभी भी लिखी जाने को बकाया है? जो बिना कविता के कवि है। जो कवि इसलिए है कि पद है, प्रेयसी है, पैसा है, मान है, चर्चा है। सब कुछ है, कविता नहीं है, फिर भी कवि है। एक जिज्ञासा। तू किस भाषा का कवि है?

ऊपर खाली जगह की पूर्ति करो। दस अंक मिलेंगे।

'मैं राष्ट्रभाषा हिन्दी का कवि हूँ। मैं स्वयं में खाली जगह की पूर्ति हूँ।'

उत्तर सही है। बीस अंक दिए।

मेरा मालिक, मेरा यार

उसने लिखना शुरू किया।

"बहुत बड़ा एक्टर है वह शख्स जिसे दुनिया हसीन कुमार के नाम से जानती है। मगर एक्टर से बढ़कर वह एक बड़ा इन्सान है। एक अजीब-सा शख्स जो हर बार मुझे एक बिलकुल अलग सूरत में नजर आया है। कभी कला की बारीकियों के लिए घंटों जद्दोजहद करता, कभी एक असर लाने के लिए बार-बार कोशिश में लगा हुआ और कभी इतना मासूम कि तबीयत होती है उसकी पेशानी चूम ली जाए। मैं इन सभी सूरतों में उस असली इन्सान की तलाश में हूँ, जिसे उसकी माँ आज भी प्यार से 'इमरती' कहती है। वही इमरती जो बम्बई की इस तेज-तर्रार दुनिया में रहकर भी उसी अपने कस्बे घाटियावालान की वादियों में खोया रहता है।"

इतना लिखकर वहीद भाई रुक गए। पास से डिबिया उठाकर उन्होंने एक सिगरेट जलाई और अपनी लिखी पंक्तियों को फिर से पढ़ा। मुग्ध हुए। फिर सोचने लगे कि अगर इस हसीन कुमार के बच्चे ने 'शालीमार' के डायलाग नहीं दिलवाए तो यह सारा लिखा बेकार है। क्या फायदा। साल भर बीत गया इस कम्बख्त के पीछे चक्कर काटते। टुकड़ा-सा फेंक देता है हर बार। अभी तक एक फिल्म के डायलाग नहीं मिले और न सीनेरियो। तब कह रहा था—"वहीद भाई, मैं अपनी अलग 'गैंग' बनाना चाहता हूँ। मेरा फोटोग्राफर, मेरा रायटर और मेरा डायरेक्टर। जिसे मुझे अपनी फिल्म में हीरो बनाना है उसे मेरी गैंग के लोग लेने होंगे।" तब से दो डायरेक्टरों को अपनी गैंग से भगा चुका है। फोटोग्राफर भी नया ले आया। मगर वहीद भाई को पाल रहा है या कहिए वहीद का चौड़ा कलेजा है कि उसे सहन कर रहे हैं। उसने तो करीम वाली पार्टी में नशे में जूता फेंक दिया था और चिल्ला कर कहा था—"रायटर के बच्चे तुझे देख लूँगा।" मगर वहीद भाई थे जो चुप रह गए थे और दूसरे दिन वक्त से स्टुडियो पहुँच गए थे। अगर न जाते तो हसीन कुमार अपनी गैंग का तीसरा आदमी भी बदल देता। फिर वहीद भाई कहाँ जाते? अखबार नवीसी, मैगजीनों में लिखना—कम्बख्त देते क्या हैं। वे क्या करते।

सिगरेट खत्म हो गई। वहीद भाई ने दूर बैठी अपनी नई बीवी को देखा, फिर सिर झुकाकर कागजों की ओर देखने लगे। लिखना शुरू किया।

"मैं अक्सर सोचता हूँ हसीन कुमार को लेकर कि, आखिर इस कलाकार में कमी क्या है? कला की सबसे ऊँची मंजिल पर उसने कदम रख दिए हैं, दौलत उसके पैर चूम रही है, प्रोड्यूसर उसके पीछे दौड़ रहे हैं, मुल्क की जनता उसकी एक झलक पाने को तरसती है, एक बला की खूबसूरत, शोख और प्यारी बीवी का वह मर्द है और एक नन्हे बच्चे का बाप। मगर जाने क्यों मैं जब हसीन कुमार को देखता हूँ तो मुझे लगता है कि उसकी आँखों में एक प्यास है, एक कशिश है, एक खोयापन है, एक गहरी तलाश है। हसीन कुमार के अन्दर एक अदद हसीन कुमार और है जो बाहर आना चाहता है, अक्सर आता भी है। वही हसीन कुमार जो कस्बा घाटियावालान की सूनी वादियों में खोया रहता है, वही हसीन कुमार जो हर लमहा एक नए हसीन कुमार को तराशता है।"

वहीद भाई रुक गए। उन्हें सन्देह हुआ कि कस्बा घाटियावालान के आसपास कोई वादी है भी या नहीं? होगी। रहती है। उन्होंने अपनी बीवी की ओर देखा बोले–"कल रात जो हुआ उसके लिए मैं गुनहगार हूँ मगर खुदा के लिए एक पियाला चाय तो पिलवा दो।"

बीवी अपने रेशमी रेपर और महीन दुपट्टे को समेटती उठी और बड़बड़ाई–"जब खुद को सँभाल नहीं पाते तो इतना पीते क्यों है?"

वह हँसे। पीते वह हमेशा रहे हैं, मगर आजकल पीना एक खास मकसद रखता है। जब तक पीएँगे नहीं, हम प्याला, हमनिवाला नहीं होंगे, इन प्रोड्यूसरों के करीब कैसे आएँगे। ऐसी प्राइवेट महफिलों में उनकी जगह बनती जा रही है। वे लतीफे सुनाते हैं और खूब सुनाते हैं।

उन्होंने अपना लिखा वाक्य पढ़ा और सोचने लगे कि वह कौन-सा हसीन कुमार है जो एक और हसीन कुमार को तराशता है। इस वाक्य का कोई अर्थ नहीं था। यह उनकी शैली थी। इसी शैली से उन्होंने साहित्य में नाम कमाया है। इसी की चमक लेकर वह बम्बई आए थे और अब यहाँ से लौटना उनके लिए सम्भव नहीं। वह यहाँ से आगे बढ़ नहीं सकते। इसके आगे समन्दर है।

चाय बनकर नहीं आई थी। वह लिखने लगे।

"दुनिया ने हसीन कुमार को परदे पर देखा है एक शरारती हीरो की शक्ल में जो मस्त है, आवारा है और उन हजारों-लाखों गरीबों और मजलूमों का दुलारा है जो मेहनत की जिन्दगी जी रहे हैं। हसीन कुमार जो जवान है, शायरी का प्रेमी और सच्चा आशिक। अगर दुनिया अपने प्यारे हसीन को परदे से हटकर देख पाती तो जानकर हैरान होती कि उनका हसीन कुमार अपनी प्राइवेट दुनिया में एक संजीदा आदमी है।

एक फिलॉसफर, एक सच्चा कलाकार, जो कहीं डूबा हुआ है, खोया हुआ है। इस दुनिया में जहाँ आदमी को भी मयस्सर नहीं है इन्साँ होना वहाँ हसीन कुमार एक सच्चा इन्सान है।''

वहीद भाई को हसीन कुमार के शब्द याद आए—''इस बार जब मुझ पर आर्टिकल लिखें, मुझे जरा 'सीरियस आदमी' दिखाएँ। यह नहीं कि तेज कार चलाता है, पार्टियों में नाचता है, खूब ऐश करता है। मद्रास से मेरी जो अगली फिल्म रिलीज हो रही है, उसमें मेरा रोल सीरियस है। मैं एक फिलॉसफर हूँ, देशभक्त हूँ, समझे।''

वहीद भाई जानते हैं कि हसीन कुमार ने अपना रोल बदलवाकर एक गम्भीर और देशभक्त व्यक्ति का बनवाया है। यह जरूरी हो गया था। इन्कमटैक्स वाले मामले में जब से वह बदनाम हुआ है, उसका 'इमेज' बिगड़ा हुआ है। सरकार और जनता की नजर में। उसके विषय में यह आम बात है कि कॉन्ट्रेक्ट की रकम के अलावा बड़ी भारी रकम ऐंठे बिना काम नहीं करता और इन्कमटैक्स में गड़बड़ी करता है। इस बिगड़े 'इमेज' को वह फिल्म में दिखाए अपने चरित्र से पूरा करेगा और लोगों को बताएगा कि वह वास्तव में एक ऐसा व्यक्ति है जो सही मायने में देशभक्त है, एक महान व्यक्ति है।

''मेरे लिए इस तरह लिखो जिससे मेरी इज्जत बढ़े, मेरा रुतबा बढ़े, मैं 'ग्रेट' नजर आऊँ। ग्रेट 'आर्टिस्ट' भी और ग्रेट 'मैन' भी, समझे। मुझे इस सरकार से 'पद्मश्री' लेना है। मुझे हर हालत में मिलना चाहिए। वे लोग मेरे इन्कमटैक्स बचाने और 'ब्लैक मनी' की बात करते हैं, कम्बख्त यह नहीं देखते कि मैंने अलग-अलग फंडों में अब तक कितना रुपया दिया है। तुम वहीद, मुझे इस किस्म से बयान कर सकते हो कि वाकई में लगे कि मैं सिर्फ आर्टिस्ट हूँ, एक बड़ा एक्टर, समझे।''

बीवी चाय रख गई थी। वहीद भाई सोच रहे थे और कप से घूँट ले रहे थे। वे समझ रहे थे कि वे एक 'चमचे' होकर रह गए हैं। सारी इंडस्ट्री में वे हसीन कुमार के चमचे के रूप में जाने जाते हैं। यह उनके लिए गर्व की बात है और अन्य फिल्मी लेखक उनसे जलन भी रखते हैं। हसीन कुमार को नेक इन्सान के रूप में प्रस्तुत करने में उनकी भी रुचि है। वह कह सकते हैं कि वह एक सफल एक्टर के चमचे नहीं, एक महान कलाकार के दोस्त हैं। अभिनय के क्षेत्र में जो ऊँचाई हसीन कुमार की है वही साहित्य के क्षेत्र में वहीद भाई की है। वह हँसे और चाय पीने लगे। फिर उन्होंने लिखा।

''हसीन कुमार के लिए आज दौलत की कमी नहीं, मगर ताज्जुब है कि वह फिल्म इंडस्ट्री के दीगर लोगों की तरह कभी दौलत के पीछे दीवाना नहीं रहा। उसकी पहली फिल्म 'दिल, दिल है' से लेकर 'एक फरिश्ता' तक में हसीन कुमार, एक कलाकार ही है और कुछ नहीं। रुपया उसे कभी बाँध नहीं पाया। उसने बड़े-बड़े

प्रोड्यूसरों की भारी रकम लेने से इसीलिए इन्कार कर दिया कि कभी उसे कहानी पसन्द नहीं आई, कभी कोई दूसरा नुक्ता। उसने काम करना तभी मंजूर किया है, जब उसे यह विश्वास हो गया कि फिल्म उसके लिए एक चैलेंज है। उसने ऐसे हर चैलेंज को कबूल किया और सफल रहा। इसी का नतीजा है कि शोहरत उसके कदम चूमती है। मैं उसी कलाकार हसीन कुमार को जानता हूँ। उससे मुझे प्यार है।''

ये पंक्तियाँ लिखते हुए वहीद भाई को अच्छा नहीं लगा। सच यही है कि उस एक्टर ने वहीद भाई को अपने उतने करीब नहीं फटकने दिया। वहीद भाई चाहते हैं कि वह हसीन के गहरे दोस्त और राजदार बनकर रहें। उसे राह दिखानेवाले, उसे सँभालने वाले, उसकी हर बात से वाकिफ, उसके सच्चे हितचिन्तक। वहीद उसके सच्चे बनकर रहना चाहते हैं। बिलकुल निसार, कुर्बान। एक जीवनी लेखक की तरह हर बारीकी से परिचित। बदले में उन्हें हसीन से सुनने को मिलता है–''ऐ रायटर के बच्चे।''

उस दिन लेखकों की उस बैठक में बोलते हुए वहीद भाई ने अपने इस 'दर्द' को बिलकुल दूसरे शब्दों में व्यक्त किया था। उन्होंने कहा था कि ''फिल्मी दुनिया में लेखक को सम्मान नहीं मिलता। मगर इसमें कसूर किसका है? आज लेखक को उसके समाज में ही कहाँ सम्मान मिलता है? जब लेखक की अपने समाज में ही इज्जत नहीं है तब फिल्म की दुनिया उसकी क्यों इज्जत करेगी? जो यहाँ 'एक्स्ट्रा' है, वह हर जगह 'एक्स्ट्रा' ही रहेगा।'' वहीद भाई ने ठीक बात कही थी और बड़ी गहराई से कही थी। मगर वहीं बैठे एक लड़के ने वहीद भाई की इस बात को बुरी तरह काटा। उसने कहा कि रुपयों के लिए सम्मान और कला, दोनों बेचने को तत्पर लेखक क्यों करने लगा? जो 'महँगी' गाड़ी, हवाई-जहाज के सफर और अच्छे खाने की खुशबू में रम गए हैं, जो गरीबी और मुसीबत में जिन्दगी बसर करने वालों से दिल ही दिल में नफरत करने लगे हैं, उनका समाज क्यों सम्मान करेगा? और भी इसी तरह की बातें उस लड़के ने कही थीं। वहीद भाई को लगा था कि वह अपनी बात को पूरी तरह समझा नहीं पाए। और वह लड़का भी कुछ गुस्ताख और बेवकूफ था।

वहीद भाई अभी भी ठीक समझ नहीं पा रहे हैं। जब वह हसीन कुमार की तारीफ में लेख लिखने बैठे है तब उनके मन में सारी कड़वी बातें क्यों उठ रही हैं? जब वह उसे एक महान इन्सान बताने की कोशिश में लगे हैं तब उसी हसीन कुमार का टुच्चा व्यवहार उन्हें क्यों ख्याल़ आ रहा है। हसीन कुमार उनका 'बॉस' है जिसे वह अपने दोस्त की शक्ल में पेश कर रहे हैं। जैसे दोनों सहयोगी कलाकार हों। साथ चलनेवाले। वह कह नहीं पा रहे थे। उन्हें बार-बार उन जुमलों को याद करना पड़ रहा था जो अपनत्व का परिचय देते हैं। वह उन सब जुमलों को क्रमबद्ध कर हसीन

कुमार पर चिपकाना चाहते थे। वह महान इन्सान भी नजर आए जैसा 'वह' चाहता है और गहरा दोस्त भी, जैसा 'यह' चाहते हैं।

वहीद भाई को लगा उनका मूड नहीं है। उन्हें फिर कभी लिखना चाहिए। शाम को, मगर शाम का क्या कहा जा सकता है। उन्होंने अपनी नई बीवी की ओर देखा। वह सामने सोफे पर बैठी स्वेटर बुन रही थी। वहीद भाई ने सिर झुकाया और लिखने लगे–"अजीब शहर है बम्बई, जहाँ हसीन कुमार बसता है। शहर जहाँ दौलत और शोहरत पूजी जाती है, अन्दर बसा पवित्र इन्सान नहीं। घाटियावालान की वादियों में खोया यह नौजवान शख्स, अपनी माँ का प्यारा 'इमरती', इस बम्बई में रहकर भी आज अकेला है। आज भी उसे उन वादियों की याद सताती है। इस याद ने उसे फिलॉसफर बना दिया है, अपने में अकेला, जो सबका है, सारे मुल्क का, सारी इन्सानियत का, सब में और सबसे अलग अपनी कला की दुनिया में खोया हुआ। मुझे तलाश है उस हसीन कुमार की...।"

और वहीद भाई लिखे चले जा रहे थे।

साहित्य का महाबली

यकायक पता लगा कि वह शहर में आ गया है और स्टेशन से उतर सीधा किसी होटल में ठहर गया है। किसी ने किसी को बताया, उसने किसी और को, और यहाँ-वहाँ टकराते हुए सूचना शहर के साहित्यिक जंगल में फैल गई। हम सिहर उठे। अब कुछ विशिष्ट घटेगा। हमारी स्थिति तो डेंकाली के जंगल में आग तापते उन बौने आदिवासियों की तरह थी, जो एक-दूसरे को उस चलते-फिरते भूत, फैंटम उर्फ महाबली बेताल के कारनामे सुनाते थे और डरकर काँपते थे। मगर वह सिर्फ बेताल नहीं, वह जादूगर मैनड्रेक, टारजन, गार्थ और फ्लैश गार्डन आदि सब है। बच्चों के कॉमिक्स से निकल, मानो कोई समूचे साहित्य पर छा जाए। वह जहाँ से गुजरता है, समस्याएँ सुलझ जाती हैं, दुष्प्रवृत्तियाँ ठंडी हो जाती हैं, सरकारें ठीक चलने लगती हैं, विश्वविद्यालय फिर पनपने लगते हैं और साहित्य पटरी पर आ जाता है। हिन्दी साहित्य का महाबली है वह! टारजन की तरह जोखम भरी वैचारिक नदियों में कूदकर समस्या के घड़ियालों के पेट चीर देता है। मैनड्रेक के अन्दाज में ऐसे सैद्धान्तिक सम्मोहन करता है कि हम दंग देखते रह जाते हैं। छोटे-बड़े साहित्यिक कबीलों में उसकी गहरी धाक है।

नगर के हम सब स्थानीय जन उसके दर्शनों को होटल के कमरे में गए, नमस्कार किया और यहाँ-वहाँ छितराकर बैठ गए। उस समय अधलेटा हुआ वह शिक्षामन्त्री से फोन पर बात कर रहा था, "उस रेक्टर को हटाइए वहाँ से। बदतमीज है, सारा वातावरण गन्दा कर रहा है।"

"जी हाँ, सीनेट में गलत लोग ठुँस गए हैं। आप किन्हें ले रहे हैं कमेटी में? ठीक लोग रखिए। राम को लीजिए। ब्रिलियंट स्कॉलर है, मेरा भक्त है।"

"गुप्ता ने मेरी किताब को लेकर बड़ा वितंडावाद खड़ा करवाया था पिछली मीटिंग में। लड़कों ने इसीलिए पीटा। परीक्षा का मामला ऐसा नहीं था कि पीटा जाए। आप नई पीढ़ी के तेवर नहीं जानते, वह मुझसे मिलती है घर आकर। कुछ और आगे भी पिटते, मैंने रुकवा दिया। स्थिति ठीक नहीं हुई, तो उन्हें अगले साल देखेंगे।"

"जी हाँ, आया हूँ, तो चांसलर से मिलूँगा ही। कल उधर आऊँगा। प्राइवेट होटल में ठहरा हूँ, मैं सरकारी चक्कर में नहीं फँसता।"

हम लोग समझ गए कि इस समय साहित्य का महाबली बेताल किसी विश्वविद्यालय के जाले साफ करने में लगा है। वह जंगल में अनुशासन रखने का स्वयम्भू ठेकेदार है। फोन रखकर उसने हम लोगों पर नजर घुमाई। हमने अपने नमस्कारों को दोहराया।

"कहिए, कैसा चल रहा है? सुना है, आप लोगों ने एक संस्था बना ली है इधर। ठीक है।"

हम लोगों पर दाद प्राप्त करने की-सी सुखद प्रतिक्रिया हुई। "आप यहाँ कितने दिन ठहरेंगे?"–एक ने नम्रता से महाबली से पूछा। वह गम्भीर हुआ। फिर बोला, "परसों पटना जाना है, फिर दिल्ली पहुँचूँगा आठ तक, वहाँ से पूना जाना है, कॉन्फ्रेंस है।" यकायक महाबली की नजर कोने में बैठे युवा लेखक पर पड़ी।

"मार्क्सवादी समीक्षा पर लेख तुमने ही लिखा था?"

"जी।" युवा की रीढ़ काँप गई।

"पढ़ा है मार्क्स तुमने?"

"जी, पढ़ा तो है।"

"उल्लू हो, कुछ नहीं पढ़ा। पहले पढ़ो, फिर बात करो। एम.ए. कर लिया?"

"जी, इसी साल किया।"

"नौकरी मिली?"

"जी, नहीं मिली।"

"अप्लाई किया?"

"किया तो है, मगर आप जानते हैं...हें हें।"

"कल हमारे साथ शिक्षामन्त्री के यहाँ चलना, नौकरी लगवा देंगे।" महाबली का स्वभाव है कि वह प्रबुद्ध व्यक्तियों की पीड़ा हरने के मामले में निजी तौर पर कूद-फाँद करता है।

"मेरे लिए सिगरेट का एक पैकेट ले आओ और लौटते हुए बैरे को चाय बोलते आना। पैसे हैं?"

"जी हैं।" वह बटुक उत्साह से सिगरेट लेने चल दिया।

"आकाशवाणी टॉक सेक्शन को फोन लगाओ।" महाबली ने दूसरे को आदेश दिया। वह फोन मिलाने लगा। बात हुई। तय रहा कि आकाशवाणी महाबली को कल रेकॉर्ड करेगी।

"आकाशवाणी वाले अवसर ही नहीं देते।" एक उदीयमान कवि ने शिकायत की।

"मेरा नाम लिया था?"

"जी नहीं।" वह अपराधी स्वर में बोला।

"खैर, कल हमारे साथ चलना। तुम्हारी पहचान करवा देंगे।"

तभी एक गोल-मटोल-से प्रकाशक ने, जो धोती-बनियान पहने था, कमरे में झाँका और महाबली से बोला, "आपने बिसराम नहीं किया?"

"क्या करता, ये लोग आ गए। यहाँ के साहित्यकार हैं सब।"

"हें हें हें हें।" उसने हम लोगों की ओर उसी प्रसन्नता से देखा, जिससे ग्राहकों की ओर देखा जाता है। हम सब उस महाबली साहित्यकार के अदना पांठक हैं और वह महाबली की किताबें छापता है। महाबली की किताब एकाध वर्ष साहित्यिक कृति रहने के बाद रातोंरात कोर्स बुक या सम्मान प्राप्त कर लेती है। प्रकाशक महाबली को लिये फिरता है।

"आप यहाँ कैसे?" किसी ने पूछा।

"साथ ही आया हूँ।" प्रकाशक उपकृत दृष्टि से महाबली की ओर देखने लगा।

"इनका तीस हजार का छपाई का बिल रुका हुआ है निगम में। दे नहीं रहे, हीले-हवाले कर रहे हैं कि छपाई गलत हुई। हमने कहा, चलो, हम मन्त्री से बात कर तुम्हारी फाइल निपटवा देंगे।" महाबली बोला।

प्रकाशक ने जनेऊ से पीठ खुजलाते हुए कहा, "अजब समाजवाद आया है, मेहनत करनेवालों को पैसे ही नहीं मिल रहे।"

तभी सिगरेट का पैकेट ले बटुक अन्दर घुसा। उसके पीछे चाय लेकर बैरा।

"चाय पियोगे?"

प्रकाशक ने नम्रता से इन्कार कर दिया।

चाय पी गई। बिल चुकाते समय प्रकाशक और बटुक में खींचतान हुई।

"इन्हें पैसे देने दो।" महाबली ने बटुक से कहा, "ये प्रकाशक हैं। हमारा शोषण करते हैं। इन्हें देना चाहिए। तुम्हारी नौकरी लग जाए तब तुम देना।"

प्रकाशक ऐसे खिलखिलाया, जैसे महाबली ने उसे गुदगुदी की हो। बड़े विजयी भाव से बटुक की ओर देखते हुए उसने बिल अदा किया।

महाबली के न्याय से सभी सन्तुष्ट थे।

महाबली इस क्षेत्र में जब तक रहा, वे सब महत्त्वपूर्ण घटनाओं के ऐतिहासिक दिन थे, जिसे यहाँ के साहित्यिक कबीले के लोग महीनों याद रखेंगे। महाबली आकाशवाणी में धँसा और उसने कई कवियों को मौके दिलावए, वह चांसलर से मिला और रेक्टर को डपट पड़वाई, शिक्षामन्त्री से मिला और कोर्सबुक कमेटी में अपने प्रिय चेले को रखवाया। मगर जब वह अनुवाद विभाग के प्रमुख से मिला और उसने नगर के चेलों के लिए अनुवाद माँगे, तब उसका जो द्वन्द्व हुआ, उसे कबीले के लोग कभी

भूल नहीं सकेंगे।

"हम सिर्फ अमुक जाति वालों को अनुवाद कार्य देते हैं।" प्रमुख ने अपनी कार्यनीति स्पष्ट की। प्रमुख भी अपने किस्म का साहित्यवाला था जो जिन्दगी भर शिक्षामन्त्रियों को जेब में डाले घूमता रहा। वह महाबली के सामने तन गया।

बच्चों के कॉमिक्स का यह चरम क्षण था, जब महाबली बेताल या जादूगर मैनड्रेक की टक्कर ताकतवर बदमाश से होती है और वह अपने घूसों का कमाल दिखाता है।

अनुवाद-कार्य बाँटनेवाले प्रमुख के शस्त्रों में मुख्य थे—संस्कृत ज्ञान, विद्वत्ता, पी-एच.डी. दिलवा देने की शक्ति, सफेद बाल, छायावादी भाषा और तुरन्त रो पड़ने की आशुकला। इसके विपरीत महाबली के शस्त्र थे शिक्षामन्त्री से रिश्ते, रामायण की चौपाइयाँ, समाजवाद की दिल्ली व्याख्या, अखबारों में बयान देने की फुर्ती और युवा पीढ़ी का आतंक। लड़ाई लम्बी चली। हम तो आदिवासियों की तरह मुँह बाए खड़े महाबली का कमाल देखते रहे।

प्रमुख ने अपने सब हथकंडे आजमाए। कई बार उसका पल्ला भारी पड़ा, लेकिन स्पष्ट था कि महाबली के घूँसे गहरे पड़ रहे हैं। वह तो और मारता, मगर प्रकाशक बीच में कूद पड़ा। बोला, "हिन्दी साहित्य में यह क्या हो रहा है? आप समझते नहीं कि इस लड़ाई से कोर्स बुक्स और जनरल बुक्स दोनों की बिक्री पर असर पड़ेगा। साहित्य में तो लड़ाई-झगड़े चलते ही रहते हैं, मगर इसका असर हमारी दुकान पर नहीं पड़ना चाहिए। आप दोनों महान हैं। आप दोनों मिलकर रहें तो सोचिए, कितना कमीशन बने।"

प्रमुख ने बात मान ली और महाबली के स्थानीय चेलों को अनुवाद का काम बँट गया। महाबली ने अपना नया संकलन उस प्रमुख को दिया और दोस्ती पक्की कर ली। दोनों साथ-साथ मुख्यमन्त्री से मिलने गए और वहाँ बैठ रामायण पर बात करने लगे। मौके की बात कि वे उसी समय मानस चतुःशती की राज्य स्तरीय समिति के सदस्यों की लिस्ट बना रहे थे। दोनों ने मौलिक सुझाव देकर अपने-अपने लोग उस लिस्ट में फँसवा दिए और तुलसी के सामाजिक पक्ष पर विचार करते बँगले से बाहर आ गए। वातावरण की मधुरता को भाँप प्रकाशक ने उस विभाग में छपाई का टेंडर भर दिया। उसके रुके हुए तीस हजार की फाइल महाबली की कृपा से निकल गई।

कल रात की गाड़ी से वह चला गया। मार्क्सवादी समीक्षा का वह उदीयमान बटुक रेल में सामान चढ़वाने स्टेशन तक गया था। डिब्बे से गर्दन निकाल महाबली ने उसे उपनिषद् पढ़ने की सलाह दी। जेब में महाबली की कृपा से प्राप्त हायर

सेकेंडरी के लेक्चरर का नियुक्ति-पत्र सहलाते हुए बटुक बड़ी देर तक रुका रहा और रेल जाने के बाद लौटा।

महाबली चला गया, मगर कबीलेवाले सभी साहित्यकार जानते हैं कि उनका महाबली फिर आएगा। साहित्य के इस अफ़्रीकी जंगल में शान्ति और सुरक्षा के लिए वह सदा आता रहेगा।

चाचा का ट्रक और हिन्दी साहित्य

अभी-अभी एक ट्रक के नामकरण समारोह से लौटा हूँ। मेरे एक रिश्तेदार महोदय ने, जिनका हमारे घर पर काफी दबदबा है, कुछ दिन हुए ट्रक खरीदा है और उसका नाम रखने के लिए आज मुझे बुलाया था। एक लड़का, जो अपने आपको बहुत बड़ा आर्टिस्ट मानता था, जिसका पैंट छोटा था मगर बाल काफी लम्बे थे, रंग और ब्रश लिये वहाँ पहले से बैठा था कि जो नाम निश्चित हो वह ट्रक पर लिख दे। मैं समय पर पहुँच गया, इसके लिए रिश्तेदार महोदय, जिन्हें मैं चाचाजी कहता हूँ, प्रसन्न थे। उनका कहना है कि यदि नौ बजे बुलाया गया कलाकार बारह बजे तक पहुँच जाए तो उसे समय पर मानो।

कुछ बच्चों के नामकरण तथा कुछ कवियों के उपनाम-करण का सौभाग्य तो मुझे मिला है पर उस अनुभव के आधार पर मैं ट्रक का नामकरण कैसे कर सकूँगा, यह घबराहट मुझे हो रही थी और मेरे पैर काँप रहे थे। पिछले पाँच दिनों से बाजार में ट्रकों के चारों ओर घूम-घूमकर अध्ययन कर रहा हूँ कि इनके क्या नाम होते हैं। 'सड़क का राजा', 'हमराही', 'मार्ग ज्योति', 'बाजबहादुर', 'मुगलेआजम', 'मंजिल की तमन्ना', 'फरहाद', 'हमसफर', 'स्पुतनिक', 'शेरे-पंजाब', 'सुहाना सफर', 'नील परी', 'अँधेरे का मुसाफिर', 'हिन्द केसरी', 'हातिम ताई', 'तूफान', 'जनसेवक', 'बुलबुल', 'सुबह का भूला', 'परदेशी', 'एम्परर', 'आवारा', तथा 'क्वीन ऑफ झाँसी' जैसे कई नाम देखे और नोट किए ताकि सनद रहे और वक्त पर काम आए। एक बिलकुल मरियल, टूटे-फूटे, पुराने ट्रक के पीछे कुछ लिखा था 'मर्सीडीज का बाप', ट्रक मर्सीडीज नहीं था। ट्रकों के पीछे भी कुछ लिखा रहता है। हार्न प्लीज, तो होता ही है पर 'सत श्री अकाल', 'जयहिन्द', 'फिर मिलेंगे', 'परदेशी की याद', 'हमें मत भूलना' आदि भी लिखा रहता था, जिससे जाते हुए ट्रक के पीछे की ओर देख लोग विदाई में आँसू बहा सकें। प्रायः ट्रकों के पीछे एकाध शेर या गीत की पंक्ति लिखी रहती है, जैसे–

'मेरी जिन्दगी मस्त सफर है!'
'खुश रहो अहले वतन हम तो सफर करते हैं!'

'बढ़े चला चल!'

'खुली पड़ी सड़क कि जा रहा हूँ बेधड़क।'

'मुड़ मुड़ के न देख, मुड़ मुड़ के!'

मैंने शिष्ट रिसर्च विद्यार्थी की तरह इन्हें भी नोट कर लिया। एक ट्रक के पीछे पूरी दो पंक्तियाँ थीं :

देखना है बुलबुल तो देखिए बहार में।
देखना है ट्रक तो देखिए रफ्तार में॥

ड्राइवर सा'ब की काव्य प्रतिभा के प्रति पूर्ण श्रद्धा व्यक्त करते हुए मैंने ये पंक्तियाँ भी नोट कर लीं। चाचाजी भी यही चाहते थे कि उनके ट्रक का शानदार नाम हो और उसके पीछे चार ऐसी पंक्तियाँ लिखी हों कि देखनेवाले को लगे कि वह ट्रक के नहीं वरन् किसी महाकवि के निकट खड़ा है। चाचाजी हमें प्रेरणा देने के लिए घर के बाहर खड़े ट्रक के पास ले गए और बोले, "इसे ध्यान से देखो और सोचो कि क्या नाम हो सकता है?"

मैंने देखा–दो सफेद चमकती आँखें, निकले हुए निकल के दाँत, फूले हुए गाल, सिमटी भवें और कुल मिलाकर एक रंगरूट का बौड़मपन ट्रक के चेहरे से टपक रहा था। मैंने चाचाजी से कहा, "ट्रक के नाम तो होते ही हैं जैसे फोर्ड, मर्सीडीज और नाम की क्या जरूरत है?"

वे मुझे घूरने लगे, फिर बोले, "मनुष्यों के भी नाम होते हैं जोशी, श्रीवास्तव, शर्मा, वर्मा–फिर ये शरद, रमेश, मोहन वगैरह की क्या जरूरत है?"

"तो ऐसा कीजिए चाचाजी, अभी शुरुआत में इस ट्रक का नाम मुन्ना, बच्चू, लल्लू जैसा कुछ रख दीजिए। फिर जब ट्रक काफी दौड़ने-भागने लगे, तब अच्छा बड़ा नाम रख दीजिएगा।"

"अजी नहीं, जो नाम एक बार हो गया फिर वही हो जाता है। बदलना मुश्किल पड़ता है।"

"आप ट्रक का नाम रखिए मछन्दरनाथ और इसके पीछे लिखवाइए–अलख निरंजन!"

"नोट करो भाई, किसी कॉपी में नोट कर लो। सारे नामों पर बाद में विचार करेंगे। और देखो जरा चाय तो बनवाओ तीन-चार कप।" चाचाजी बोले।

चाय का नाम सुनकर मेरा सुप्त साहित्यकार जाग उठा।

"चाचाजी, आप ट्रक का नाम रखिए 'महाप्रयाण' और इसके पीछे लिखवाइए–बुद्धं शरणम् गच्छामि!"

"अच्छा आइडिया है! जाओ जरा तीन पान ले आओ।" वे ड्राइवर की तरफ घूमे।

"आपके ट्रक की स्पीड क्या रहेगी चाचाजी?" मैंने पूछा।

"अरे स्पीड में इसका मुकाबला कोई नहीं कर सकता।"

"तो आप इसका नाम मिल्खासिंह रख दीजिए।"

वे मुस्कुराए, "नाम तो बढ़िया है, पर यार तुम साहित्यिक नाम बताओ। हम पढ़े-लिखे आदमी हैं और इतना सुन्दर नाम रखना है कि लोगों के कलेजे पर साँप लोट जाएँ।"

"विश्वयात्री!" मैंने कहा, "और इसके पीछे लिखवाइए–एकला चालो रे।"

"नोट करो भई! और हाँ, ये एकला चालो है क्या?"

"रवीन्द्रनाथ ने कहा है कि यदि तुम्हारी आवाज कोई न सुने तो अकेले चल पड़ो।"

"ना बाबा! तुम ट्रक एसोसिएशनवालों से झगड़ा करवाओगे। बिजनेस में आजकल मिल-जुलकर चलना पड़ता है। कोई और नाम बताओ।"

"यायावर।" मेरे मुँह से निकला।

"कठिन नाम है।"

"अरुण दीप! और चाचाजी, पीछे जो लाल रंग का टेल लैम्प है, वहाँ कवि अंचल की ये पंक्तियाँ लिखवा दीजिए–

रहे भूमि से ऊपर मेरे दीपक की अरुणाई!
अब तक मैं प्रिय रही तुम्हारी अब हो गई पराई।

"नोट करो भई! और सुनो, यह कॉपी हमें दो और लपककर कुछ नमकीन ले आओ बाजार से!"

मेरा जोश चढ़ गया और बाद में जो नाम नोट कराए गए वे यों हैं। ट्रक का नाम 'जिप्सी' और इलाचन्द्र जोशी की काव्य पंक्ति 'किस असीम के पार मुझे मम कौन प्रिया तरसाती।' ट्रक का नाम 'मधुबाला' और बच्चन की पंक्ति 'इस पार प्रिये तुम हो, मधु है उस पार न जाने क्या होगा!' ट्रक का नाम 'रेणुका' या 'उर्वशी' और दिनकर की पंक्ति 'गतिरोध किया गिरि ने पर मैं, द्रुत भाग चली लहराती हुई!' ट्रक का नाम 'बावरा अहेरी' और अज्ञेय की बिगड़ी पंक्ति 'सुनो केरा, क्या मेरा हॉर्न तुम तक पहुँचता है।' ट्रक का नाम 'बढ़ता विश्वास' और 'सुमन' की बिगड़ी पंक्ति 'मैं नहीं आया तुम्हारे द्वार, ट्रक ही मुड़ गया था।' ट्रक का नाम 'मतवाला' और भगवतीशरण वर्मा की बिगड़ी पंक्ति 'बादल दल-सा निकल चला यह ट्रक मतवाला रे।' ट्रक का नाम 'चिर प्रवासी' और प्रभाकर माचवे की पंक्ति 'चिर प्रवासी प्राण मेरे, कौन सा विश्राम जाने।'

चाचाजी बहुत प्रसन्न थे और बहुत-सा खाद्य मँगवा चुके थे। हिन्दी साहित्य में उनके ट्रक से सम्बन्धित इतना कहा गया है, इस जानकारी ने राष्ट्रभाषा के प्रति

उनकी आस्था दृढ़ कर दी थी। मैं खाने में जुटा हुआ था और वे वाह-वाह करने में। वे समझ नहीं पा रहे थे कि ट्रक के लिए इन सब में से कौन-सा नाम दें। मैं कुछ देर बैठा रहा और चला आया। पता नहीं कौन सौभाग्यशाली साहित्यकार है जिसकी पंक्ति उनके ट्रक के पीछे लिखी जाएगी।

बरसात का एक दिन

क्षितिज धूसर हुआ, ढोर सहम गए, घास चरना छोड़ आकाश तकने लगे।

'क्या बात हुई रे? ऊपर क्या देखता है?'

'बादल आ गया!'–ढोर ने आकाश तकते मुदित-मन दुम हिलाते हुए कहा।

नील कमल मार्का कान्ति वाले, कामिनियों का चित्त साफ़-सफ़ा रहनेवाले, काजल के ढेर-से बादल, नीग्रो बादल आकाश में घिर गए। टप-टप बूँदें गिरने लगीं। और जिसे कहते हैं वन की, मन की ज्वाला बुझी। ढोरनी ने पहले खुद को देखा, फिर ढोर को निहारा और विभोर हो नितम्ब मटकाती समीप आई।

कहीं प्रकाश, कहीं अप्रकाश। कहीं बिजली-रूपी पताका। और जिसे कहते हैं वायु, केतकी नामक किसी गन्ध से सुवासित हो गई। कच्चे योगी ऐसे ही क्षणों में कामातुर हो कैरियर छोड़ देते हैं। सिद्ध योगियों की परीक्षा का यही समय है। किन्तु ढोर का संयम-रूपी घड़ा कच्ची मिट्टी का नहीं था।

उसने ढोरनी से कहा–हट्ट परे, मेरे को आज बरसात में नहाना है।

ऐसी मजबूरी की बेला में 'मेघदूत' दिल को आराम पहुँचाता है।

काम का संचार करनेवाले मेघ के सामने बड़ी कठिनाई से उमड़ते आँसुओं को रोके कुबेर का वह अनुचर (क्लास टू परमानेंट) देर तक सोचता रहा कि अरे, अब प्रिया के मिलन से सुखी जनों का मन मेघ को देखकर जाने कैसा अनमना हो जाता है तो फिर गलबहियाँ डालने को आतुर उन बिरहियों के क्या कहने जो अपनी प्रियाओं से दूर हों?

क्या कहने!

उस ढोर के क्या कहने जो वर्षा में स्नान की सुखद कल्पना में डूबा अपनी प्रिया ढोरनी से दूर खड़ा रहा।

हे मेघ! (मेघ को इसी प्रकार सम्बोधित करने का रिवाज है) तुम बिछुड़ों को मिलाते और मिलतों को बिछुड़ा देते हो। कवि विद्यापति की रेग्युलर अभिसारिकाएँ तेरे मत्थे दोष मढ़ क्षमा माँगती थीं–कान्हा, मुझ पर गुस्सा मत होना। इसमें मेरा कसूर नहीं है। आज सारा कसूर विधाता का है। मैं कैसे निकलती मकान से?

बड़ी फिसलन थी। मेरे नितम्ब भारी हैं। बाहर जोरों की वर्षा हो रही थी। चारों ओर पानी ही पानी भरा था। कितनी बार गिरी हूँ, क्या बताऊँ। बादलों के अन्दर बिजलियाँ कौंध रही थीं। जलधाराएँ मोटे-मोटे प्रवाह में उमड़ पड़ना चाहती थीं।

उसी कवि विद्यापति का एक वंशज आज भीगा हुआ देर से दफ्तर में घुसता है।

'यह वक्त है आने का?'—कक्ष में अफसर कड़कड़ा रहा है।

'साहिब, आप हमसे रंज न होना। देर भई, इसमें हमार कुसूर नाहीं। सार कुसूर विधाता का। इस वक्त घर से निकलना बहुत मुश्किल। जोरों की बारिश साहिब, चारों तरफ पानी।'

'शट अप।'

'साहिब' कुर्सी में यों धँसे जा रहे थे, जैसे सावन का मेघ पर्वत की घाटियों में उतर गया हो।

और विद्यापति कहता है—हे चतुरों में चतुर! तूने मेरा कोई बहाना नहीं सुना। ...मैं चुप रही और तूने बात-की-बात में मेरा सब-कुछ हर लिया। जब मैं कक्ष से निकली तब मेरा तन-मन काबू में नहीं था। तिस पर सखियाँ परस्पर संकेतों से मेरे ही विषय में बातें कर रही थीं।

'डाँट पड़ी कम्बख्त को आज लेट आने पर।'

आषाढ़ का एक दिन—मंडे। अथवा हो सकता है सावन का एक दिन हो। एक पंजाबी महिला को ऐसे में ही भ्रम हुआ और वह 'पाधे' से पूछने चली थी।

पाधे से पूछने मैं चली थाली में लेके तम्बूल—पाधा भैया, पत्रा खोलो, बताओ, सावन किस ऋतु में आएगा?

'जिस ऋतु में पपीहे बोलें, कोमल शब्द सुनाएँ, वही सावन है।'

पाधे नू पुच्छन मैं चली
थाली पायके तमोल—बोले।
खोली पाद्ध्वाँ वीराँ!
पतरी सावन किस रुत आएगा?—बोले।
जिस रुत बोल दे बँबीयड़े,
कोमल शब्द सुनाए—बोले।

वह पूछने गई थी, सावन किस ऋतु में आता है? जैसे पूछ रही हो कि जनवरी कौन-से महीने में आती है? और वह पाद्ध्याँ वीराँ (उपाध्याय वीर) ठीक से उत्तर नहीं दे पाया। बोला—जिस रुत में बँबीयड़े यानी पपीहे पें-पें लगाएँ, वही सावन है।

यह वही रुत है जिसमें बँबीयड़े 'पें-पें' लगाते हैं।

लेखक जो सौभाग्य से कवि न हो सका, बरामदे में हराम-कुर्सी ('आराम हराम है' के नियमानुसार) पर बैठा मेघों का घुमड़ना देख रहा है जो कोर्स में लगे राष्ट्रीय नाटक की रॉयल्टी की तरह बढ़ते ही चले आ रहे हैं। ऐसी बेला में उसे न चाहते हुए भी कालिदास-किस्म के काव्य-विचार आ रहे हैं, जो इस बरसात में उसका आधुनिकता-बोध यों भंग कर रहे हैं मानो मेघ-रूपी हाथी पर्वत-रूपी टीले से टकराकर यक्ष-रूपी कवि का धीरज-रूपी हृदय तोड़ रहे हों—(उपमा शरदजोशीस्य)।

लेखक-रूपी यह मनुष्य बैठा पोस्टमैन-रूपी उस व्यक्ति की प्रतीक्षा कर रहा है, जो मनीऑर्डर-रूपी 'पत्रं पुष्पं' लकर उसके हृदय-रूपी प्लास्टिक के कप को सुख-रूपी गर्म पेय से यों भर देगा, जैसे स्वाति नक्षत्र-रूपी समय में चार बूँद-रूपी अपना वार्षिक राशन पाकर पपीहा-रूपी पक्षी 'पीहू-पीहू' (कम्बख्त को दूसरी आवाज निकालनी ही नहीं आती) करने लगे। बोर।

कोयल कहे—कुहू। पपीहा कहे—पीहू। और ऐसे में पोस्टमैन कहे—'मनीऑर्डर लेना साहब', तो यह मन-मयूर नृत्य करने लगे।

लेखक 'अजहूँ न आए' वाले मिजाज में प्रतीक्षा कर रहा है। सावन आ गया, अभी तक मनीऑर्डर नहीं आया। प्यासी धरती की प्यास बुझी और मुझे मेरा एम. ओ. नहीं मिला। सखियों ने झूले डाल दिए और मैं लटक रहा हूँ। यह कैसा अन्याय है! श्याम-रूपी घन या घन-रूपी श्याम! मुझे इस बरसात में घनचक्कर बनाकर तुम तो दोनों जून मई-जून का वातावरण बनाने पर तुले हो। ओ मनभावन, जेठ में सावन न किया तो न किया, सावन में तो सावन कर दो। भई लेखक का पारिश्रमिक लेखक को मिल जाए—इसमें किसी का क्या नुकसान है!

वह प्रतीक्षा कर रहा है। पहले जैसे 'इसी आवाज' की प्रतीक्षा की जाती थी, वैसे ही अब वह 'पोस्टमैन-आवन' की प्रतीक्षा कर रहा है।

क्या सीन है। सब्जे नहा रहे हैं। बरसात की बहारें मच रही हैं। सर्वत्र कीचड़ है, कमल खिलने का उपयुक्त वातावरण बन गया है। पर यह मन-रूपी कमल जिस भौंरे की प्रतीक्षा कर रहा है उसने अभी तक घंटी नहीं बजाई। रे पोस्टमैन, क्या किसी ने तुझे ही कहीं पोस्ट कर दिया? इस हरे-भरे वातावरण में तू बैरंग मत लौट जाना। घटाएँ घिर रही हैं। डौल जमानेवाले डौल जमा रहे हैं और देखकर जान जल रही है कि वाकई उनका डौल जम रहा है। हाय रे हिन्दी-साहित्य! तू प्रकृति और मनुष्य का सम्बन्ध पकड़ने में अब तक असमर्थ रहा। तेरे लिए बरसात बस बरसात है, चाहे कवि की जेब में छाता खरीदने को पैसे न हों।

पीके फूटे आज प्यार के पानी बरसा री!
हरियाली छा गई हमारे सावन सरसा री!

सारे कविगण हरियाली चर रहे हैं। उनका सावन सरस गया है।

और अपना कम्बख्त पोस्टमैन नहीं आ रहा।

अर्थ के इस आकाश में महँगाई के बादल घन-घमंड शैली में घोर गरज रहे हैं और मेरा मन मनीऑर्डर-रूप प्रियाहीन डरपत अवस्था में है। मेरा सावन कब आएगा! कब आवेगो मनीऑर्डर मोरो!

हे पोस्टमैन-रूपी पोस्टमैन, बरसो!

यदि महाभारत फिर से लिखा जाए

आदमी का स्वभाव है कि वह गुटका तलाशता है। मगर हमारे देश में अभी विद्वान व्यक्ति और व्यस्त व्यक्ति की दो अलग-अलग श्रेणियाँ नहीं बनीं। हजार पन्नों की किताब देख कोई घबराता नहीं, पढ़ने पर बोर नहीं होता। लेखक अपनी बात को विस्तार देना जानते हैं। एक सामान्य कथानक के पिचके गुब्बारे में अपनी प्रतिभा से इतने शब्द फूँक देते हैं कि वह फूलकर मोटा हो जाता है और लेखक का नाम साहित्य के अँधेरे में 'निओन साइन'-सा चमकने लगता है। इसी कारण पाकेटबुक्स के इस जमाने में अभी भी कद्दू के आकार की किताबें बाजार में आती रहती हैं और वे पाठक जिनके दिमाग और काठ की अलमारियाँ मजबूत हैं, उन्हें खरीदते रहते हैं। इस प्रोत्साहन के बावजूद किसी लेखक में इतनी हिम्मत नहीं हुई कि वह महाभारत-सा महाग्रन्थ रच दे, जिसमें बड़ी, छोटी कथाओं, प्रसंगों और चरित्रों की अच्छी-खासी प्रदर्शनी लगी हो। यद्यपि उस महाभारत के बाद भी अनेक युद्ध लड़े गए, परिवारों में झगड़े हुए और षड्यन्त्र रचे गए, नया महाभारत नहीं रचा गया।

महाभारतकार व्यासजी एक मामले में आज के लेखक की तुलना में किस्मतवाले थे। उनकी उम्र लम्बी थी। विचित्रवीर्य के जमाने से जनमेजय तक वे सक्रिय रहे। महाभारत की भूमिका से अन्त तक उन्होंने सब-कुछ देखा और महाग्रन्थ रच दिया। आज भी महाभारत होते हैं पर लेखक उससे दूर हैं और अगर पास हैं तो बात को पूरी तौर से समझने में असमर्थ। यदि चित दिखे तो पट का भेद समझने में असमर्थ और पट नजर आए तो चित की व्याख्या करने में असमर्थ। महाभारत-सा प्रोजेक्ट उसके बस की बात नहीं। एक जिन्दगी में यह काम नहीं हो सकता। धृतराष्ट्र, युधिष्ठिर, भीम, अर्जुन, कृष्ण, द्रौपदी, दुर्योधन, अश्वत्थामा और कर्ण की टक्कर का एक भी पात्र ठोस रूप में मिल जाए तो एक शानदार उपन्यास के लिए वह काफी हो। इनमें से सिर्फ एक के दम पर ऐसा तम्बू ताना जा सकता है कि साहित्य में नाम अमर हो जाए। व्यासजी ने तो इस मामले में गजब कर दिया। जयद्रथ, विदुर, शकुनि, दुःशासन, अभिमन्यु आदि छोटे चरित्र भी इतने खड़े

कर दिए कि भुलाए नहीं जा सकते। इसी कारण कई बार सन्देह होता है कि व्यास एक व्यक्ति है या लेखकों की कोआपरेटिव सोसाइटी–लगता है, एक कमेटी है जो सरकारी मदद से काम कर रही है।

जमाना बदल गया। अगर आज कर्ण से कोई ब्राह्मण कवच, कुंडल माँगने जाता तो वह तुरन्त कहता–"वाह प्यारे! हमी रहे मूर्ख बनाने को! तुम्हें कवच, कुंडल दे दें तो हम क्या करें, रोएँ तुम्हारे नाम को? चलो, खिसको यहाँ से!" आज कौरव, पांडव जुआ या तीन पत्ती खेलते तो भूलकर भी कोई राज्य दांव पर न लगाता। और अगर लगाकर हार भी जाता तो दूसरे दिन राज्य देने से साफ इन्कार कर देता कि भाई मैं होश में नहीं था, माफ करना। पांडवों को अगर वन में जाना पड़ता तो वे जाते ही एक कोआपरेटिव सोसाइटी बना लेते और वन की लकड़ियाँ, तेंदू पत्ते आदि 'फास्फेट प्रोडक्ट' बेचने का धन्धा शुरू कर देते। आज कृष्ण अर्जुन के सारथी बनते ही नहीं, साफ बोल देते कि मुझ-जैसी पोजीशन का आदमी ऐसी छोटी पोस्ट पर काम कैसे कर सकता है। और अगर बन ही जाते तो अर्जुन को गीता का उपदेश सुनने का मौका नहीं आता। अर्जुन कृष्ण से साफ कह देता–मेरे मामले में बोलने वाले तुम कौन? तुम्हारा काम है रथ चलाना, सो चलाओ, बेकार बहस करने की जरूरत नहीं। जिस दिन कौरव चक्रव्यूह रचते उस दिन अभिमन्यु उसमें घुसता ही नहीं। मुसीबत उठाने से क्या फायदा? एक दिन लड़ाई न सही, चलेगा। अगर अभिमन्यु चक्रव्यूह में फँस ही जाता तो कौरव के सिपाहियों को रिश्वत दे बाहर आ जाता।

जमाना बदल गया है, तौर-तरीके बदल गए हैं। नया-नया लेखक अगर महाभारत लिखना शुरू ही कर दे तो बात आगे न बढ़े। जुए में राज्य हार जाने वाले पांडवों को द्रौपदी तलाक दे देती और छुट्टी करती। और अगर जमीन के बँटवारे के सवाल को लेकर भाइयों में झगड़ा होता भी सही तो कचहरी में होता। मामला बरसों जिला-कोर्ट से आगे नहीं बढ़ता। इसी बीच अगर महाबली भीम किसी दिन दुर्योधन के साथ मारपीट कर लेते तो तुरन्त फौजदारी का मुकदमा और लग जाता। धर्मराज युधिष्ठिर, गांडीवधारी अर्जुन, महाबलशाली भीम, नकुल और सहदेव के साथ बरसों तक रोज कचहरी के बरामदे में सिर लटकाए बैठे रहते। कौरव तारीखें बढ़वाते रहते और मुकदमा टलता रहता। युधिष्ठिर के जमाने से चला मुकदमा अगर जनमेजय के समय भी निबट जाता तो उसे जल्दी ही निबटा माना जाता। उस महाभारत में 'नरो वा कुंजरो वा' किस्म का सिर्फ एक बयान कलंक बनकर रह गया, पर नए महाभारत का हर पात्र रोज कचहरी में झूठे बयान देता कि दूसरे पक्ष के लिए सबूत देना कठिन हो जाता। वकील के चक्कर लगाते बेचारे धर्मराज के पैर छिल जाते। जितना जुए में नहीं हारते उससे अधिक तो वकीलों पर खर्च हो जाता। कचहरी का कमरा कुरुक्षेत्र बन जाता और लम्बी, बोर, कानूनी लड़ाई के बाद पता नहीं निर्णय क्या होता! हो

सकता है कौरव मामले को सुप्रीम कोर्ट तक खींचते।

आज का लेखक अगर महाभारत लिखता तो पूरी कहानी दूसरी होती। फिर भी अपेक्षाकृत वह मजे में रहता। किसी साहित्यिक पत्र में धारावाहिक रूप से प्रकाशित करवाता और अच्छा-खासा रुपया भी वसूल करता। कई भागों में छपवाता और भारी रॉयल्टी वसूलता। फिर संक्षिप्त संस्करण प्रकाशित कर कोर्स में लगवा देता। व्यासजी महाभारत लिखते समय रॉयल्टी की कल्पना नहीं कर पाए, न फिल्म की, पर आज का लेखक इन सभी पक्षों पर विचार कर ही काम करता। हो सकता है वह एक महाग्रन्थ के अतिरिक्त कुछ लघु उपन्यास भी निकालता, जैसे—राजा नल की कहानी, विराट राजा के यहाँ पांडवों के किस्से, भीष्म पितामह की जीवनी, कर्ण की ट्रेजेडी, सुभद्राहरण आदि सभी घटनाओं पर छोटे-छोटे जोरदार उपन्यास बन जाते। अकेले अर्जुन के कारनामे किसी जेम्स बांड से कम नहीं। बाकायदा सीरीज चल सकती थी। द्रौपदी की लम्बी कहानी और पाँच पतियों के साथ उसका जीवन कोई नया लेखक आत्म-कथात्मक शैली में लिखना पसन्द करता। द्रौपदी के अनुभव उसके लिए चुनौती बन जाते। अश्वत्थामा के विषय में कहा जाता है कि कृष्ण के शाप से वह आज भी जीवित है। भला बताइए, महाभारत का एक पात्र अभी उपलब्ध है तो जरूर कहीं वोटर-लिस्ट में होगा। यह सच है कि वह कौरव-पक्षीय है पर नया लेखक भी तो तटस्थता पर जोर देता है। महाभारत की पुनः रचना के लिए अश्वत्थामा से काफी उपयोगी सामग्री मिल सकती है। लेखकों को चाहिए कि वे अश्वत्थामा की तलाश आरम्भ कर दें।

मगर भाई, महाभारत लिखकर भी क्या होगा? जनता में लोकप्रिय हो जाए, बिक्री खूब हो, मगर ये आलोचक लोग किताब को कौड़ी लिफ्ट नहीं देंगे। कहेंगे कि कथा को अनावश्यक विस्तार दिया गया है। इतिवृत्तात्मकता अधिक है। पात्रों के चित्रण में अतिरंजना है। लेखक ने अनेक सुपरमैन खड़े कर अस्वाभाविकता ला दी है। अनेक प्रसंग व्यर्थ हैं और मूल कथा से उनका कोई सम्बन्ध नहीं। लेखक ने श्रम काफी किया, पर व्यर्थ! उसे उचित रूप से सम्पादन करना नहीं आता। उपदेशों की भरमार है, जैसे युद्ध आरम्भ होने की घड़ियों में कृष्ण द्वारा अर्जुन को इतना लम्बा उपदेश देना अस्वाभाविक जान पड़ता है। इस उपदेश के चलने तक लड़ाई कैसे रुकी रही होगी, समझ में नहीं आता। लेखक ने नाम रखने तक में पक्षपात किया है। कौरव-पक्ष के व्यक्तियों के नाम दुर्योधन, दुःशासन, दुर्मुख आदि हैं, जो उचित नहीं प्रतीत होते। भला बताइए, जन्म के समय पिता को क्या पता था कि इन्हें आगे जाकर विलेन (खलनायक) बनना है, जो वह ऐसे नाम रखता!

बेचारे लेखक को जवाब देना मुश्किल हो जाता। इतना विशाल ग्रन्थ सिर पर उठाए वह साहित्य में अपनी जगह बनाने की कोशिश करता और आलोचक उसे मार

भगाते। व्यासजी के सामने ये दिक्कते नहीं थीं। साहित्यिक वादों और अहंजीवी आलोचकों से वे घिरे हुए नहीं थे। और आज का लेखक यों भी अकेलेपन का चित्रण करने का इच्छुक है। उसका हीरो अर्जुन नहीं, अश्वत्थामा है, जो कड़वी स्मृतियों का भार ले आज भी जी रहा है, जो युद्ध के नाम से काँपता है। सो आज का लेखक अगर महाभारत लिखने भी बैठे तो वह वह जाने-अनजाने दूसरी, बिलकुल दूसरी, कहानी लिखने लग जाएगा। हो सकता है वह लिख भी रहा हो!

नदी में खड़ा कवि

स्नान का समग्र अनुभव लेने कवि घाट पर आया। विश्वास भरा दीपित चेहरा। 'आज जो भी हो, नहा ही लूँगा' का दृढ़ निर्णय मन में।

उसे नदी छोटी लगी। यह उसके अहं का स्थायी भाव था। वह जब जहाँ होता है, उसे अपने व्यक्तित्व की तुलना में सब कुछ, जो वहाँ होता है, छोटा लगता है। वह बड़ा। उसकी कविता बड़ी। वह अपनी कविता से बड़ा।

मैंने उसे दूर से देखा। मैंने देखा वह कविता बुदबुदाता धार में उतर रहा है। साहस का प्रतीक बना वह सचमुच ही उतर गया।

मैंने देखा नदी का स्तर नहीं उठा। ऐसा शायद पहली बार हुआ कि वह जहाँ है, वहाँ स्तर नहीं उठा। उसने कविता लिखी, कविता का स्तर उठा। उसने प्रेम किए, महिलाओं का स्तर उठा। उसने नौकरी की, संस्थानों का स्तर उठा। वह बोला, वार्ता का स्तर उठा। वह नहीं बोला, मौन का स्तर उठा। चमचों की रपट साक्षी है—कवि जहाँ था, उसने अपने होने से उन्हें उपकृत किया, जहाँ वह था। जब उसने सोचा, तभी विचारों का जन्म हुआ। जब वह हिला, आन्दोलन हुए। जब उसने लिखा, तभी साहित्य बना। मुझे आश्चर्य था, पयस्विनी यह नदी ऊपर क्यों नहीं उठ रही? कम्बख्त है नदी, जो कवि के होते उसी स्तर पर है।

मैंने देखा कवि नदी को सम्बोधित कर कुछ पढ़ रहा है, अवश्य उसकी ही कविताएँ होंगी। वह दूसरे की कविता क्यों पढ़ने लगा!

दिल किया, अनिमन्त्रित निकट जाऊँ और सुनूँ। डरा कि मुझे देखते ही मौन न मार बैठे। मुँह तो बिचकाएगा ही, जैसा कि वह मुझे देख बिचकाता है। विगत दो दशकों में मैंने उसे तीन बार नमस्कार करने का प्रयत्न किया। हर बात मुझे प्रत्युत्तर में मुँह पर वही बिचकाहट मिली। मैं छिछला, सतही, घटिया लेखक। वह कवि मदमाता, दर्पभरा, अपने लिखे से स्वयं आक्रान्त। मैं उसके सम्मुख भुनगा। व्यंग्य भी तभी स्तरीय था, जब उसने लिखा था।

मैंने दूर ही बैठे सोचा कवि क्या पढ़ रहा होगा।

मैं रहा

नहा
प्रथम अनुभव
स्नानित होने का
फिर भी नहीं
बहा

किनारे पर युवती ने
दूसरी से कहा
देख, कवि रहा नहा
वह बोली
अहा
दृश्य है महा
यह वही है ना
जिसे दशक-दशक
भाषा ने सहा
संस्थानों ने गहा
हाँ
बतियाती चली गईं वे
लगा एक
कह–
कहा

कवि के चेले घाट पर आ वह दिव्य ऐतिहासिक दृश्य देख रहे थे। वे देर से पहुँचे थे। वे विस्तृत रपट देने के लिए नोट्स ले रहे थे। एक कैमरा क्लिकिया रहा था। तीसरा मुँह फाड़े गुरु की ओर देखता इस दिव्य क्षण को पी रहा था। सब आतंकित थे। आह, कैसा स्टंट! कैसा गिमिक!

कवि श्रोताओं को उपेक्षा से देख अपनी अगली रचना पढ़ रहे थे। मैं पूर्ववत् दूर बैठा कल्पना कर रहा था, वह कविता क्या होगी।

मुझे छोड़कर न जाना
ओ मेरी नदी
मैं तेरा द्वीप
तेरा ही रहूँगा
बार-बार यहीं लौटूँगा
तुझसे धुलूँगा

तुझमें घुसूँगा
सहूँगा धार
जो मैं बनना चाहता था
साहित्य की
पूर्व से ले नकद
पश्चिम से उधार
दूजों की शब्द-रचना
मेरा सप्तक
ओ नदी कब तक
मैं तुझे गँदला करूँगा
और उस प्रक्रिया में
स्वयं नए कोण से गँदलाऊँगा

तुझे नहीं पता
द्वीप हूँ ना
स्वयं अपना नमूना
नदी की औलाद
मैं फिर जमूँगा
फिर टिकाऊँगा पैर
फिर नए सम्बन्ध
फिर कोई आधार
व्यक्ति को देने नया आकार
मैं फिर थामूँगा
बीतते क्षण, काल, सदी,
बशर्ते
तुम छोड़ कर न जाओ
ओ मेरी नदी

कविता समाप्त हुई। मेरा मन हुआ, चिल्लाकर कहूँ, 'साबुन फेंकूँ गुरु? अब नदी में उतर गए हो, तो नहा भी लो। लगे हाथ मैल छँट जाएगा' पर चुप रहा। कवि के डिस्टर्ब हो जाने का डर था। कवि से अधिक उनके शिष्यों के डिस्टर्ब हो जाने का भय था। इन मामलों में उनकी संवेदनशीलता देखते ही बनती है। क्या पता, रपट लिखना एक तरफ धर, मेरे खिलाफ ही लिखने बैठ जाएँ। इधर कवि ने तीसरी कविता आरम्भ की।

उतना मैं नहाता रहा
अब आवश्यक है
नहाते हुए दिखाना
नहाना जितना आवश्यक था।
दिखाते हुए रचना
पल्लवन, प्रस्फुटन
व्यक्तित्व का
आवश्यक है
औचक कुछ करना
जैसे-तैसे वर्तमान में
वर्तमान के
सर पर रहना
आवश्यक हैं
इसी तरह
प्रयोगशील कहाता रहा
जितना आवश्यक था
उतना मैं नहाता रहा।

कवि का स्नान समाप्त हो चुका था। या कहिए, स्नान का कार्यक्रम समाप्त हो चुका था। या कहिए, स्नान के बहाने कविता का कार्यक्रम समाप्त हो चुका था। धीरे-धीरे अब वह मँझधार से घाट की ओर बढ़ रहा था। मैंने देखा, वह अब भी कविता पढ़ने से बाज नहीं आ रहा है। मैंने सोचा, अब कौन-सी कविता हो सकती है, जो नहाकर निकलते समय पढ़ी जा सकती है।

लो, मैं नहा लिया
सारी गन्दगी से गुजरने के उपरान्त
पवित्र भी कहा लिया

घाट-घाट पानी
धारा-धारा विधा
कुर्सी-कुर्सी नौकरी
क्रान्ति के सन्दर्भ में
सुविधा-ही-सुविधा
गुनगुनी कविताएँ
मुनमुने वक्तव्य

पद-पद पर निरापद
भारहीन यात्राएँ
और मंजिलें भव्य
मुखौटा पहचान
अँगूठा दिखा गए
चेले एकलव्य

कितने आँगन में कितने द्वार
कितनी नावों में कितनी बार
बड़ों को जोग लिखी
छोटों को कागद कोरे
कभी भवन्ती, कभी शाश्वती
जमाता रहा
स्रोत और सेतु
कभी हरी घास पर क्षण-भर
कभी महावृक्ष के नीचे
बैठ महान् तो कहा लिया
लो, मैं नहा लिया।

वे किनारे पर पहुँचे, तब मूड अच्छा था। शिष्यगण दिव्य अनुभव की परम अनुभूति में घिघिया-से रहे थे। साहित्य में कवि भी हुए, नहानेवाले भी हुए, पर ऐसा तो कोई नहीं भया, जो नहाया भी, कवियाया भी। उन्हें समझ नहीं आ रहा था, वे क्या करें। तभी कवि ने तौलिया माँगा। मूड अच्छा था। मैं जानता हूँ। मजे के मूड में कवि छोटी-छोटी रचनाएँ करता है।

एक थे साहित्य के औलिया
बरसों तक बने रहे
आधुनिकता और पाठक के
बीच में बिचौलिया
यशस्वी कहाए
घाट-घाट नहाए
शिष्य पीछे दौड़ते रहे
ले कंघा, तेल, तौलिया

कवि बदन पोंछ रहे थे। नदी की ओर बड़े 'थैंक्यू' भाव से निहार रहे थे, जिसने उन्हें डुबोया नहीं और वे कविताएँ पढ़ने के बावजूद सलामत लौट आए।

मैंने सोचा, अब समय है कि मैं, जो जीवन-भर साहित्य की भीड़ का अदना सदस्य रहा, उन तक पहुँचूँ और अपनी नम्रता का मारा उन्हें नमस्कार करूँ। विगत दो दशकों में यह चौथा प्रयत्न होगा, मगर किया जाना चाहिए।

मैं पास गया। कवि उस समय पाजामे में दोनों टाँगें डालने का प्रयत्न करते हुए नाड़ा थामे थे। नमस्कार का प्रत्युत्तर देने के लिए यह उचित क्षण नहीं होता है। अतः मैंने नमस्कार नहीं किया। मैं शिष्यों को नमस्कार करने लगा। वे मुझे उपस्थित देख दुखी हुए। ऐसे आयोजनों में भीड़ अधिक रहे, इसके वे समर्थक नहीं थे। फिर मैं ऐसे उच्च सांस्कृतिक अनुभवों के क्षणों में रहूँ, यह तो वे कदापि नहीं चाहते थे।

"तुम यहाँ क्या कर रहे हो?" एक ने मुझे डाँटकर कहा।

'नदी तुम्हारे बाप की है?"—मैंने जवाब दिया।

इसके बाद संवाद की सारी स्थितियाँ समाप्त हो गईं। यह गुण मैंने लेखकों के सम्मेलनों में सीखा। कोई कुछ भी बोले, उसका उतना ही, बल्कि अधिक बढ़-बढ़कर बदतमीजी से जवाब दो। इसके बिना व्यक्तित्व को स्वीकृति नहीं मिलती। एक बार धाक जम जाए, तो सबको हमारा लेखन अच्छा लगने लगता है, मैं कवि का रौब खा सकता था, मगर इन कवि के पट्ठों का भी रौब खाओ, यह सम्भव नहीं था।

वह शिष्य, जो किनारे, मुँह खोल खड़ा, इस दिव्य नजारे की विलक्षणता और ऐतिहासिकता से अभिभूत था, मुझ जैसे ठोस व्यवधान के होते भी नदी को सम्बोधित कर कविता सुनाने से स्वयं को नहीं रोक पाया। वह चिल्लाया!

लहर-लहर सुधर गई छवि
धन्य हो नदी कि तुम में
नहा लिये कवि

वह आगे बोलता, पर तभी मैंने चिल्लाकर कहा, "अब तुम तो बोर मत करो।" जवाब में उसने मुझे घूरकर देखा और चुप हो गया।

तभी एक दूसरा शिष्य, उससे, जो तस्वीरें खींच रहा था, कहने लगा, "तुम महसूस नहीं करते कि कवि या उस माने में लेखक भी स्वयं को एक नदी से घिरा पाता है। गोकि उसके पास शब्द हैं, जो नाव हैं और चप्पू, जिसके सहारे वह बड़ी शिद्दत से किनारे तक पहुँचने की जरूरत अनुभव करता है। और शायद यह जरूरी भी है उसके लिए, सिर्फ इसलिए नहीं कि वह कवि है, हालाँकि वह है, मगर एक नागरिक के नाते या मानव जाति की एक इकाई के नाते, नदी की जरूरत समझते हुए, उसकी शख्सियत को, जो अपने में ताकत है, शायद राजनीति या पूँजी के समान न भी हो, बल्कि हो भी सकती है या उससे बढ़कर भी तो यह सवाल अपने में दिलचस्प नहीं कि वह नदी में था क्यों, किस वजह से उसका शब्दों की पतवार ले गुजरना, साहित्य के लिए या खुद के लिए, जो जिन्दगी वह जीता है या समाज को

अपने तईं समझता है, उसके अपने इलाके में जिसे कविता का इलाका भी कह सकते हैं, जो अपने में नदी है या नदी का कोई हिस्सा या न भी हो, मगर उसे पार करना या उसमें जाकर लौट आना, जो भी वक्त का तकाजा हो, तो मैं पूछना चाहूँगा कि कवि या उस माने में लेखक भी...मैं क्या कह रहा था?''

दूसरा शिष्य, जो अभी तक समझ नहीं पाया कि वह क्या कह रहा था, बोला, ''हाँ, तुम कुछ कह रहे थे। बड़ी अच्छी बात कह रहे थे, हालाँकि मैं ठीक से नहीं समझ पाया कि तुम क्या कह रहे थे।''

''इस पर दिलचस्प बहस हो सकती है कवि और नदी के रिश्तों को लेकर।''

''इसमें क्या शक है?'' दूसरे ने कहा।

कवि पाजामा-कुरता धार चुके थे। सही क्षण था जब उन्हें नमस्कार किया जा सकता था। मैं आगे बढ़ा और मैंने उन्हें नमस्कार किया। वे शायद अच्छे मूड में थे। इस बार उन्होंने मुँह नहीं बिचकाया। बल्कि वे मुझसे पीठ फेरकर नदी की ओर देखने लगे। पिछले दो दशकों में उन्हें नमस्कार कर प्रत्युत्तर पाने का मेरा यह चौथा प्रयास भी अकारथ गया। वे मेरी ओर पीठ किए नदी की ओर देख रहे थे। प्रकृति की ओर देखना सदा से उनके लिए सामने खड़ी समस्या पर मुँह बिचकाने का विकल्प रहा है। यों भी मैं कोई लड़की तो नहीं था, जिसे वे नदी की उपेक्षा इस खुली धूप में सुहानी हवा में तरजीह देते। मेरे प्रति कवि की उपेक्षा देख कवि की शिष्य-मंडली मेरी ओर देख अपनी दो सेंटीमीटर मुस्कान ले मुस्काई, जिसका एक अर्थ यह भी था कि अभी कुछ दिनों हमें नमस्कार करो, फिर हमारे गुरु तक पहुँचना। विगत दो दशकों से वे मेरी ओर देख इसी तरह दो सेंटीमीटर मुस्कुराते रहे हैं।

''तुम कुछ कह रहे थे!'' कवि ने अपने उस शिष्य से, जो कुछ कह रहा था और जिसकी बात दूसरा नहीं समझ रहा था, कहा।

''जी...वो...मैं इनसे कह रहा था...वो ऐसे ही बात आई मन में...वो...जी आज आपको नदी में नहाते देखकर...वो खासकर तब, जब आप कविता पढ़ रहे थे कि नदी और कवि के रिश्तों को लेकर, गोकि दोनों ही प्रतीक भी हो सकते हैं और किसी माने में सशक्त प्रतीक, मगर मैं इसकी ऐतिहासिकता का जिक्र नहीं करूँगा, हालाँकि मैं चाहूँगा कि उसे इतिहास से जोड़ा जाए, बल्कि ज्यादा जरूरी है, समाज से... जी...अब यह भी सवाल है कि समाज को नदी कहा जाए या नहीं...मेरा मतलब इनके रिश्तों को कवि के नजरिए, जो अपने में गम्भीर भी हो सकता है और दिलचस्प भी...मैं...अपने तईं...जी...वो मैं आपको लिखकर दूँगा अपने विचार, तब बताइएगा आप।''

''हूँ''—इनते लम्बे वाक्य के उत्तर में कवि ने कहा।

बड़ा आदर्श 'हूँ' था। सुस्पष्ट, सारगर्भित, भविष्य के प्रति आशा जगाने वाला।

सम्भावनाओं से भरा 'हूँ' था वह। अपने में सशक्त अभिव्यक्ति। बड़ा सार्थक 'हूँ' था, जो कवि के मुख से निकला और चारों ओर बिखरकर शिष्यों को अपने में लपेट-सा रहा था। यह 'हूँ' शिष्यों की चेतना को जगाने वाली 'हुंकार' थी। प्रज्ञा चेत रही थी और इस 'हूँ' के कारण कुछ भी हो सकता है। कविता तो बन ही सकती है। लेख भी लिखे जा सकते हैं। दूसरों की उपेक्षा करनेवाली नई संस्था या पत्रिका का आरम्भ हो सकता है। आश्चर्य नहीं, साहित्य के किसी भावी आन्दोलन के मूल में यही 'हूँ' हो। उन्होंने 'हूँ' कहा और दिशाएँ बदल गईं। यह नहीं भुलाया जा सकता कि कवि का 'हूँ' नए मूल्यों को स्थापित करने वाला 'हूँ' था।

वे सब चले गए।

अब मैं नदी के किनारे अपने अस्वीकृत प्रणाम सहित खड़ा था। मैंने भी उनकी तरह पीठ घुमाई और नदी की तरफ देखने लगा।

तभी एक बूँद सहसा उछली और कविता कहने लगी या कहिए, नदी ने स्वयं को अभिव्यक्त किया।

चला गया वह
मुझमें नहा कर
फैला गया सारा प्रदूषण
मुझमें
यह जानकर भी कि मैं
साहित्य नहीं,
नदी हूँ
गँदला कर गया मुझे
अपनी कविताओं से
सारा कलुष, सारा मैल
बहाकर
चला गया वह
मुझमें नहाकर।

पुराने पेड़ की बातें

तभी यकायक पेड़ से आवाज आई–''साहित्य समाज का दर्पण है।''

सब चौंक पड़े। होटल की मेस से खाना खाने के बाद टहलने निकल गए थे। चाँदनी रात। शहर की ओर जानेवाली सड़क विशेष अच्छी लगती थी, चाँदी की लकीर की तरह। हवा में पेड़ ऐसे झूमते जैसे कव्वाली की धुन पर तालियाँ बजा रहे हों। जिस विषय में बातें चल रही थीं वह खाना खाने के पूर्व छिड़ गया था–एक सद्यःप्रकाशित उपन्यास को लेकर। बहस इतनी बढ़ गई कि साहनी चीखकर बोला– ''आखिर साहित्य क्या है?

तभी सड़क किनारे के पुराने पेड़ ने कहा–''साहित्य समाज का दर्पण है।''

हमने चारों ओर देखा, उत्तर देने वाला कोई व्यक्ति नहीं। पेड़ के पीछे या पेड़ के ऊपर कोई नहीं था।

साहस करके गुप्ता ने कहा–''कौन है बे?''

कोई जबाव नहीं है। लगता था किसी भुतहा कहानी की शुरुआत हो रही है।

''भूत है रे यहाँ!''

और तेजी से हम सब एक ओर भाग लिए कि पुलिया पर जा दम लिया।

लगभग आधा घंटा पेड़ के जादू पर सोचते रहे और फिर साहस कर वापस पेड़ के निकट आए। साहनी ने जोर से कहा–''आखिर साहित्य क्या है?''

और पेड़ से गम्भीर वाणी सुनाई दी–''साहित्य समाज का दर्पण है।''

सब आश्चर्य से एक-दूसरे का मुँह देखने लगे।

''नई कविता क्या है?'' वर्मा ने कहा।

''उँ...ऽऽ!'' और पेड़ निरुत्तर हो गया। कुछ देर हमने प्रतीक्षा की पर वह चुप रहा।

''काव्य क्या है?''

''वाक्यं रसात्मकं काव्यम्!'' गम्भीर उद्घोष हुआ।

जब कॉलेज में यह अनुभव सुनाए गए तो सब हँसे। किसी ने मूर्ख कहा, किसी ने डाँटा। जहाँ जाते स्वागत में ठहाके लगते कि ये आए पेड़ से आवाजें सुननेवाले!

विश्वविद्यालय प्रेस के अधीक्षक शर्माजी अपने को बड़ा साइंटिस्ट लगाते हैं। खबर उन तक भी पहुँच गई तो रात को वे होस्टल आए और कहने लगे–''बताइए कौन से पेड़ से आवाज आती है, मैं अभी भूत भगाता हूँ।''

हम उन्हें पेड़ तक ले गए। प्रश्न किया–''काव्य क्या है?'' और उत्तर मिला–''वाक्यं रसात्मकं काव्यम्।'' शर्माजी ने चिल्लाकर कहा–''कौन हो तुम बोलने वाले?''

कोई उत्तर नहीं आया।

''और कुछ प्रश्न पूछो भाई इससे।''

''प्रगतिवाद क्या है?''

''हिन्दी की नवीनतम प्रवृत्ति।'' आवाज आई।

पुराना खूसट पेड़ था। प्रगतिवाद को नवीनतम प्रवृत्ति कहने वाला!

''और प्रयोगवाद क्या है?''

''ऊँ ऽ ऽ ऽ...'' पेड़ इतना कहकर चुप हो गया।

''छायावाद क्या है?''

''स्थूल के प्रति सूक्ष्म का विद्रोह।'' उत्तर मिला।

शर्माजी हैरान खड़े इस अलौकिक वार्तालाप को सुन रहे थे। कहने लगे–''बिलकुल अजीब बात है कि पेड़ बोलता है। मैं इस पेड़ को बरसों से जानता हूँ। युनिवर्सिटी प्रेस जब नई इमारत में नहीं गया था और सामने के इस मकान में था, तब से।'' फिर सोचते हुए कहने लगे–''बात तो कुछ विचित्र होगी पर ऐसा हो सकता है कि किसी रासायनिक प्रक्रिया के अन्तर्गत पेड़ विद्वान हो गया हो।''

''क्या मतलब?''

''पहले इस पेड़ के पास एक गड्ढा था जिसमें हमारे प्रेस के रद्दी कागज, प्रूफ आदि डाल दिए जाते थे। कुछ थीसिसें और हिन्दी साहित्य का इतिहास जो उस समय छपे थे इस पेड़ की जड़ में हैं और यह पेड़ विद्वान हो गया।''

''पर इससे आवाज क्यों आती है?''

''पेट में किताबें पड़ी हैं तो मुँह से आवाज तो निकलेगी ही। विद्वान है तो बोलेगा जरूर। चुप थोड़े रहेगा!'' गुप्ता ने समाधान किया।

पेड़ से एक प्रश्न और पूछा–''हिन्दी की सर्वश्रेष्ठ कृति कौन-सी है?''

उत्तर मिला–''कामायनी।''

''सर्वश्रेष्ठ नाटककार कौन है?''

''भारतेन्दु हरिश्चन्द्र।''

''उनके बाद?''

''प्रसाद जी।''

"उनके बाद?"

"ऊँ ऽ ऽ ऽ...!" पेड़ चुप हो गया।

"प्रेमचन्दजी के विषय में क्या जानते हैं?"

"वे ग्राम-जीवन के चतुर चितेरे थे।"

"सूर और तुलसी में कौन श्रेष्ठ है"

'सूर सूर, तुलसी ससी, उडगन केसवदास। अब के कवि खद्योत सम जहँ तहँ करत प्रकास!"

"डब्ल्यू. एव. ऑडेन का नाम सुना है"

"ऊँ ऽ ऽ ऽ...!" कहकर पेड़ चुप हो गया।

अब यह निश्चित हो गया था कि क्लासिक ढंग के प्रश्न पूछिए, क्लासिक उत्तर मिलेंगे। नई समस्या पर पूछेंगे, पेड़ चुप हो जाएगा। शर्माजी का विश्लेषण ठीक था। पेड़ की जड़ में पुरानी थीसिसें पड़ी हैं, जिनका रस पीकर पेड़ विद्वत्ता देता है।

कुछ दिनों बाद हम सबने यह निश्चय किया कि पेड़ को वैचारिक रूप से अप-टु-डेट किया जाए। कुछ नई पुस्तकें इकट्ठी की गईं। सभी नए साहित्य पर थीं। स्वयं शर्माजी ने पेड़ के आसपास एक-एक फुट गहरा गड्ढा किया और उसमें वे किताबें रख दी गईं। नई थीसिस की पुस्तकों की खाद से पेड़ विद्वान हो जाता है, यह बात सिद्ध हो जाती तो विज्ञान जगत् में शर्माजी का भी आठ-दस इंच स्थान हो जाता।

दूसरे रोज हमने आकर पेड़ से प्रश्न किए परन्तु कोई उत्तर नहीं मिला। निश्चित था कि पेड़ इस समय मनन कर रहा था और क्लासिक प्रश्नों के उत्तर देने के मूड में नहीं था। तीसरे-चौथे रोज भी यही रहा। हमें डर लगा कि पेड़ सदैव के लिए चुप न हो जाए।

"शर्माजी, नए साहित्य के संसर्ग में आकर पेड़ की सिट्टी-पिट्टी गुम हो गई है। वह मौन हो गया है। अच्छा यही है कि नई पुस्तकें वापस निकाल लें ताकि कम-से-कम उत्तर सुनने का चमत्कार तो नष्ट न हो।"

रात को शर्माजी के नेतृत्व में कुदाली लेकर पेड़ के पास जब पहुँचे तो देखकर सन्न रह गए कि पेड़ नीचे गिरा हुआ था। हमें दुख हुआ—जैसे हमने पेड़ की हत्या कर दी हो।

वर्मा ने कहा—"इस बूढ़े पेड़ के सम्पर्क में नया साहित्य नहीं आना चाहिए था। बेचारे से पचा नहीं और शॉक लग गया। हम सब इसके हत्यारे हैं।"

संगीत के प्रेमी पेड़ तो बहुत-से हैं जो गीत सुनकर विकसित होते हैं, साहित्य का प्रेमी वृक्ष एक यही था जो धराशायी हो गया।

हम सब वापस लौट आए—सिर झुकाए हुए।

माह भर बाद जब हमारे हिन्दी के 'हेड ऑफ द डिपार्टमेंट', जो उन दिनों छुट्‌टी पर थे, वापस लौटे तो हमने सारा किस्सा सुनाया। शुरू में आश्चर्य हुआ पर बाद में आपने स्वीकार किया कि ऐसा दैविक शक्ति हो सकती है और वृक्ष भी ऐसे उत्तर दे सकता है।

साहनी ने हँसकर कहा–"सर, बड़े क्लासिक उत्तर देता था वह पेड़। हमने पूछा–सर्वश्रेष्ठ नाटककार कौन है तो बोला–भारतेन्दु हरिश्चन्द्र। पूछा–काव्य क्या है तो कहता था–वाक्यं रसात्मकं काव्यम्। हमने पूछा–प्रगतिवाद क्या है तो कहने लगा–हिन्दी की नवीनतम प्रवृत्ति। सुनकर बड़ी हँसी आती थी।"

"इसमें गलत क्या बोला वह?" हेड ऑफ द डिपार्टमेंट ने कहा–"ठीक ही तो है। प्रगतिवाद हिन्दी की नवीनतम प्रवृत्ति ही तो है। काव्य की सर्वश्रेष्ठ परिभाषा पंडितराज जगन्नाथ की ही है।"

"और प्रयोग...!" पर साहनी अधूरे में रुक गया।

"ऊँ ऽ ऽ ऽ...!" हेड ऑफ द डिपार्टमेंट ने कहा और फिर जाने क्या सोचते-साचते चुप हो गए।

हम सब उनके कक्ष से बाहर चले गए। उस शाम हमने कसम खाई कि हेड ऑफ द डिपार्टमेंट से नए साहित्य पर कभी चर्चा नहीं करेंगे, उन्हें कोई पुस्तक नहीं देंगे, प्रश्न नहीं उठाएँगे। उनकी दीर्घायु की कामना करते हुए हमने यह निश्चय किया था।

एक पेड़ मर गया था, दूसरा पेड़ मरने नहीं देंगे।

अमरता के एहसास की भयावनी रात

कल रात जब सोया, तो यकायक मैंने अनुभव किया कि हिन्दी साहित्य का मोटा इतिहास मेरे सीने पर रखा है और उस पर स्कूल मास्टर बैठा बेंत हिला रहा है। यकायक मेरे सीने पर वजन हो आया और मैं चौंककर उठ बैठा।

"क्या बात है?" पत्नी ने करवट बदलकर पूछा।

"मैं शायद अमर हो जाऊँ। मेरे हिन्दी साहित्य के इतिहास में आने के पूरे चांसेज हैं।"

"सो जाओ।" उसने आदेश दिया और पीठ फेरकर खुद भी उस आदेश का पालन करने लगी।

मैंने आँखें बन्द कर लीं। पता नहीं पत्नी मेरी बात का विश्वास करती है या नहीं। मेरे-उसके सम्बन्धों के अलग-अलग दौर आए और चले गए। एक वीरगाथा काल था, जब मेरा-उसका परिचय हुआ था। मैं बढ़-बढ़कर डींग हाँकता था और वह विश्वास कर लेती थी। बाद में रीतिकाल आया, सो आपस की बात है। उस काल में मैं विभिन्न स्तरों पर पत्नी के सामने एक्सपोज हो गया, पर उम्मीदें बनी रहीं। आजकल शायद रहस्यवाद चल रहा है, जब वह यह जानने का प्रयास कर रही है कि मैं एक 'फ्रॉड' हूँ या ईमानदार? इसके बाद निश्चय ही उसकी निराशा का छायावाद आएगा। वह मेरे नाम पर आँसू बहाएगी। उससे भी मेरा कुछ नहीं बिगड़ता। डर उसके बाद है जब प्रगतिवाद आएगा और वह जागरूक होकर मेरी हुलिया दुरुस्त करेगी। उसके पहले मुझे अमर लेखक हो जाना चाहिए। अभी मौका है।

मैंने आँखें बन्द कर लीं। फिर से हिन्दी साहित्य का इतिहास कब्र के पत्थर की तरह मेरे सीने पर रख दिया गया और स्कूल मास्टर मुर्दाफरोश की निर्ममता के साथ उस पर आ बैठा। अक्सर रचना पूरी करने के बाद मुझे यह भ्रम हो जाता है कि यह हिन्दी साहित्य की अमर रचना हो जाएगी। यह भ्रम कई बार आठ-दस दिनों तक बना रहता है, जब तक मैं दूसरी अमर रचना नहीं लिख देता। कल रात भी एक रचना पूरी की थी और यह एहसास मुझे खाए जा रहा था कि यह रचना अमर हो जाएगी। मेरा नाम हिन्दी साहित्य के इतिहास में आ जाएगा।

पर धीरे-धीरे मेरी प्रसन्नता भय में बदलने लगी। सच यह है कि हिन्दी साहित्य के इतिहास की कोई भी छोटी किताब मुझे कभी पसन्द नहीं आई। उसे मैं कभी पूरा पढ़ नहीं पाया। जाने कौन-कौन हैं उस लोक में। कितने विचित्र नाम और चेहरे, क्या नहीं लिखते हुए! अजीब से अपरिचितों की जमात में पत्तल बिछाकर खाना खानेवाले को जैसा अटपटापन लगता है, वैसा मुझे अपना नाम हिन्दी साहित्य की सूची में देख लगता है। यही मेरी गति है। यही मेरी नियति! यहीं मुझे अमर होना है। उफ! डाल पर लगी हरी अम्बिया को अगर यह पता लग जाए कि किसी पुराने मटके में डालकर उसका अचार बनाया जाएगा, तो उसे कैसा लगेगा? हिन्दी साहित्य ऐसा ही मटका है और हम सब उसके भावी अचार और मुरब्बे हैं, जिसे भविष्य में कभी-कभी चखने के लिए सुरक्षित रखा जाता है। अचार बने रहना ही अमरता है।

कल रात यह भय घिर आया और मैं ठीक से सो नहीं सका। जब सोता, मुझे हिन्दी साहित्य के इतिहास से उठकर आनेवाली अजीब-अजीब शक्लें दिखाई देतीं, जो मुझे देख हँसतीं और इशारे कर बुलातीं—आओ प्यारे!

वे सब पुरखे, प्रेत, राक्षस और ब्रह्मराक्षस, जो 'खी-खी' कर हिन्दी साहित्य की जाजम पर मेरे लिए जगह बना रहे थे। मैंने उन सबको देखा। वे झुंड बनाकर खड़े थे और मेरा स्वागत कर रहे थे। उनमें एक थे 'फरेबे मोहब्बत' के नाटककार नारायणप्रसाद 'बेताब'। वे बहुत से थे और जैसे एक ग्रुप फोटो के लिए लोग मुस्कुराते हुए कैमरे को घूरते हैं, वे उसी तरह मुझे घूर रहे थे। 'इश्क अजायब', 'विरह दिवाकर' और 'कानून जाप्ता अंग्रेजी' के लेखक रसिकबिहारी, आनन्दीप्रसाद श्रीवास्तव, कवीन्द्र उदयनाथ, कार्तिकप्रसाद खतरी और निश्चलराम के पोते कवि जुगलकिशोर। अठारह हजार चौपाइयाँ लिखनेवाले श्री कुलजम स्वरूप उनके पीछे खड़े थे। 'सज्जान सुम्बल', 'शमशाद सौसन' और 'सुरेश मोहिनी' आदि प्रेमरस में पगी रचनाओं के ब्राह्मण कवि केशवराम भट्ट सबसे आगे थे। उनके पास ही खड़े थे बाबू गजाधर सिंह। और भी बहुत से थे, जिन्हें मैंने पहचाना था।

जैसे एक क्षण को मैंने मटके में झाँका और अचार का मुआयना कर लिया। मैं क्यों लिख रहा हूँ? आखिर मैं क्यों लिख रहा हूँ? इसी हिन्दी साहित्य के मटके में प्रवेश के लिए?

वे नहीं मानेंगे। वे मेरा नाम इतिहास की पोथी में लिख देंगे। इसके पीले पुराने पन्नों में मेरा नाम काले टाइप में दिखेगा और छात्र मन मारकर उसे रटेंगे। वे पता नहीं किस तरह मुझे याद रखेंगे? मैं हिन्दी साहित्य के इतिहास में रहूँगा, तो मुझे याद रखना मजबूरी हो जाएगी। हो सकता है वे मुझे सेठ गोविन्ददास के समकालीन अन्य लेखकों के रूप में याद रखें। मैंने देखा कि यश के इस विस्तृत कीचड़ में मेरा नाम एक कीड़े की तरह रेंग रहा है। मैं सोचने लगा कि मैं बिना कुछ लिखे मर क्यों नहीं जाता।

मैं फिर चौंककर उठ बैठा।

"क्या बात है?" पत्नी ने पूछा।

"मुझे नवरत्न जी बुला रहे हैं।"

"कौन हैं ये?"

" 'जया-जयन्त', 'रत्न करंड' और 'कठिनाई में विद्याभ्यास' के रचयिता।"

"बक-बक मत करो। सो जाओ।"

हिन्दी साहित्यकार पर इस किस्म की कोई बन्दिश सिर्फ उनकी पत्नियाँ लगा सकती हैं, और कोई नहीं! हम बक-बक के लिए स्वतन्त्र हैं और जागरूक हैं। मैं काफी देर तक सो नहीं सका। 'नवरत्न' जी अकेले नहीं थे, उनके साथ थे 'गुलाल-चन्द्रोदय' के रचयिता सांडीवासी श्री गुमान मिश्र और दुलारेलाल भार्गव। वे तीनों मेरी ओर देख मुस्कुरा रहे थे। कह रहे थे कि "आओ बाबू शरद जोशी बी.ए., यहाँ बैठो।"

मैं बैठ नहीं पाता। मैं भयभीत खड़ा उन्हें देखता रह जाता तब हूँ। जिला हरदोई के घासीराम, जिन्होंने 'कालीदास हजारा' लिखा है, मेरा हाथ पकड़ खींचने लगते हैं और फतहगढ़ स्कूल के हेडमास्टर सुप्रसिद्ध साहित्यकार तोताराम वर्मा मुझे डाँट लगाते हैं।

मैं हाथ छुड़ाता हूँ और भागता हूँ।

मैं साइकिल पर बैठ भाग रहा हूँ और वे मेरा पीछा कर रहे हैं। वे रथों में, पालकी पर, छकड़े और इक्के में बैठे मेरा पीछा करते हैं। चर्पटीनाथ पैदल दौड़ रहे हैं। उनके हाथ में चिमटा है। चौरासी वैष्णव भी हैं। वे सब शोर मचाते आ रहे हैं।

एक हैं हिन्दी साहित्य के इतिहास में थान कवि। ये जिला रायबरेली के चन्दन कवि के भानजे होते हैं। बैसवाड़ा के चंडेला ग्राम के जमींदार दलेलसिंह के नाम पर इन्होंने 'दलेल प्रकाश' नामक काव्य की रचना की थी। इनके काव्य पर प्रसन्न होकर जमींदार दलेलसिंह ने इन्हें एक घोड़ा और दुशाला भेंट किया था। इनका नाम भी हिन्दी साहित्य के इतिहास में सादर आता है। कवि थानसिंह जमींदार दलेलसिंह के घोड़े पर बैठे मेरा पीछा कर रहे हैं और मैं साइकिल इतनी तेज नहीं भगा पा रहा कि उनसे बच पाऊँ। मैं साइकिल फेंककर एक भवन में घुस जाता हूँ। भवन के कमरे दर कमरे घुसता मैं छुपने की जगह देख रहा हूँ कि तभी एक-वृद्ध महोदय मेरा हाथ पकड़ लेते हैं। एक युवक पीछे से आकर मुझे दबोच लेता है।

"तुम पर तो एक पी-एच.डी. पकेगी। खूब आए हाथ में!" वृद्ध कहते हैं।

वह युवक मेरा गला दाबता है।

"मैं करूँगा, मैं करूँगा इस पी-एच.डी. को। बड़ा कागज रँगा है इसने। हो जाए साले पर एक पी.एच.डी.।"

मुझे नहीं पता था कि यह भवन विश्वविद्यालय है और यह वृद्ध हिन्दी का हेड ऑफ दि डिर्पाटमेंट।

मैं टेबल पर मृत पड़ा हूँ। मेरा सिर मेरे दुर्बल शरीर से अलग कर दिया गया है। वे मेरी जाँच कर रहे हैं और नोट्स बना रहे हैं।

"शैली पर पाश्चात्य प्रभाव है।''

''भाषा मुहावरेदार है।''

''हास्य में व्यंग्य का पुट है।''

''नहीं। व्यंग्य में हास्य का पुट है...''

''कथ्य में थोड़ा-सा यथार्थवाद टपकता है।''

''ब्राह्मण कुल में जन्मा है, पर सुधारवादी प्रतीत होता है।''

''भाषा में ओज नहीं है।''

''और प्रसाद गुण?''

''यदा-कदा दृष्टिगोचर होता है।''

विश्वविद्यालय भवन के बाहर मेरे पीछे दौड़नेवाले साहित्यकार रुककर खड़े हो गए हैं। 'श्री सीताराम रहस्य तरंगिणी' और 'मिथिला विलास' के कवि जनकराज किशोरीरमण रसिक अली स्वयं सीढ़ियाँ चढ़कर आए हैं और हेड ऑफ दि डिपार्टमेंट से कह रहे हैं कि आप पी-एच.डी. करवा के मुर्दा हिन्दी साहित्य के इतिहास को सौंप दीजिए। उन्होंने स्वीकार कर लिया है।

''अब कोई रास्ता नहीं। मटके में अचार बन जाने के अलावा कोई रास्ता नहीं। उफ!'' मैं घबराकर चीख उठता हूँ।

''क्या बात है?'' पत्नी पूछती है।

''मैं अमर हो रहा हूँ। नहीं, मैं मर रहा हूँ।''

''क्या बक रहे हो?''

''मुझे डर लगता है कि कहीं मेरा नाम हिन्दी साहित्य के उस भयंकर इतिहास में न आ जाए!''

''अब सो भी जाओ!'' वह बड़बड़ाकर करवट ले लेती है।

झरता नीम : शाश्वत थीम

घर के सामने और विशेष रूप से अपने ही आँगन में पेड़ लगा हो, तो जब-तब भावुक हो जाने का सुभीता रहता है। पेड़ की तरफ देखा और वहीं लगे हाथ भावुक हो लिये। गाँठ से कुछ जाता नहीं और मन भीग जाता है। मौका-मुसीबत बड़े काम की चीज है। आप चाहें उसका तना पकड़ रो सकते हैं, चाहें उसके पत्ते देख खुश हो सकते हैं। अनुभूति के क्षेत्र में किसी किस्म की खिदमत हो, पेड़ हाजिर है। जो लोग अपने आँगन में पेड़ खड़ा कर लेते हैं, इस मामले में बड़े मजे में रहते हैं।

आदमी, आदमी से या दूसरे मायनों में स्त्री से एडजस्ट न कर सके पर आदमी पेड़ से और पेड़ आदमी से, आसानी से एडजस्ट कर लेता है। फलदार पेड़ हो तो एडजस्ट होने में अपेक्षाकृत सुविधा रहती है। खैर, आदमी भी फलदार हो तो वहाँ भी एडजस्टमेंट सरल हो जाता है। स्त्री अपनी सारी स्मृतियाँ और भावना घर के पुराने ताक में रख फलदार व्यक्ति के साथ कछौटा कस चल देती है। केवल भावुक मन वाले ही फलविहीन के साथ एडजस्ट करते हैं। वे तो फलविहीन पेड़ के साथ भी एडजस्ट कर लेते हैं। उनके साथ पेड़ भी एडजस्ट कर लेता है। जैसे 'झरने लगे नीम के पत्ते, बढ़ने लगी उदासी मन की।' (पता नहीं किसकी पंक्ति हैं, जाने कब पढ़ी थी। यों भी हम नाम बताकर उसका प्रचार करने के पक्ष में नहीं। यह हमारी साहित्यिक 'स्ट्रेटेजी' है कि सन्दर्भ दो, मगर नाम गायब कर दो।) इसमें हुआ यह कि जब नीम के पत्ते झरने लगे, तो मन की उदासी बढ़ने लगी। या यों कि इधर तो नीम के पत्ते झरने लगे और उधर मन की उदासी बढ़ने लगी। दोनों हरकतें समानान्तर साथ-साथ चालू हुईं। या उलटा हुआ। जब मकान-मालिक के मन की उदासी बढ़ने लगी तो आँगन के नीम ने सोचा, चलो इसी वक्त कुछ सूखी पत्तियाँ झरा दो। साहित्य के अध्ययन से मैं इस नतीजे पर पहुँचा हूँ कि पेड़-पौधे और पूरी प्रकृति बैठी हमेशा कवि का मूड भाँपती रहती है। कवि का जैसा मूड हुआ, प्रकृति वैसा ही करती है। कवि का मन उदास हुआ तो नीम के पत्ते झरने लग जाते हैं। और मूड अच्छा हुआ तो उसी समय सूखे पत्तों का झरना रुक जाता है, और नई-नई कोंपलें फूटने लगती हैं। कहावत है (या हो सकती है) 'जिस माजने का कवि, उस माजने के पेड़-पौधे।'

या यों कि 'जैसा बोलें कविराम, वैसा नाचे नीम-आम।' या यों कि 'जबहूँ कवि हरसे, तबहूँ जल बरसे।' या यों कि 'कवि हुआ ढुलमुल तो चुप्प हुई बुलबुल।'

घर का पेड़ हो, बाप ने बोया हो, तो भावुकता का अधिकार पुश्तैनी हो जाता है। धीरे-धीरे पूरा मिजाज आंचलिक हो जाने की सम्भावना रहती है। पेड़ के साथ आपके पूरे व्यक्तित्व के 'कंडीशंड' हो जाने का खतरा रहता है। जो लोग एक छायावाद पेड़ के सन्दर्भ में अपने को बड़ा वर्ड्सवर्थ या रवीन्द्रनाथ लगाते हैं, आगे जाकर बड़े गँवार मनई साबित होते हैं। यह तो हिन्दी साहित्य है, जहाँ सब चल जाता है। यहाँ गँवार मनई भी गाछ-बिरछ का जिक्र कर, ढोलक-बाजे से सुर निकाल धन्धा चला लेता है, साहित्य-प्रेमी व्यक्ति के संस्कार और रुचियाँ बकरी की तरह होते हैं। जहाँ जो भी हरा-भरा मिल जाता है प्रेम से चर लेता है। अभाव में मुँह लटका लेता है।

जब कवि का पेड़ सूखता है, उसे भी दुख होता है। साहित्य में 'नेचर' का खरबूजा जैसा रंग बदलता है पाठक के 'नेचर' का खरबूजा भी देखकर रंग बदल लेता है। इसके अलावा भी जो पारिवारिक ऊष्मा के कवि हैं, घर की खिड़की से बाहर झाँककर पेड़ की डाली, चाँद, बादल या गाय-ढोर का नजारा देख अपने मन की बात कहते हैं। जब-तब पास के पेड़ से लटककर कथ्य और शिल्प के आकाश में झूलने लगते हैं। ऐसी रचनाओं के बलबूते पर पेड़ के साथ साहित्य और साहित्य के साथ पेड़ पनपता है। कभी वहीं कोई पक्षी घोंसला बना ले और नर-मादा अपने चोंचले शुरू कर दें, तो प्रेमकथा का रंग बाँधने में सुविधा होती है। अकेली बैठी उपन्यासों की औरतें घर से उस घोंसले की तुलना करने लगती हैं। बाबू दफ्तर चला जाता है, भाग्य का टाइपराइटर बजाने और वह औरत बच्चों को कीड़े-मकोड़े का चुग्गा खिलाती मादा को देख अपने अधफूले पेट पर हाथ फेरने लगती है। साहित्य में ऐसे दृश्य 'बॉक्स-ऑफिस हिट' साबित हुए हैं। यह सब पेड़ का प्रताप है। बुद्धि के नंगेपन को ढँकने के लिए पेड़ के पत्ते बड़े काम आए हैं। जब कुछ समझ नहीं आया, पाठक को पेड़ से बाँध दिया और खुद ऊपर चढ़कर डालियाँ हिलाने लगे। ले बेटा, चाट प्रकृति। भगवान् की बनाई है, सस्ती पड़ती है।

फिर भी मुझे तो आँगन में खड़े पेड़ की बात करनेवाले कवि अच्छे लगते हैं। जो हैं, उसी की बात करते हैं। अपनी अकल और अनुभूति की सीमाओं से परिचित हैं। आरामकुर्सी पर पड़े-पड़े इन्द्रधनु रौंदने का दम तो नहीं भरते! प्रकृति को लेकर साहित्य में बड़ा 'फ्रॉड' चलता है। प्रकृति एक विशेष काव्य-नीति में सहायक रही है। इस हरी राजनीति को आम पाठक समझ नहीं पाता। जब भी समस्याएँ साक्षात् होकर गला पकड़ती हैं, कवि चुपके से वृक्षों के झुरमुट में घुस लेता है। जब मुसीबत छँट गई, धीरे से निकला और जो जीता उसकी जय-जयकार करने लगा। गुलमोहर,

पलास, अमलतास, पीपल, बड़, आम, नीम का अच्छा-खासा जंगल है, जो तटस्थता के मौसम में सिर छुपाने के काम आता है। तटस्थता की राजनीति का रहस्य सब समझते हैं। पर कवि को कुछ नहीं कहते। परम्परा से उसे प्रकृति पर हक प्राप्त है। अभिव्यक्ति के निस्तार के लिए वह जहाँ चाहे कुलाँचें भर सकता है। उसे कालिदास से गुरुमन्त्र मिला है–विक्रम के दोष खोजने से बेहतर है प्रकृति की बात करो। 'कैरियर' शुद्ध रहता है, 'वैरायटी' बनी रहती है। प्रकृति पल-पल वेश परिवर्तित करती है, कवि की गिरगिट-प्रतिभा नित नए रंग बदलती है। अपना कोई क्या बिगाड़ सकता है। और जब विक्रम के खिलाफ देश की जनता में असन्तोष के अंकुर विरोधी पार्टी को मिले भारी वोटों की तरह पनपने लगें, तब विक्रम की दरबारी अकादमी से पुरुस्कृत प्रकृतिवादी कवि को सुविधा है कि वह विरोध के सुरों में एक सुर अपना मिला, बदलते इतिहास की वी.आई.पी. लिस्ट में भी अपना नाम लिखवा ले।

पेड़ से बहुत फायदे हैं। वह कड़ी धूप में शरण देता है। पेड़ बहुत उपयोगी वस्तु है। उसके घने पत्ते अतीत की कई शर्मिन्दगियों को ढँकते हैं। झुरमुट अनेक घोटालों के केन्द्र रहे हैं। साहित्य में भी कम घोटाले नहीं हुए हैं। चाहे तो कविता और प्रकृति तथा कविता और राजनीति पर अलग-अलग थीसिसें न लिख एक ही प्रबन्ध में सारी शोध कर सकता है। पुस्तक पठनीय होगी, पर पी-एच.डी. नहीं मिलेगी, विश्वविद्यालय के आँगन में भी काव्यनीति का एक पुराना पेड़ लगा है। हेड ऑफ दि डिपार्टमेंट जब अपनी खिड़की से झाँकते हैं, वह पेड़ उन्हें दिखाई देता है। उसकी हवा का झोंका उनके अहं को सन्तोष देता है। वे विचारों की जमीन पर नई बागबानी के समर्थक नहीं। वे कवि को उनके दिखाऊ मूल्यों पर स्वीकार करते हैं। इरी और निरी भावुकता के वे संरक्षक हैं, ढाल हैं। कहावत है (या हो सकती है) की 'एकतरफा प्रकृति दोतरफा पोलिटिक्स', या यों कि 'वृक्ष ओझल, विरोध ओझल।' या यों कि 'देखा हम कवियन की रीत, खाएँ पोलटिक्स उगलें गीत।' या यों कि 'विरोध में कमी खुश अकादमी।' या यों कि 'लिखी सिर्फ प्रकृति की बात। लगो कोर्स में हाथ के हाथ।' या 'लगो कोर्स में शान के साथ।'

सघन गहराइयों में न जाओ, अमान्य रूप से झरते तथ्यों को ही बीनो, तो भी आँगन में लगा पेड़ बड़ा सहायक है। जब चाहें गुस्सा कम करने या आँखें नम करने में मदद करता है। पर गाँव गए पिया जब घर पर चिट्ठी लिखते हैं, तो आँगन के पेड़ के विषय में भी पूछते हैं। 'मधुआ की माँ, इस साल तो आम में बहुत बौर आए होंगे। वहाँ होता तो सूँघता। काफी आम देगा अपना गाछ।'' क्या कहने! चिट्ठी पढ़कर सुनाता ज्ञानी पोस्टमैन उस करुण प्रसंग के साथ सारा मामला भाँप लेता है! जाती बेर धीरे से कहता है, ''मधुआ की माँ, इस बरस तो मधुआ के बापू घर नहीं आ रहे। कभी आम में बौर आए तो हमें याद करना।'' और मधुआ की माँ लाज

से आँगन के आम की ओर मुँह फेर खड़ी हो जाती है। पोस्टमैन एक सुख संचारक कैलेंडर रसीली नजरों से निहारता आगे बढ़ जाता है।

दूसरा प्रसंग, नानूराम शास्त्री की मोड़ी शकुन की विदाई। घूँघट में मुँह छुपा रोने-धोने का क्रम चालू। जाती बेर वह आँगन में लगे वृक्ष की ओर देखती है, इसी के नीचे खेल-कूद कर बड़ी हुई। ललुआ पंडित के छोरे ने इसी गाछ के नीचे पहली बार कलाई पकड़ी, वह मन-ही-मन वृक्ष को प्रणाम कर कहती है–हे गाछ महाराज, जे स्कैंडल की पुटरिया तेरी डार पर लटकाय कर जाए रही हूँ। बिसकू एक्सपोज मत करना महाराज। अपनी बिटिया की लाज रखना। औरतें तभी समवेत में रोती हैं–"अरे अब इन गाछ-बिरछ को तेरे बिन कौन पानी देगा री बिटिया।" और बिटिया वृक्ष देवता को प्रणाम कर डोली की तरफ बढ़ जाती है। देखने वालों की आँखों में एक आंचलिक सीन खिंच आता है।

ऐसे अनेक प्रसंग हैं, आँगन में लगे पेड़ के इर्द-गिर्द कई बातें हैं, जिनमें लेखक और कवि पूरी प्रतिभा का उपयोग कर खप सकते हैं। खप चुके हैं। कहावत है (या हो सकती है) कि 'पेड़ के प्रसंग और कविता के रंग, इनमें कभी कमी नहीं आती।' या यों कि 'झरता नीम, शाश्वत थीम।' या यों कि 'नीम फले या आम, कवि के आवै काम।' या यों कि 'सत्ता खड़के, कलम फड़के।'

यदि आप भावुक हैं, ज्ञानी हैं और आँगन में लगे पेड़ पर विश्वास करते हैं, तो इन कहावतों को भी सच मानिए, चाहे आपने सुनी हों या न सुनी हों। क्योंकि कहावत है कि 'हाथी पर ज्यों महावत, भाषा में त्यों कहावत।' उसके बिना तथ्य से आप भटक जाएँगे।

जाने-किस-स्तान के कवि से बातचीत

बहुत सारे सोफे और बहुत-सी सुखद कुर्सियाँ थीं जिन पर थोड़े से लोग बैठे थे। बाहर आसमान साफ था और हवा आ रही थी। यह हवा पंखे से आ रही थी या बँगले के तीन बड़े-बड़े खुले दरवाजों से, इस विषय में मेजबान भी स्पष्ट नहीं थे, जो अपेक्षाकृत चौड़ी कुर्सी पर बैठे व्यर्थ मुस्कुरा रहे थे। लोग आ रहे थे और हाथ मिलाने और परस्पर परिचय प्राप्त करने का दौर बार-बार दुहराया जाता था। बीच में एक सोफे पर वह विदेशी कवि बैठा था जो किसी 'स्तान' का था। जो दुनिया के बड़े नक्शे में कहीं है। कहाँ है मुझे नहीं पता पर वह है।

सरकार कुछ ऐसे प्रोग्राम बनाती है जिसके अन्तर्गत यहाँ के कवि वहाँ भेजे जाते हैं और वहाँ के किसी कवि को इधर बुलाया जाता है। यहाँ के बजाने-नाचनेवाले वहाँ जाते हैं और उधर वाले इधर आ जाते हैं। अभी हमारे कुछ दोस्त कवि विदेश होकर आए तो बोल रहे थे कि जितनी इज्जत भाग्य में लिखी थी वह एक साथ विदेश में माह भर में हो गई। बड़े सन्तुष्ट थे। वहाँ उन सब श्रोताओं ने, जो हिन्दी नहीं जानते थे, हमारे कवि मित्र की उन रचनाओं को ध्यान से सुना, जिन्हें हम हिन्दीभाषी सामान्यतः हूट कर देते।

सोफे पर बैठा वह, जाने-किस-स्तान का कवि बड़ा प्रसन्न लग रहा था। अपने पास बैठे दुभाषिये से छोटी-सी बात कर वह गद्‌गद हो जाता था। मुझे शक होने लगा कि कहीं वह शख्स भी तो अपनी भाषा में कविता सुनाते हुए हूट नहीं होता! उसके पास बैठा दुभाषिया वास्तव में दोनों भाषाओं में कमजोर था। वह जाने-किस स्तान की भाषा पता नहीं कितनी जानता था मगर हिन्दी में जरूर बड़ा कमजोर था। वह अंग्रेजी की सहायता से हमें हिन्दी में समझाता था।

सांस्कृतिक आदान-प्रदान का मधुर क्षण आरम्भ हुआ। उसने कहा, "आप लोग मुझसे प्रश्न पूछिए, मैं जवाब दूँगा।" हम लोग एक-दूसरे का मुँह देखने लगे। मेरे मन में एक सवाल था कि वह देश, जहाँ कवि रहता है, दुनिया के गोले पर कहाँ है? मगर मैंने नहीं पूछा क्योंकि यह मेरे लिए बड़े शर्म की बात होती कि मैं अन्तरराष्ट्रीय राजनीति की गहरी पकड़ रखने के बावजूद भूगोल में कमजोर हूँ, तभी

एक स्थानीय कवि ने प्रश्न किया, ''आपकी भाषा में कविता लिखने से कवि का पेट भर जाता है? उसे कोई दूसरा धन्धा नहीं करना पड़ता? जैसे दूसरे नाम से गन्दे उपन्यास लिखना, अनुवाद या प्रोफेसरी।'' दुभाषिये ने जाने-किस-स्तान के कवि से कहा, ''आर्दुबरी तारदम्य पुइटासी चावनाले काज सिवनाले जीन पुत्रो नावेल नी पुरफोसरी जरी।''

यह सुनकर यकायक जाने-किस-स्तान का वह कवि गम्भीर हो गया और कुछ क्षण रुककर बोला, ''पोरताने पुइटासी चावनाले जीम, कजा चिस्को शीवालेम पियरासी।'' फिर हँसा और कहने लगा, ''जोएल तादारान्ता नुवालेबो शकारीम शकारीम।'' इस पर वह दुभाषिया भी हँसा और उसने हमें बताया, ''हमारे देश में कविता लिखने से कवि का पेट तो भर जाता है, क्योंकि वह कविता-पार्टी वगैरह में खाता रहता है, मगर परिवार के लोग भूखे रहते हैं। क्योंकि वे हर जगह कवि के साथ जा नहीं सकते।''

यह उत्तर सुन सम्भ्रान्त लोगों ने मजा लिया और वे हँसे। मगर एक हिन्दी कवि पूर्ण भावावेश में उठा और जाने-किस-स्तान के कवि के गले लग गया और बोला, ''वाह भाई, आपके हमारे देश में कितना सांस्कृतिक साम्य है। हमारे यहाँ भी कवि सपरिवार भूखे रहते हैं। अन्तर यही है कि यहाँ हिन्दी कवियों को पार्टियों में भी नहीं बुलाया जाता!''

दोनों गले लग रहे थे। बड़ा दिलतोड़ दृश्य था। मेरे पास बैठे सज्जन ने झुककर धीरे से कहा कि इन कवियों को पार्टियों में नहीं बुलाया जाना चाहिए। अभी हमने एक पार्टी में दो कवि बुलाए थे तो वे पूरे समय लड़कियाँ घूरते रहे। पार्टी का खर्चा हम कर रहे थे, लड़कियों को निमन्त्रण हमने दिया था और घूर ये लोग रहे थे। मैंने उत्तर में सुझाव दिया कि अगली बार जब पार्टी हो तब आप गद्यकारों को बुलाइए। वे शायद भले साबित हों। उसने मुँह बिचका दिया।

तभी एक और प्रश्न उछाला गया और दुभाषिये ने उसे झेलकर जाने-किस-स्तान के कवि को सौंप दिया। प्रश्न था कि ''क्या आपके यहाँ कविता संकलन छपते हैं? छपने के बाद बिक पाते हैं? उन्हें प्रकाशक छापते हैं या कवि अपनी गाँठ से छपवाते हैं?'' जाने-किस-स्तान के कवि ने उत्तर दिया, ''हाँ, हमारे यहाँ कुछ ऐसे सौभाग्यशाली कवि हैं जिनके संकलन प्रकाशक ने छापे हैं। संकलन छपने पर कवि को कुछ प्रतियाँ मुफ्त में मिल जाती हैं, जिन्हें वह बाँट सकता है या अपने वंशजों के पढ़ने के लिए घर में रख सकता है। कहीं-कहीं पेमेंट की प्रथा है, कई बार कवि को उस पर पुरुस्कार भी मिल जाता है।''

''क्या अधिकांश प्रकाशक कवियों को कुछ देते नहीं?''

''किर्दाचुस्बे बीजाजेरी प्रोमात्या लावशीनो?''

"चोनास्ते लावशीनो।"

"अधिकांश कुछ नहीं देते।"

इतना सुनते ही हमारे नगर के एक प्रकाशक अपने भारी-भरकम शरीर सहित उठे और जाने-किस-स्तान के कवि के गले लग गए, "वाह भाई, आपके हमारे देश में कितना सांस्कृतिक साम्य है। हम यहाँ प्रकाशक लोग इसी स्थिति में हैं।"

दिलतोड़ दृश्य पुनः स्थापित हो गया, यद्यपि प्रकाशक महोदय के भारी शरीर से लगने में उस विदेशी कवि को असुविधा हो रही थी। देशी कवि को भी होती।

"आप अपना मोलक के बारे में हमको किछु बताइए। सामथिंग अबोट योर कांट्री।"

कवि ने उत्तर स्वरूप लम्बा भाषण दिया और दुभाषिये ने उससे कहीं अधिक विस्तार से बताया कि मेरा देश बड़ा सुन्दर देश है। वहाँ पहाड़ और नदियाँ हैं। वहाँ का मौसम बहुत अच्छा रहता है। ज्यादा वक्त बर्फ गिरती है। हमारे देश में छोटे-छोटे प्यारे बच्चे हैं जो स्कूल जाते हैं। नौजवान हैं, जो प्रेम करते हैं और नौकरियाँ तलाशते हैं। लोग घरों में अपनी पत्नियों के साथ रहते हैं। हमारे देश में सिनेमा हैं, थियेटर हैं जिनमें लोग रोज जाते हैं। अखबार निकलते हैं, जिनमें खबरें छपती हैं। कवि हैं, वे कविता लिखते हैं और कॉफीहाउसों में बैठकर सिगरेट पीते हैं। हमारा देश एक महान देश है, जिसका मोटा इतिहास है, जो बच्चों के कोर्स में लगा हुआ है। हमारे देश में पुराने खँडहर हैं, आप ओग कभी तशरीफ लाएँ तो हम दिखा सकते हैं।

इस पर प्रशंसाचूसक तालियाँ बजीं। सब 'वाह-वाह' करने लगे। मेरे पीछे बैठे हुए सज्जन ने कहा, "क्या सुन्दर देश है, और एक हमारा यह कम्बख्त हिन्दुस्तान है, जहाँ कुछ नहीं होता।"

"कुछ कीजिए तब होगा, यों तो कुछ नहीं होगा।" दूसरे ने कहा।

इसके उपरान्त जाने-किस-स्तान के कवि ने फरमाइश की कि वे भारतीय कविता सुनना चाहते हैं। एक कवि तुरन्त खड़े हो गए। किसी ने कहा, "बैठ जाओ," मगर उन्होंने कविता आरम्भ कर दी। कविता छोटी थी, मगर गड़बड़ थी। हम लोगों को कुछ समझ में आ गई, मगर दुभाषिये को जरा समझ नहीं आई। उसने कहा कि जब तक मुझे समझ नहीं आएगी, मैं अनुवाद नहीं कर सकूँगा। इस पर कवि ने कह दिया कि "जब आपको कविता की समझ नहीं तो आप दुभाषिये कैसे हो गए?" इस पर दुभाषिये ने शान्ति से कहा, "मैं बहुत बड़ा विद्वान् या भाषाविद् नहीं हूँ, अगर होता तो मेरी ड्यूटी एक कवि के साथ नहीं लगती, बल्कि मैं इसी देश के किसी नेता के साथ रहता।"

"आपको जो भी अर्थ समझ में आए, वही उन्हें सुना दीजिए। अगर आप कोई दूसरी कविता का भी अर्थ समझा देंगे तो क्या फर्क पड़ता है! यह सांस्कृतिक मैत्री

का प्रश्न है, इसमें बहुत सही चीज पर जोर देने की जरूरत नहीं। कोई अच्छी-सी बात कह दीजिए।" मेजबान ने कहा, जो अब तक चुप बैठे मात्र मुस्कुरा रहे थे।

दुभाषिया उन विदेशी कवि को हिन्दी कविता का जो मर्जी में आया सो अर्थ समझाने लगा। हम लोग बाहर आकाश की ओर देखने लगे।

"हम सब अब आपकी कविता सुनना चाहते हैं," मेजबान ने कहा।

"मोनाजी शाव्लों चुस्के पुइट।"

"ऊ ऊ!" कवि ने सुना और लजाने लगा।

इसके बाद मैंने देखा कि जाने-किस-स्तान का वह कवि खो-सा गया है। शायद वह तय नहीं कर पा रहा कि कौन-सी कविता सुनाने की दृष्टि से श्रेष्ठ रहेगी। फिर उसने एक कविता सुनाई, जिसका दुभाषिये ने यों अर्थ बताया कि "पेड़ पर बर्फ है, जिसके नीचे वह लड़की खड़ी है। जिसे मैं अपनी खिड़की से देखता हूँ और प्यार करता हूँ। मौसम बदलता है, प्यार नहीं बदलता। अपने पिता का इन्तजार करती वह लड़की मुझे अच्छी लगती है। काश, मेरा कोई पिता होता। युद्ध में मर गया है वह। लड़की इन्तजार करती है। मैं कहता हूँ। संसार में शान्ति होना जरूरी है, ताकि वृक्षों में फल आ सकें और मैं और वह लड़की खा सकें।" और इसी किस्म की बातें।

तड़-तड़ तालियाँ बजीं। वाह, क्या कहने!

विदेशी कवि प्रसन्न हो गया। फिर लजाने लगा।

"वह चाय-वाय कब होगी?" किसी ने चिल्लाकर पूछा।

"और कोई बात?" दुभाषिये ने पूछा।

"बस खतम करो यार, फिर इसे गवर्नर से भी मिलता है।" मेजबान खड़े हुए और धन्यवाद का लम्बा भाषण देने लगे। पास के कक्ष में चाय, काजू, बर्फी, समोसा, बिस्कुट-केला की व्यवस्था थी। हम सब उधर दौड़े। फिर छोटे-मोटे मधुर वार्तालापों का वातावरण बना।

"आपने बहुत सौन्दर कविता सुनाया।"

"मैं चाहता था, मेरी कुछ कविताओं का आपकी भाषा में अनुवाद होता।"

"आप किसी एक्सचेंज प्रोग्राम में इधर आया है या अपने खर्चे से?"

दुभाषिया व्यस्त था, कवि हँस-हँसकर जवाब दे रहा था।

"हम लोग इधर शहर का नुव पोयट एक मेगजीन निकालता है। दिस इज वेस्ट इन इंडिया।"

"ऊ ऊ ऊ।"

"नार्बेनि चितारे ज्री।"

"कितना सरकुलेशन है?"

"वन थाउजेंड।"

"अब, हिन्दी में बोल, सब गोरी चमड़ी वाले अंग्रेजी नहीं जानते।"

तभी कॉलेज की कुछ लड़कियाँ जाने-किस-स्तान के उस कवि से ऑटोग्राफ लेने पहुँचीं।

"ऊऊऊ यू आर बूटी" कहकर कवि बड़ी मौज में आकर एक लड़की के मुखड़े की ओर बढ़ा।

सब चौंककर देखने लगे। बड़ा दिलतोड़ दृश्य था।

"ये क्या अंग्रेजी जानता है?" किसी ने दुभाषिये से पूछा।

"एक दो वाक्य।"

शेष दोनों लड़कियों ने मस्ती का यों सार्वजनिक रूप देख अपनी ऑटोग्राफ की कॉपियाँ छिपा लीं और पीछे खिसक गईं। वह लड़की सिर झुकाए खड़ी ऑटोग्राफ ले रही थी। बाहर आकाश खुला था। मेजबान यथावत् अन्तर्राष्ट्रीय स्तर की मुस्कुराहट लिये मुस्कुरा रहे थे। और हम अपनी नियति में बँधे स्थानीय स्तर के समोसे खा रहे थे।

कवि, अफसर और चिड़िया

एक थे अफसर। बड़े बँगले में रहनेवाले। ऊँची कुर्सी पर विराजमान। नौकर-चाकर, ड्राइवर, आया, जिसको आवाज लगाएँ, वही हाजिर। बड़े रौब थे उनके। कमाल का प्रभाव। जिसका चाहें तबादला कर दें। ऐसा पेंच लगाएँ कि उनके विरोधी को खाने को रोटी न मिले। जिस पर मेहरबान, उसकी सारी उँगलियाँ घी में। ज्ञानी-ध्यानी उनके चरण चाटें। ड्राइंगरूम जैसे अखाड़ा अकलमन्दों का। जिसका नाम लें, वो ही बोले, "यस सर!" जिसे देखकर मुस्कुराएँ, सो ही निहाल। दिमाग के तेज। व्यवहार के मीठे। जिसकी खाट खड़ी करनी हो, उससे बड़े मधुर। नीति में चाणक्य, कर्म से नादिरशाह। चित भी मेरी, पट भी मेरी, अंडा मेरे बाप का। अफसर-से-अफसर। बड़े अफसर।

अफसर को साहित्य-कला से बड़ा प्रेम। कविता घर में पानी भरे। आलोचना रोज झाड़ू लगाए। चिन्तन उनके कपड़े धोए। लेख बिछाएँ। किताबों पर बैठें। कहानी जूतों के पास पड़ी रहे। अफसरी भी करें और साहित्य भी करें। जब जो चाहें, करें। मन के राजा। बड़े-बड़े बुद्धिजीवी उनके बँगले की ओर टकटकी लगाकर देखें। हुजूर की कृपा बनी रहे। बड़े-बड़े किताबों के लिखैया, कविता रचैया, टिप्पणीकार, गुनीजनों से प्रश्न पूछ इंटरव्यू लिखने वाले, कला के समीक्षक, विदेशी को देशी और देशी को विदेशी करने में माहिर, अफसर के दरबार में हाजरी भरें। जो आज नहीं आया, वो कल जरूर आए। जो सुबह नहीं आया, सो शाम को हाजिर। मालिक सलाम। हम बुद्धिजीवी। हमको टुकड़ा दो खाने को। हमें चाय-कॉफी, हमें दारू, हमें विचार, हमें दृष्टि। हमें धारणा। हमें रास्ता बताओ, मालिक हम क्या लिखें? क्या करें?

अफसर दिमाग का तेज। वो नित नई बात सोचे। ज्ञान बघारे। बड़े-बड़े मार्क्सवादी उससे सलाह लें। क्यों साहब, अब देश में क्रान्ति लाने के लिए क्या करें। अफसर कहे, हमारी सुनो।

सब सुनें। सुनकर गुनें। प्रशंसा करते घर लौटें। देखो कैसी बढ़िया बात कही साहब ने समाज पर, साहित्य पर, सबकी मति साफ करके धर दी। कविजन अफसर से खुश। अफसर कविजन से खुश। ऐसे ही धीरे-धीरे साहित्य का विकास जारी था।

एक दिन अफसर ने अपने बँगले की खिड़की से चिड़िया देखी। उसने कविजन से कही। काहे रे, तुम चिड़ियों पर कविता काहे नहीं लिखते? कविजन ने सुनी, तो शरम खा गए। आपस में बोले कि यह बात हमें अब तक क्यों नहीं सूझी। अरे चिड़िया तो हम रोज देखते हैंगे। फिर अब तक कविता काहे नहीं लिखी? आज छुट्टी का दिन है। आज हम अपने घर में बैठ चिड़ियों पर कविता लिखेंगे।

छुट्टी का दिन। कवि अपने-अपने घर बैठे। अफसर ने सोचा। अच्छी याद आई। चलो, आज चिड़िया का शिकार खेलेंगे। वो बन्दूक उठा चला जंगल। अफसर तो अफसर, उसको कौन रोक सके?

कवि ने लिखा, जंगल में चिड़िया। ओ तुम नन्हे पंखोंवाली! ओ तुम फुदक-फुदक। इस डाली से उस डाली। अरे हमारे पास क्यों नहीं आती? अरे दूर-दूर क्यों? अरी ओ चिड़िया! तू मेरी आँख, तू मेरा मन।

उधर जंगल में गोली छूटी दन्न। छटपटा के गिर गई चिड़िया। मर गई चिड़िया। अफसर को निशानो। चिड़िया की क्या बिसात? ढेर हो गई साहब के चरण में।

दूसरे कवि ने लिखा, आकाश में मेरा बाहुपाश। बाहुपाश में कित्ती चिड़ियाँ, आसमान भर-भर के चिड़ियाँ। चहक रही घर-घर में चिड़िया। चिड़िया, चिड़िया, चिड़िया। ऊपर से उड़ती है मेरे। कन्धे पर बैठी है मेरे। सपने में आती है मेरे। चिड़िया, जिसके पंख सुनहरे। चिड़िया, जिसकी मीठी बोली।

उधर अफसर ने मारी गोली। धाँय। भरी बन्दूक, अकेला अफसर। आसमान भर-भर के चिड़ियाँ। पक्का निशाना, अपार समय, कौन रोक सकता उसे? उड़ती को मारा। बैठी को मारा। छुपती को मारा। अफसर की गोली जैसे फाइल पर ऑर्डर। जो हो गया, सो हो गया। मरी, सो मरी। अब कोई हेरफेर सम्भव नहीं।

इधर तीसरे कवि ने चिड़िया से प्रश्न किया। ओ नन्हीं, ओ मीठी, ओ मेरी, ओ चिड़िया, पूरे मौसम तू कहाँ रही? किस अनजाने देश होकर आई हो तुम? प्यारी। क्या लाई हो सन्देशा? ओ पंखिनी, ओ विहंगिनी। पूरे मौसम, हरसिंगार ने ताकी तेरी राह। इस बाग की डाली-डाली को भी तेरी चाह, चुप्पी साधे क्यों बैठी हो, क्या कर आई गुनाह? ओ नन्ही, ओ मीठी, पूरे मौसम तू कहाँ रही?

और उधर एक और चिड़िया मरी। मनमौजी अफसर खुलकर खेला। धाँय, धाँय। एक-के-बाद-एक चिड़िया। मारता जाए, बटोरता जाए। बड़ा सफल दिन था अफसर का।

कवि लिख रहा था। एक चिड़िया मेरे मन में है। जाने कहाँ उड़कर जाती है। उसके साथ जाता हूँ मैं। एक चिड़िया मेरे मन में है। एक चिड़िया मेरे तन में है। झूम-झूम गाता हूँ जब। साथ में गाती है वह। एक चिड़िया।

शाम हुई। सूरज किरनें फेंकने से फरागत हुआ। अफसर अपनी जीप में घर

लौटा। कवियों ने कोरे-कोरे, ताजा धुले कपड़े पहने और कविता की डायरी बगल में दाब अफसर के बँगले की तरफ चले।

"आहा, आइए आइए।"

अफसर बड़े मिलनसार। स्वभाव के रसिक, रह-रह के खुश हों। रह-रहकर दाँत निपोरें। कला के प्रेमी। कलाकारों के कदरदान। दाएँ पानदान, बाएँ पीकदान। बड़े दिलदार। बोले, "आइए, आइए। आज सारा दिन कैसा रहा?"

कविगण बोले, "चिड़ियों पर कविता लिखी।"

"वाह वाह, सुनाइए, सुनाइए।"

कवि कविता पढ़ने लगे। अफसर सुनने लगे।

अफसर सर्वज्ञानी। आधुनिक साहित्य उनकी बगल में। युवा कविता उनके ताक में धरी। ड्राअर में समीक्षा की नजर। गौर से सुनें। हर कविता के अन्दर चिड़िया की परख करें। हर चिड़िया में कविता की जाँच करें। अच्छे-अच्छे सारे शब्द बाप से मिले। मुहावरे ससुराल से दहेज में। कवि पढ़ें। अफसर गौर करें।

अफसर ने सब कविता पर कमेण्ट करी। कहने लगो, "तुमारी में छायावाद ज्यादा। तुमारी में प्रगतिवाद कम, तुमारी कविता कमजोर। तुमारी कविता अच्छी पर चिड़िया कमजोर। तुमने आकाशवाली बात सुन्दर कही। और तुमारी कविता और जो भी हो, आधुनिक नहीं।"

कवि मित्र अचरज में। कैसे ज्ञानी हमारे अफसर! कैसी दिलचस्पी! कैसा सरोकार! कैसी पैनी नजर से जाँचनेवाले!

अफसर ठहरे शिकारी। पत्तों के पीछे छुपी चिड़िया भाँप लें तो क्या कविता में छिपी चिड़िया न पहचान सकें। बात में बात चली। छिलका-दर-छिलका। तुम्हारी चिड़िया ऐसी। तुम्हारी चिड़िया वैसी।

तभी अफसर की औरत खाना लेकर आई, सब कवियों के लिए, बोली, "आप सबकी चिड़िया छोड़ो। बोलो, हमारी चिड़िया कैसी?"

प्लेट-पर-प्लेट लगी। चिड़िया दम। चिड़िया दही वाली। चिड़िया मेथी, चिड़िया मुगलई। चिड़िया मसाले वाली। आज साहब शिकार खेलकर आए हैं। चखकर देखिए कैसी बनी।

सब कवियों ने चखी। "वाह भाभी, वाह! आपकी चिड़िया सबसे अच्छी!"

ऐसे थे अफसर। ज्ञानी, दिलदार और निशाने के पक्के। कवियों से जैसा लिखवाते, वैसा उन्हें खिलाते-पिलाते भी।

रात हुई। कविगण घर लौटे। भूल गए कि उन्होंने आज चिड़िया पर कविता बिठाई थी या कविता पर चिड़िया। सबके मुँह पर एक ही बात थी। आज जैसी चिड़िया खाई, वैसी तो कभी न खाई! वाह!

धन्य हैं कवि, धन्य हैं अफसर, धन्य हो गई कविताओं में पकती भारत की चिड़िया।

राजनीतिक कविता और कवियों की राजनीति

क्रान्ति शब्द पिछले बरसों में विनोबा की देसी खरल में घुट-घुटकर ऐसा पिलपिला और प्राणहीन हो गया है कि कवियों के फूँक मारने के बावजूद दम नहीं ले रहा। उस पर कसर थी तो सरकार ने हरित क्रान्ति शुरू कर दी। एक जमाना था, क्रान्ति सिर्फ लाल होती थी और इसमें कोई दीगर 'शेड', मसलन उसे गुलाबी करने की कोशिश करना गलत समझा जाता था। मगर बाजार का नियम है कि चलनेवाला माल धीरे-धीरे हर रंग में मिलने लगता है। यहाँ तक कि हरी क्रान्ति भी मिलने लगी और सावन के अन्धे, जिनकी इतिहास में कभी कोई भूमिका नहीं रही, यकायक अग्रणी हो गए। इतिहास शब्द भी इस लाजवाब शिक्षा-प्रणाली की असीम अनुकम्पा से अर्थहीन हो गया। 'हिस्तरी जाग्रफी बड़ी बेवफा, रात को रटी दिन को सफा' का जो दर्द है वही समझ सकते हैं, जो एक समूची रचनात्मक रात बीत जाने के बाद प्रातः उपलब्ध बेवफाई की आन्तरिक पीड़ा को सहने की सामर्थ्य रखते हैं। अगर किसी शख्स ने इतिहास को कुंजी के रूप में सौ में से तैंतीस अंक के परीक्षाई अर्थ में समझ रखा है तो उसे मार्क्स या टॉयनबी के अर्थों में समझाना कठिन है। मगर हिन्दी कवि ऐसे शब्दों का इफरात से उपयोग करने लगे हैं। इसे कहते हैं कि मजबूरी इन्सान से क्या नहीं कराती अथवा आवश्यकता आविष्कार की अम्मा है।

जब यह स्पष्ट हो गया कि बड़ा मुश्किल है दुनिया का सँवरना। चूँकि वह तेरी (या किसी अन्य कन्या की) जुल्फ के पेचोखम नहीं है, तो कवियों ने अपना एक कोमल पैर राजनीति के कैक्टस कानन में बड़े नाजो-अन्दाज से रखा और परम्परागत शैली में बदलते समय को मुजरा किया। मगर राजनीति शब्द भी क्रान्ति और इतिहास की तरह इधर खाली-पीली बूम मारनेवाला हो गया। पंचायत और नगरपालिका चुनाव, जिले के अर्द्ध-साप्ताहिक और साप्ताहिक की खबरों तथा विश्वविद्यालय के सब्जी-बाजार-धर्मी सिंडीकेट के टंटों-झगड़ों में राजनीति शब्द ऐसा चालू हो गया है कि शरीफ आदमी आज बिना आँख मारे उसका उच्चारण नहीं कर सकता। अब हमारे दिल्ली-इलाहाबाद के पायेदार (स्थापित के अर्थों में) कवि तो इतने डाउन कम-से-कम कविता के क्षेत्र में नहीं हुई कि वैसा-का-वैसा इस्तेमाल राजनीति शब्द

का करने लगें। कल तक उन्हें ऐसी बिच्छू-शब्दावली सख्त नापसन्द रही है। यथार्थ के मामले में वे कभी साँप मणिधर से नीचे नहीं आए। उन्होंने भीड़ को भीड़ बोला, भेड़ बोला और जो बोला कवि के ठसके से बोला। कर लो क्या करते हो क्योंकि 'वाद' उनका, उनके बाप का। मगर वक्त आ ही जाए तो क्या करना और कैसा करना। कवि लोगों ने नाक पर कपड़ा रख नाली से राजनीति शब्द उठाया, धोया-पोंछा, थोड़ा पॉलिश मारा, चमकाया और इस काबिल बनाया कि सफेद चादर पर ऊँची नाक के लोग जब संगोष्ठी करें तो बनारसी पान और जर्दे की सुबास में कम-से-कम, जोर देकर उसे बोल तो सकें, ऐसा करते समय उनके छायावादी 'एस्थेटिक्स' पर आँच तो न आए। संयम के साथ चालीस दिनों का नियमित कोर्स लेने के बाद हालत सुधरी और राजनीति और उससे सम्बन्धित—सारी सड़क-छाप शब्दावली वैसा ही मजा देने लगी जैसे किसी कन्या की जुल्फ का पेचोखम। वह शख्स जो सड़क पर नंगा गुजरने के पूर्व महिलाओं से क्षमा माँग रहा था, बदले माहौल में पोस्टर लपेटकर आगे बढ़ गया। पोस्टर पर काँग्रेसी नेताओं के खिलाफ इबारत अंकित थी। दूसरे के एक्सपोजर से अपना एक्सपोज ढँकने की यह चेष्टा कविता में नया मोड़, नई स्ट्रेटेजी सिद्ध हुई।

राजनीति शब्द स्त्रीलिंग है। उसकी अदाएँ पुंश्चली की-सी, साहित्य पुराना पुल्लिंग मगर अब उसमें कमरकसी संकटमोचन झलक नहीं दिखती। इसके बदले एक खस्ता समर्पित भाव कि हम जो भले-बुरे सो तेरे, बहुत नसाए अब नसाने का मूड नहीं। राजनीति अपने में प्रौढ़, सत्तर घाट का कोकाकोला पी हुई, पुराने सिद्धान्तों के नकली उपकरणों से कसी-उठी, पत्रकारों की उपस्थिति में नौ सौ चूहों का विराट् लंच ग्रहण कर चुनाव के समय हज जाने को तत्पर। साहित्य लालची खानसामा-सा उसकी टेबल के पास टिप की प्रतीक्षा में झुका हुआ। तख्त पर सज्जित डनलपिलो पर लेटी राजनीति आत्मसन्तोष के खर्राटे भर रही, उसका फूला भ्रष्ट शरीर नैतिक ऊँचाइयों को हीन सिद्ध कर रहा, उसकी पतली टाँगें संस्कृति तक फैली हुई। वह गैर-जिम्मेदार पहलू बदलती है, हर दिशा में नैन मटकाती है। साहित्य उसकी सुविधार्थ अपने आग्नेय कोण से खिसककर धीरे-धीरे वायव्य कोण में आ बैठा है। क्या मजा है! उसी मंच पर (चाहे वह शासन का हो या विरोध का), उसी ताल-संगीत पर राजनीति के प्रमुख नर्तक से कुछ दूर पर खड़े हो कमर मटकाने से कलाकार का निजी अहं तुष्ट होता हो मगर दर्शक के लिए वह सब-कुछ एक ही नजारा बन जाता है। वह जो पहले देखता था, आज भी वही देखता है। हिन्दी का कवि बीस वर्षों में अवसरवाद से नवअवसरवाद तक चला है। राहत, सुविधा, पद, सम्मान और अधिकार के लोभ में आजादी के तुरन्त बाद प्रगतिवाद को नकार प्रकृति के झाड़-पत्तों, हरी घास, चूड़ी के टुकड़ों और रँगे नाखूनों, अधूरे चाँद और चीवर धारे बुद्ध के शरणम् जानेवाली पीढ़ी

और इस आम चुनाव के परिणामों में काँग्रेस को डगमगाती देख विद्रोह की बोली बोलनेवालों में बुनियादी अन्तर कौन-सा है? वह अवसरवाद था, यह नवअवसरवाद है। एक प्रतिष्ठान का जहाज डूबने पर कविता के चूहे समन्दर में कूद पड़े और नए जहाज की तलाश में लहरों से संघर्ष कर रहे हैं। यह विद्रोह तभी तक है जब तक पुराना जहाज नहीं डूबता और नया नजर नहीं आता। अगर पुराना जहाज नहीं डूबा तो ये समाजवाद के नाम पर फिर लौट आएँगे और अगर डूब गया तो ये गैर काँग्रेसवाद के नाम पर नए जहाज में विद्रोही मुखौटा लिये चढ़ जाएँगे। संशय की इन घड़ियों में इसी कारण ये अधिकतर भाषा, बदलते मुहावरे की बातें कर रहे हैं और राजनीतिक शब्दावली को रहस्यवादी अन्दाज में उपयोग कर क्रान्ति के भ्रम पैदा कर रहे हैं। इनकी कविता एक ऐश और दूसरे ऐश के बीच इंटरवल की कविता है।

कुछ वर्ष पूर्व हमारे शहर में एक दिल्लीवाले कवि आए थे। इस पिछड़े प्रान्त में बाहर से कोई पियादा भी आए तो वजीर का फर्जी भ्रम लिये आता है। अनेक चर्चाओं, संगोष्ठियों की वैचारिक जूठन में अपने हीनभाव की कड़ी तेजस्विता लिए वह हमारे बीच चिन्तक के अन्दाज में जुगाली करने लगा। टिटहरी-सा मुँह खोल उसने फतवाया कि मैं नहीं समझता कि राजनीति का साहित्य से कोई सम्बन्ध हो सकता है और या साहित्य राजनीति को प्रभावित करता है। साहित्य के लिए राजनीति कोई मतलब नहीं रखती। वह देर तक ऐसा ही टुकड़ा-टुकड़ा बोलता रहा। उसके भाषण पर शुद्ध कलाकार-स्वातन्त्र्य की 'आग मार्क' मोहर लगी थी। हम सब, इस कस्बागुणी नगर के पढ़े-लिखे अभिभूत हुए। हम कभी साहित्य की दिली-गहराइयाँ नहीं समझ पाते। हमें नहीं पता कौन किस ऐम्बेसी की दारू पीकर बहक रहा है। माइक की उगालदानी में अपनी वैचारिक पीक उगलकर वह चला गया और हमें गम्भीर कर गया। यह तब की बात है जब दिल्ली में नेहरू-शास्त्री का जमाना था। सबको लगता था कि काँग्रेस अपनी गद्दी पर 'फिक्सर' लगाकर बैठी है। दीगर पार्टियों से साहित्यकार का इश्क पिछले दरवाजे से यदा-कदा होता था। गलियों में बौद्धिक रोमांस करनेवाले चौड़ी सड़क पर कुँवारियों-सा पावित्र्य और सदा सुहागन भाव बनाए रखते। जो चौड़ी सड़कों पर राजनीतिक यथार्थ की बातें करते, वे महज नारेबाज, सतही, सस्ती लोकप्रियता के चक्कर में फँसे हुए कहलाए जाकर बदनाम होते। विश्वविद्यालय या महाविद्यालय की दीवार का सहारा लेकर खड़ा हिन्दी का समीक्षकनुमा शख्त ऐसे नारेबाजों को लात मारकर भगा देता। ठंडे छायावादी आग्रह थे कि राजनीति का पानी कविता के दूध में नहीं मिलना चाहिए। कहा जाता कि 'व्यंग्य मत बोलो' क्योंकि वह पत्रकारिता है, साहित्य नहीं। फिर हुआ आम चुनाव। जनभावनाएँ अखबारों की हेडलाइन बन गईं। सत्ता को पहला हार्ट-अटैक हुआ और उसे ऑक्सीजन पर रखा गया। इस बदले नजारे को यारों ने भाँपा। जनता जब फिजाँ

बदलने पर ही तुली हुई है तो हम बुद्धिवादी क्यों न जोर मारकर सारा सेहरा खुद बाँधें। वही कवि, जो हमारे शहर में राजनीति को कविता के लिए व्यर्थ मानता था, दिल्ली में बैठा अपनी कविताओं में अखबारी शब्दावली की थिगली लगाने लगा। खबर, जुलूस, नेता, नारा, शोर, अखबार, कसी हुई मुट्ठियाँ, प्रेस कॉन्फ्रेंस, माइक, जनता, पोस्टर, बयान, झंडा, अकाल, चीख, सभा, कुर्सी, गोली, इतिहास, सड़क, संघर्ष, पुलिस जैसे रूखे शब्द कविता में आने लगे। कल तक जिन बातों से साहित्य की शाश्वत ऊँचाई पर खतरा लगता था, आज वे प्यारी लगने लगीं। सामयिकता महत्त्वपूर्ण तत्त्व हो गया। जब फ्री-लान्स कवि (दूतावासों के यतीमखानों पर आश्रित) कान में पत्रकारिक-शब्दावली का मोरपंख खोंस विरोधी दल के दफ्तर के सामने नृत्य करने लगा तो दफ्तरधर्मी साहित्यकार भी तोता-चश्मी चिन्तन में व्यस्त हो गया। दफ्तरी नैतिकता का आग्रह है कि जब यह निश्चय हो जाए कि बॉस बदलने ही वाला है और नया जल्दी आनेवाला है तो पुराने बॉस के प्रति थोड़ा आक्रोश, थोड़ी शासनहीनता का प्रदर्शन कर खरी-खरी कहने लगो, ताकि नए आनेवाले के दिल में जगह बना सको। बीस साल पुरानी बॉस काँग्रेस बदल रही है तो नौकरों की कविताओं ने मिजाज बदला। उन्हें यकायक चारों तरफ लाठी, गोली की आवाजें सुनाई दीं, आदमी अपमानित होता दिखा। जो अफसरों के चरणों में पड़े 'कैरियर' बना रहे थे उन्हें प्रजातन्त्र याद आया। सूट में छिपा कलाकार फड़का और गुलगुली रचनाओं से हटकर तोता-मैना की बाजारू साफगोई पर उतर आया, ताकि सनद रहे और जब गैर-काँग्रेसी सरकार बने, काम आए। ऐसे अवसरवाद से निस्सरित कविता की भाषा और शिल्प की विवेचना वेश्या की कत्थक कला पर निर्विकार वाह-वाह करने के नाटक के अतिरिक्त क्या है?

मगर कविता का तथाकथित समीक्षक 'वाह-वाह' की कला का छटा हुआ उस्ताद है। उसकी शोहरत हर मजलिस में है। कदर स्नॉब की स्नॉब जानता है। बीयर के साथ भारी लंच डकारने के बाद अकाल पर रिपोर्ताज तैयार करनेवालों से ऐसे समीक्षक का घुटा याराना है। आँखों ही आँखों में संवाद हो जाते हैं। राजनीतिक कविता के मूल में कवियों की राजनीति को भुलाकर वह करता है मानव नियति की बात। इधर नए मुहावरे और नकली आक्रोश की तलाश में कवियों ने अखबार पढ़ना आरम्भ कर दिया है। कितना ऐतिहासिक था वह क्षण जब कवि ने अपने कोमल पावन करों से अखबार छुआ। वे भोली आँखें–जो बरसों से युक्लिप्टस, गुलाब, कैक्टस, नारी की भरी-पूरी देह, मुख-पृष्ठ, कविता-संकलन, कॉफी के कप, अपनी डायरी, दूसरों के बुश्शर्ट, सुघड़ पीठ, खुली कमर, फैले केश, रिजेक्टेड दर्शन और आईने के अतिरिक्त कुछ भी देखने की आदी नहीं थी–राज्यों के राजनीतिक समाचार देखने लगी, दुनिया की खबरें जानने लगी। आश्चर्य नहीं कि एक दिन राजनीतिक

शब्दावली से लबरेज कविता खत्म करने के बाद एक कवि-नुमा पत्रकार ने अपने पास बैठे साथी से पूछा, क्यों वियतनाम और वियतकांग एक ही जगह का नाम है या अलग-अलग हैं? उत्तर में उसके साथी ने, जो खुद उग्र और राजनीतिक चाल की कविता लिखता था, ठीक उत्तर देने में असमर्थता व्यक्त करते हुए कहा, ''भैया, मैं तो 'राज्य' और 'विज्ञान' की सामग्री देखता हूँ, तुम उस 'विदेश' वाले से पूछ लो। तुम कहो तो मैं पूछकर बताऊँ।''

''रहने दो, जल्दी नहीं। हम तो साहित्य वाला हिस्सा देखते हैं। हमें क्या करना।'' जवाब में कवि बोले।

जीवन में गुलगुले पर साहित्य में गुड़ से परहेज

पता नहीं हमारे साहित्य में सोलह आना सच कहने की प्रवृत्ति कब आरम्भ होगी? कब हम अपने तकल्लुफ को तोड़ेंगे और ठीक बोलेंगे कि हमें जलेबियाँ पसन्द हैं और हम उन्हें खाना चाहते हैं? कब तक यह साहित्य आधुनिकता के नाम पर कॉफीहाउसों की प्यालियों में समाया रहेगा? कब बड़े रेस्तराओं के सुन्दर मुद्रित मेनू और हलवाइयों की दुकानों की शाश्वत परन्तु अलिखित सूची हमारे उपन्यासों, कहानियों और कविताओं में अपने कथ्य और तत्त्व समेत ठुस जाएगी। और रस-सिद्धान्त की फोकटी बातों से मुक्ति पाकर हम उस वास्तविक चाशनी तक आ सकेंगे जो कढ़ाइयों में भरी है? हलवाइयों के इस देश का लेखक कब उन विविध रूप रंगों और रस को ग्रहण करेगा, जिनका आविष्कार करने में हमारे राष्ट्र की वैज्ञानिक प्रतिभाओं ने अपने इतिहास के अनेक दौर समाप्त किए? कब केवड़े और गुलाब की मीठी खुशबू से तरबतर अनेक मिठाइयों की गन्ध हमारे साहित्य से आने लगेगी? कब हम नारी के होंठों, गालों और आँखों की नकली और काल्पनिक मिठास की चर्चा समाप्त कर उस असली मिठास की बातें करेंगे जिसे लड्डू, इमरती अथवा पेठा कहा जाता है? कब हमारा साहित्य भोजन को सम्पूर्णता के साथ अपनाएगा? कब मिठाई के दोनों और प्लेटों की आत्मा साहित्य में स्वीकार की जाएगी? कब रचनाएँ पढ़कर हमारे मुँह में पानी आने की स्थिति आरम्भ होगी?

रोज रात मेरे मुहल्ले के कोने के हलवाई की दुकान से रबड़ी खरीदते समय मैं अपने से यही प्रश्न बार-बार पूछ लेता हूँ कि क्या सचमुच मैं उसी साहित्य से सम्बद्ध हूँ जहाँ भूखी पीढ़ी के आन्दोलन चल रहे हैं? अपने गैस्ट्रिक कष्टों से परेशान और पेट में यदा-कदा उठ आनेवाली ध्वनियों, गुड़गुड़ाहट से चिन्तित मैं अक्सर सोचा करता हूँ कि जो कुछ मैंने खाया है, उसे स्वीकार क्यों नहीं करता? और क्या इस मामले में मैं अकेला हूँ? क्या किसी और लेखक ने अपने जीवन में बालूशाही नहीं खाई, गुलाबजामुन साफ नहीं किए? क्या हम सब जब मौका लगता है तब मिठाई खाने का डौल नहीं जमा लेते? हलवाइयों की उपेक्षा करते हम कब तक आगे बढ़ेंगे। मिठाई की प्लेट देख क्या हम हाथ खींच लेते हैं? हम खाते हैं, डटकर खाते हैं,

हँस-हँसकर ठहाके लगाते हम खाते हैं और बल्कि माँगकर खाते हैं? हम अकेले भी खाते हैं। चुपचाप किसी होटल में बैठ हम मिष्टान्न खा जाते हैं, तृप्त अनुभव करते हैं। मिठाई भी और नमकीन भी। लेकिन हम स्वीकार नहीं करते। हम अपने साहित्य में इसे स्वीकार नहीं करते। अजब नमकहरामी है। मैं कहूँ—यह मिठाई हरामीपन है। हमारा कथानायक कॉफी हाउस में ही बैठा रहता है। वह सिर्फ कॉफी पीता है। वह कम्बख्त कभी डोसा भी नहीं मँगवाता। वह क्या इसके अलावा कुछ ग्रहण नहीं करता। वह क्या कभी आइस्क्रीम नहीं खाता, फ्रूटसलाद से उसे नफरत है, वह कुल्फी नहीं चूसता, वह दही की मस्तानी लस्सी नहीं पीता, वह गन्ने की गुलाबी-गँडेरियाँ कभी नहीं चूसता, सोहन हलवे के बारे में उसका क्या विचार है, उसे रसभरी पसन्द है या नहीं? हम कुछ नहीं जानते। हम सिर्फ यह जानते हैं कि वह कॉफी पीता है, बीयर पीता है, तन्दूरी चिकन भी खाता है, इसके अलावा कुछ नहीं। वह घर पर अपनी पत्नी से हलवा बनाने को नहीं कहता। अपने अकेलेपन की ऊब को तोड़ने के लिए कभी बरनी खोल मुरब्बा नहीं चाटता। शायद वह भारतीय नहीं है। वह हलवाइयों के इस देश में नहीं जन्मा। वह कहीं बाहर से आया मेहमान है, जो भूखा होने के बावजूद तकल्लुफ के कारण 'नाहीं' कर देता है। यह कितना विचित्र है।

अकाल से ग्रस्त और पी.एल. 480 के अहसानों से दबे इस देश के लेखक द्वारा अलग-अलग प्रकार के भोजनों और मिठाइयों का वर्णन नहीं करना स्वाभाविक लगता है, पर लेखक यह क्यों भूल जाता है कि हमारे यहाँ अकाल की खबरें लोग सुबह-सुबह होटलों में पोहा जलेबी खाते या घरों में नाश्ता करते हुए पढ़ते हैं। गेहूँ कम है, आटा महँगा है पर उनका मैदा और सूजी बनाकर मिठाइयाँ तैयार करने की देशी प्रवृत्ति कब समाप्त हुई? बच्चों को दूध कम मिले पर शौकीन लोगों के लिए पेड़े या रबड़ी में तो कमी नहीं आई। भारतीय प्रतिभा के इस पहलू की हमारे साहित्य में क्यों उपेक्षा होती है? हमारे पात्र क्यों नहीं डरकर खाते? हमारा लेखन डकार क्यों नहीं लेता? हमारी कल्पना की मक्खी कब तक सेक्स-सने गन्दे बिस्तरों पर ही भनभनाती रहेगी। एक स्वस्थ दृष्टिकोण लिये वह ताजी मिठाइयों की तलाश में कब उड़ेगी?

एक सवाल है। और यह सवाल एक फकीर के सवाल की तरह सदैव निरुत्तरित रहता है। हिन्दी साहित्य में पकवान और मिठाइयाँ कब तक उपेक्षित रहेंगी? यह सच है कि लेखकों में बड़ी संख्या कायस्थों की है, जो खाते तो डटकर मिठाइयाँ हैं पर प्रचार करते हैं कि उन्हें केवल नमकीन पसन्द है। अब यह 'फ्राड' साहित्य में भी है। हीरो महोदय एक नमकीन बिस्कुट उठाकर रह जाते हैं। हीरोइन को कभी पराठा गली में नहीं ले जाते कि बोल क्या खाएगी। हवा, शाम, अन्धकार, चाँद और नीम की टहनी के विषय में भी विस्तार से और पूरी कविता के साथ लिखनेवाले सामने रखी प्लेटों और उससे होनेवाली तृप्ति की चर्चा नहीं करते। बिना वजह दार्शनिक बने

फिरते हैं। यों बताते हैं कि हम ऊपर उठे हुए हैं। होटलों से ऊपर कौन उठ सका है? सभी 'ढाबा शरणम् गच्छामि' रहते हैं। अन्न परम ब्रह्म है। जाने कैसे हमारी सारी प्रेमकथाएँ बिना मिठाइयों के चलती हैं। सगाई में मिठाई, विवाह पर मिठाई और सुहागकक्ष में भी मिठाई ले जाने का जहाँ रिवाज हो, उस देश की प्रेमकथाओं में इमरती का जिक्र नहीं आता।

कहा जाता है विदेशी प्रभाव हिन्दी साहित्य पर बड़ा असर रखते हैं। गलत। वहाँ के सारे कथानक लंच और डिनर के इर्द-गिर्द ही रहते हैं। कहानी टेबल-से-टेबल चलती है और हर टेबल पर मेनू अलग है। सब खाते रहते हैं। कथा पात्र मिलन और विरह की हर घड़ी में मेनू हाथ में लिये रहते हैं। रेस्तराँ हमारी सारी भावनाओं की अभिव्यक्ति का श्रेष्ठ स्थान है। खाने की प्लेटें और सबसे महत्त्वपूर्ण साक्षी हैं। पाठक के मन पर ही प्रभाव नहीं पड़ता। उसे भूख भी लगने लगती है। मुँह में पानी आने लगता है। साहित्य पूरे व्यक्तित्व पर असर करता है और व्यक्तित्व पूरे साहित्य पर।

पर हिन्दी साहित्य में प्रोटीन की हमेशा कमी रही है। नायिकाओं की कमर बिना प्रयास के पतली बनी रहती है। वे पतली इसलिए रहती हैं कि वे मोटी नहीं हो पातीं। दुबली, पतली, मरझिल्ली, एक-दो बच्चों के बाद साहित्य से निकाल दी जाती हैं क्योंकि भुक्खड़ लेखक यह कल्पना नहीं कर पाता कि अच्छा खा-पीकर, तरो-ताजा रह वह उसके बाद भी एकाध रोमांस को आशा-निराशा की विभिन्न सतहों पर खींच सकती है। दिन-रात रसोई में खटनेवाली इन भारतीय स्त्रियों को हम खाने के सन्दर्भ से काटकर देखते हैं। उनके हाथों से ताजे पिसे मसालों की गन्ध क्यों नहीं आती? कथा-नायक उन्हें पहली बार पिस्ता छीलते, घी पिघलाते, कढ़ाई में कुछ भूनते या चटनी पीसते क्यों नहीं देखता? अन्दर के कमरे से निकलकर ड्राइंगरूम में आने पर उन्हें देख सेक्स की भूख ही क्यों जागती है? मुँह से यह क्यों नहीं फूटता कि रानी जो बना हो ले आओ, भूख से मरा जा रहा हूँ। भूखी पीढ़ी के होने के बावजूद उसे कौन-सा संकोच रोके रहता है।

हिन्दी का लेखक डटकर खाता है। उसके अन्तर में ब्राह्मण का वास है। जिस देश में पुरखों के भूत-प्रेत भी अपने वंशजों से श्राद्धपक्ष में खीर की माँग करते हों, वहाँ जीवित व्यक्ति की आत्मा बिना खाए कैसे रहेगी?

लड्डू की बीसियों किस्म हैं, पेठा कई तरह से बनता है, बर्फियाँ कितने आकारों में कटती हैं, पेड़े के रंग अलग-अलग मिलते हैं, बालूशाही और इमरतियों के पूरे थाल साफ हो जाते हों, लोगों की छुट्टियाँ श्रीखंड बनाने में बीतती हों, बुढ़ापे में लोग डायबिटीज के शिकार रहते हों, हर युवा गैस्ट्रिक ट्रबल का इलाज खोजता हो, चूरण की बिक्री काफी हो, दूध को हर रूप में लिया जाता हो, जहाँ न बासी बचता हो न कुत्ते के खाने का सवाल उठे, जहाँ 'सकल पदारथ' की तलाश कर खाने के प्रयास

में लोग इसीलिए लगे रहें कि करमहीन नर कहाने की अपमानजनक स्थिति से बच सकें, जहाँ इतिहास के हर आक्रमणकारी से देशवासी उसका युद्ध-कौशल न सीख उसकी मिठाई बनाने के तरीके सीखते रहे हों, जो देश अंग्रेज को निकाल, अंग्रेजी फेंकने की कोशिश में लगा होने पर भी केक-पेस्ट्री के प्रति आदर कम न करे, जिस देश में ईश्वर भी जन्म लेकर मक्खन चुराता हो, जहाँ पत्थर की मूर्तियाँ भी बिना भोग के प्रसन्न न हों, जहाँ का हर प्रान्त और नगर मिठाइयों में अपने विशिष्ट योगदान के कारण जाना जाता हो, वहाँ के साहित्य पर हलवाइयों की हुकूमत न चले, यह सचमुच अजीब बात है। जीवन का खाने से सम्बन्ध है। जब साहित्य का जीवन से सम्बन्ध होगा तो उसका निश्चित ही खाने से भी अपने-आप सम्बन्ध हो जाएगा। पर हाय! पूरी तरह खाकर भी न डकारनेवाले इस देश में साहित्य का जीवन से कब सम्बन्ध होगा? कब तक लखनऊ का तकल्लुफ करने वाला भाव बना रहेगा? कब संकोच टूटेगा? कब हमारे साहित्य से मीठी गन्ध आने लगेगी? कब पलँग पर सकुचायी बैठी कथा-नायिका अपने हीरो से कहेगी—मेरी ओर दो घंटे से टुकुर-टुकुर ताकनेवाले मूर्ख, उठ और लपककर सामनेवाले हलवाई के यहाँ से जलेबियाँ ला! बातों के रस से मुझे सन्तोष नहीं होता!

चक्रवर्ती गीतों का अर्थशास्त्र

कंगन, मेहँदी, पायल, आँगन, चाँद, चमेली, श्मशान, हरसिंगार, सिन्दूर, शाम, तस्वीर, प्यार, बहार, कारवाँ, अरमान, होली, हथेली, द्वार, गागर, सागर, नाव, खिवैया, कली, गली और प्रतीक्षा जैसे कोमल और खुशबूदार शब्दों से इधर अपना साबका नहीं पड़ता। दस-ग्यारह वर्ष हुए इन्हें डिपाजिट करवा दिया था तो बाद में इश्यू कराने का काम ही नहीं पड़ा। धरे-धरे सड़ गए और फफूँद लग गई। फफूँद शब्द एक बार काम आया था पर जिन पर फफूँद लगी, वे शब्द काम नहीं आए। निरंजन जी अक्सर कहते हैं—यार ये तुम कहाँ गद्य में फँस गए, इधर रहते तो आज क्या-से-क्या हो जाते, कह नहीं सकता। क्या-से-क्या बड़ा मजेदार मुहावरा है। वास्तविक अतीत से एक काल्पनिक वर्तमान को जोड़नेवाला जिसे पूरी तौर से समझने के लिए दिमाग पर जोर लगाना पड़ता है। मैं लगाता हूँ और डूब-सा जाता हूँ। चाँदनी, झरोखा और गुलाब जैसे शब्द मुझे याद आने लगते हैं, जो किसी जमाने में चिल्लर की तरह पॉकेट में पड़ते रहते थे। जब चाहा निकालकर उछाल दिया।

निरंजन जी कहते हैं कि तुममें प्रतिभा थी, कंठ मधुर था और तुम जम सकते थे। उनकी बात में दम है। आज तक वे खुद सिर्फ मधुर कंठ के कारण जमे हुए हैं। प्रतिभा उनके मामले में प्रारम्भ से ही बहस का विषय रही है, सो एक गैरजरूरी-सी बात है। निरंजन जी को आज कौन नहीं जानता। जयपुर से मथुरा, वहाँ से बुलन्दशहर एक रात ठहर दूसरे दिन दतिया से चले इन्दौर और अब परेशान कि कानपुर जाएँ या अजमेर क्योंकि एक ही तारीखें पड़ गई हैं। अजमेर वाले दो फर्स्ट क्लास और दो सौ रुपया दे रहे हैं पर कानपुर वाले पिछले तीन साल से बुला रहे हैं। फिर उन्हें बम्बई भी जाना है। बस वे घूमते रहते हैं। सो मुझसे जब वे कहते हैं कि यार तुम कहाँ गद्य में फँस गए तो मेरी हालत उस पुराने हॉकी-खिलाड़ी की तरह हो जाती है, जो हाईस्कूल तक गजब का खेलता था पर बाद में क्लर्क हो गया, शादी कर ली, सो नहीं खेल सका और वह मिल जाए अपने उस साथी से जो हाईस्कूल के बाद भी खेलता रहा और बढ़ते-बढ़ते इतना बढ़ा कि आज ओलम्पिक में जा रहा है और जाने पहले अपने शहर आया है माँ और मित्रों से मिलने, और

तब वह कहे कि यार क्या तुमने खेलना छोड़ दिया, कैसा बढ़िया गोल रोकते थे, आज अगर खेलते रहते तो कहाँ से कहाँ पहुँचते क्योंकि तुम तो मुझसे भी अच्छा खेलते थे, और यह सुनकर वह सोच में पड़ जाए कि हाय मैंने क्या किया? (आप समझे? नहीं समझे भाड़ में जाइए। उदाहरण देने के लिए या बतौर उपमा के इतना लम्बा वाक्य लिखने के बावजूद कोई नहीं समझे तो क्या मैं अपना सिर फोड़ लूँ!)

कुछ तुकें मिलाई थीं, उन्हें धुना था यानी उनकी धुन बनाई थी और कवि-सम्मेलन में जाने लगे थे। कुछ बार गए, शहर में और आसपास के कस्बों में। जमे भी और एक-दो बार हूट भी हुए। निरंजन जी भी तब चालू हुए थे। उनके पास कोई उन्हें निमन्त्रण देने आता यानी बुलाने आता तो वे कहते कि भई अगर कवि-सम्मेलन सफल ही बनाना है तो कुछ अच्छे लोगों को बुलाओ और मेरा नाम सजेस्ट कर देते। मेरे हाथ कोई संयोजक पड़ जाता तो मैं उनका जमा देता। मंच पर भी जब मैं कविता पढ़ता तो वे मुझे जमाने के लिए बीच-बीच में वाह-वाह करते या दुबारा पढ़ने के लिए कहते और मैं उनकी कविताओं पर झूमता और निरंजन जी के बैठने के पूर्व खड़ा होकर माइक पर कहता कि मैं निरंजनजी से प्रार्थना करूँगा कि वे अपनी 'सोनचिरैया' जरूर सुनाएँ। मेरे कहने पर वे बड़े नाटकीय अन्दाज से मुस्कुराते हुए उठते और कहते कि मुझे आज्ञा हुई है कि 'सोनचिरैया' सुनाऊँ सो सुना रहा हूँ। बड़े मजे थे। कवि-सम्मेलन से जब शहर लौटते तो ऐसी हवा बाँधते कि जैसे नीरज को पछाड़कर आए हों। 'बड़ा रस बरसा' या 'रात के तीन बजे तक चला' या 'निरंजन जी को लोगों ने खूब सुना' या 'हमें तो रोक रहे थे संस्थावाले पर हम नहीं रुके' जैसी बातें करते और अपना दबदबा फैलाते। एक बार मैं हूट हो गया सो निराश था। रात को चार बजे तक उस धर्मशाला में, जहाँ हमारे ठहरने की व्यवस्था की गई थी, निरंजन जी मुझे समझाते रहे कि देखो हूटिंग से घबराना नहीं चाहिए। तुम्हें संघर्ष करके अपना स्थान बनाना है तो हूटिंग से निराश होने पर कैसे चलेगा? तुम्हारा कंठ मधुर है, तुम जम जाओगे, वगैरह। मुझे वे दिन अच्छी तरह याद हैं।

जब मैं निरंजन जी से कहता कि आखिर गद्य लिखना भी तो हिन्दी की सेवा है तो वे मुँह बिचका देते हैं। यह सेवा वाला मेरा अन्तिम तर्क वे ऐसे सहज उखाड़ देते कि मुझे अपना जीवन अकारथ लगने लगता है।

''गद्य में मिलता क्या है?'' वे कहा करते हैं।

उनका इशारा गद्य से होनेवाले आर्थिक लाभ की तरफ होता। उनके गीतों का एक अपना अर्थशास्त्र है। उनके गीत अपने-आप में चक्रवर्ती हैं और चक्रवर्ती ब्याज की तरह रिस-रिसकर लगातार लाभ देते हैं। यों साहित्य की सभी विधाओं से

कुछ-न-कुछ फायदा टपकता है पर निरंजन जी को एक सतत प्रवाहित झरना मिल गया है। उन्होंने एक ऐसी मुर्गी पाली है जो बुलन्दशहर से अजमेर तक अंडे देती है और इन्दौर में भी इन्कार नहीं करती यद्यपि जलवायु बदल जाता है। सोने के अंडे देने में जलवायु आड़े नहीं आता। हिन्दी वही है, क्षेत्र वही है, पर उन्हीं संख्याओं में गद्य महत्तम समापवर्तक है, जो सबसे छोटा है और गीत लघुत्तम समापवर्तक है, जो सबसे बड़ा है; यानी आठ, बारह और सोलह की संख्याओं में मेरी प्राप्ति दो है, जो चाहे सबको काटती है पर छोटी है और निरंजन जी की अड़तालीस, जिसमें तीनों का भाग लगता है। अब क्या कीजिए। इसी को ध्यान करके निरंजन जी कहते हैं—यार तुम गद्य में चले आए, आज वहाँ रहते तो क्या-से-क्या हो जाते!

निरंजन जी या कोई और कवि जैसे मैं ही होता तो कल बीस गीतों से काम चल जाता। दस काम आते और दस पड़े रहते मुसीबत के समय उपयोग के लिए। अब हिसाब के लिए पूरे बीस गीत ही मानकर चलो। निरंजन जी का रेट ढाई सौ रुपए है। फर्स्ट क्लास का किराया लेते हैं पर अक्सर थर्ड क्लास स्लीपिंग बर्थ से जाते हैं। सो छोड़ो! ठहरने एवं भोजन की व्यवस्था संयोजक के सिर रहती है। ताँगा-कुली भी अक्सर बच जाता है। उसकी चर्चा नहीं करें तो बेहतर है। हम सिर्फ ढाई सौ रुपए की रकम पकड़ें और हिसाब समझें। माह में उन्हें दस निमन्त्रण औसतन मिलते हैं, जहाँ वे जाते हैं। पूरे वर्ष नहीं मिलते गर्मी की छुट्टियों में जब संस्थाएँ बन्द रहती हैं, सीजन ठण्डा रहता है। वर्ष में दस माह मानो, ढाई सौ रुपए प्रति कवि-सम्मेलन की दर से माह के दस कार्यक्रमों के ढाई हजार कुल और पूरे वर्ष में पच्चीस हजार। अब निरंजन जी अपने वे ही गीत यानी सोनचिरैया, 'मैं तुम्हारा हूँ, तुम्हारा रहूँगा', 'सितारों ने इक रात धोखा किया', 'तुम मुझे बुला लेना साथी', 'आज तेरा पत्र मिला मुझको', 'वह सुहानी रात शहर के घंटाघर के तले', 'सीखचों में बन्द कैदी', 'मेरे गीतों को स्वर दो रानी', 'कौन पुकारता है नदिया के पार से', 'लूटने नहीं लुटाने चला हूँ', 'ललकारता है आज दुश्मन को हर भारतवासी' वगैरह पिछले दस वर्षों से सुना रहे हैं और आगामी दस वर्ष उन्हें नई रचना लिखने की जरूरत नहीं। इस हिसाब से वे पिछले दस वर्षों में उन गीतों से दो लाख पचास हजार प्राप्त कर चुके। इसमें पचास हजार कम कर दो क्योंकि हो सकता है उन्हें कहीं कम भी मिला हो तो भी दो लाख रुपए मानकर चलें। बीस गीतों पर दो लाख अर्थात् प्रति गीत उनकी प्राप्ति दस हजार रुपए हुई। यदि अगले दस वर्ष और काम चालू रहा तो बीस हजार रुपए मानो। इसकी तुलना में निरंजन जी के अनुसार मैं गद्य में महज मुँह सेंक रहा हूँ, जीवन गँवा रहा हूँ, मैंने गलती की।

निरंजन जी अभी नए हैं। कवि-सम्मेलनों में बीस-पच्चीस साल के जमे हुए लोग हैं जो बराबर चल रहे हैं। वे भी चलेंगे क्योंकि उनकी माँग है। उनका कंठ मधुर है

और धुन अच्छी देते हैं।

उन दिनों जब मैं निरंजन जी के साथ जाता था सुनाने के लिए तब हम सोचते कि जब हमारा नाम हो जाएगा तो कितने फायदे होंगे तो यह सब मुझे शेखचिल्ली का हिसाब लगता था। निरंजन जी उस हिसाब के प्रति गम्भीर रहे और धीरे-धीरे रेट बढ़ाते गए। आज वे पोस्टकार्ड पर अपना रेट लिख भिजवा देते हैं। तो उन्हें तार से स्वीकृति मिल जाती है। आधी रात को जब तारवाला उनकी नींद तोड़ता है तो वे डिस्टर्ब नहीं होते। पत्नी करवट ले पूछती है–"कहाँ का है?"

"झुमरी तलैया का।"–वे पढ़ते हुए उत्तर देते।

"जाना है?"

"हाँ।"

वे सिरहाने रखा टाइमटेबल उठा हिसाब लगाते हैं कि वे कब रेल में बैठें और कहाँ चेंज करें कि पहुँच जाएँगे वक्त से और वे सचमुच चल देते हैं। उनका बिस्तर हमेशा गोल रहता है। स्टेशनवाले उन्हें जानने लगे हैं क्योंकि रेलवे कॉलोनी में भी वे अपनी सोनचिरैया सुना आए हैं और आराम से सफर करते हैं।

कल वे मेरे नगर में निमन्त्रित थे। कॉलेज की हिन्दी सभा के वार्षिक कवि-सम्मेलन में मेरे ही यहाँ ठहरे थे। मेरे गद्यकार होने को उन्होंने नियमानुसार कोसा और कहने लगे कि आज भी मुझे तुम्हारे वे गीत याद आते हैं तो बड़ी प्रेरणा मिलती है। जरा अपना गीत 'भटकता राही' सुनाओ तो मैंने कहा याद नहीं रहा। उन्हें दुख हुआ कि मैं अब कुछ नहीं रहा।

रात के दो बजे तक मैं कवि-सम्मेलन में श्रोता बना उनको सुनता रहा। वही नाजो-अन्दाज, वही स्वरों में माधुरी, वही नखरे, लटके-झटके, पहले रुबाई, दूसरी रुबाई, फिर गीत, फिर बैठने लगे तो "वन्स मोर, वन्स मोर!"

"अरे भई दूसरों को भी सुनिए।"–वे बोले और बैठ गए। यह उनका पुराना झटका है। जब देखते हैं कि रंग जम रहा है तो कवियाने लगते हैं, यानी अपने मूडी होने का प्रदर्शन करने लगते हैं।

संयोजक ने कहा–"जी हाँ, आप अभी निरंजन जी से और भी सुनेंगे जब दूसरा दौर शुरू होगा।"

फिर दूसरा दौर। लड़के माँग कर रहे हैं। 'सोनचिरैया, सोनचिरैया' और निरंजन जी सब-कुछ सुना रहे हैं पर सोनचिरैया ही नहीं सुना रहे। आखिर में उन्होंने वह भी सुनाई। मैं बारह वर्ष पुरानी लहरी को देर रात तक सुनता रहा–ओ मेरी सोनचिरैया!

कई बार सोचता हूँ कि निरंजन जी से पूछूँ कि सोनचिरैया से आपका तात्पर्य हिन्दी से तो नहीं क्योंकि यही आपके लिए सोने की चिड़िया है। संसार की कौन-सी

भाषा में एक गीत पर कवि की इतनी कमाई होती होगी। हिन्दी है जो लगातार उनके गीतों के कर्ज की आर्थिक किस्तें चुका रही है। अजमेर, जयपुर, मथुरा और बुलन्दशहर से लेकर मेरे शहर तक उनके गीत चक्रवर्ती की अदा से घूमते हैं। मैं तो उनकी नम्रता का कायल हूँ। गीत है उनका–'लूटने नहीं लुटाने चला हूँ,' भई, क्या कहने। वन्स मोर!

राजनीतिक मंच पर परेशान हैमलेट

पिछले दिनों हमारे राज्य में बड़े पैमाने पर गम्भीर राजनीतिक चिन्तन हुआ। शुरू हुआ तो होता ही चला गया। इसमें राजनीति समझनेवालों ने तो जोर-शोर से हिस्सा लिया ही मगर उन भले लोगों ने भी, जो किसी मामले में ज्यादा सोच-विचार के आदी नहीं है, समस्या की गहराई को एक स्तर तक समझा और जहाँ मौका लगा अपनी राय देने से नहीं चूके। पान की दुकानों, दफ्तरों, घरों, होटलों, यहाँ तक कि सिनेमा के मध्यान्तरों में भी लोग गम्भीर राजनीतिक चर्चा करने लगे। उन्हें ऐसा करते हुए रोकना मुश्किल काम था। इधर ऐसा करते हुए रोकना मुश्किल काम था।

इधर देश की सीमा पर पाक फौजें अड़ गईं तो लगने लगा कि लड़ाई आज-कल में शुरू हो ही जाएगी। मगर ऐसे में भी हमारे राज्य में विषय परिवर्तन नहीं हुआ और चिन्तन-क्रम जारी रहा। जिस दिन केन्द्रीय सरकार ने 70 करोड़ के कर लगाए, उस दिन भी चर्चा का विषय नहीं बदला अन्यथा सदैव कर लगते ही लोग अफसोस करने लग जाते हैं। स्पष्ट है कि इस समय हमारा राज्य वैचारिक संकट में बुरी तरह फँस गया है। ऐसी नाजुक घड़ी आज तक नहीं आई। इसका सबसे ज्यादा दिमागी बोझ पड़ा हमारे मुख्यमन्त्री पर।

आप हमारे मुख्यमन्त्री को जानते हैं कि वह अत्यन्त कोमल, सुन्दर और घने बालों वाले व्यक्ति हैं और कई बार उन्हें देखकर लगता है कि इन्हें राजनीति छोड़कर कला या फिल्म जैसे किसी मीठे क्षेत्र में चले जाना चाहिए क्योंकि यहाँ उनके लिए कुछ करने को है नहीं और वहाँ वह काफी-कुछ कर लेंगे। वह काफी हद तक सभ्य और मृदुभाषी हैं। इस सबके बावजूद वह राजनीति में हैं यह उनका कमाल है। राज्य में बड़े पैमाने पर वैचारिक मन्थन के इस गम्भीर प्रहर में उनकी हालत हैमलेट की तरह हो गई जो विचारों में डूबा रहता था और किसी निर्णय तक नहीं पहुँच पाता था। अब यह हैमलेट के लिए बड़ी उबानेवाली स्थिति है कि वह एक बात को ही सोचता रहे और कुछ तय न कर पाए। साथ ही यह हैमलेट का नाटक देखनेवाले दर्शकों के लिए ज्यादा उबानेवाली स्थिति है कि वे हाल में उपस्थित होकर भी मंच पर परेशान खड़े हैमलेट की न कोई मदद कर सकते हैं और न सलाह ही दे सकते।

मार्गदर्शक

आजकल मैंने एक नया 'पार्ट-टाइम' धन्धा खोजा है और वह चल भी निकला है। विश्वविद्यालयों के पब्लिक सेक्टर में शोध कराने का कारखाना खूब काम करता है पर निजी स्तर पर एक कुटीर उद्योग के रूप में चलाकर भी मैं इसमें सफल हुआ हूँ। पारिश्रमिक के रूप में प्रारम्भ में कॉफी हाउस के बिल चुक जाने तथा तीन-चार डिनर की उपलब्धि के सिवाय पचास रुपया नगद मिला था पर इधर कुछ दिनों से तो यह हाल है कि अक्सर खटखट की आवाज सुन जब दरवाजा खोलता हूँ तो किसी दीनहीन (बुद्धि से) छात्र को सामने खड़ा पाता हूँ।

"नमस्कार।"

"कहो भई?"—मैं नमस्कार का उत्तर नहीं दे पूछता हूँ।

"मैं पी-एच.डी. करना चाहता हूँ।"

"अच्छा, फिर?"

"आप कोई विषय सुझा दें और सिनॉप्सिस बनवा दें।"

"हूँऽ" मैं अन्दर आकर तख्त पर बैठ जाता हूँ—"क्या लिया था तुमने एम.ए. में?"

"हिन्दी।"

—सब साले हिन्दी में ही एम.ए. करते हैं। मैं गुरुजनों की अदा से बड़बड़ाता हूँ और अपनी पिंडलियाँ सहलाता हूँ। वह लड़का सिर झुका बैठ जाता है। हिन्दी में एम.ए. करने का अपराधी-भाव उसके चेहरे पर है।

"क्या रुपया दे रहे हो?" मैंने अभिधा शक्ति का एक उदाहरण प्रस्तुत किया।

वह गिड़गिड़ाने लगा। हाथ धोने की-सी मुद्रा में।

"हमारा समय कुछ मूल्य रखता है।"—मैंने मुगलई अन्दाज से कहा।

"अभी पच्चीस रुपया ले लीजिए। सिनॉप्सिस यदि स्वीकृत हो गई तो आपको और दूँगा।" वह बोला।

"लाओ पच्चीस।" मैंने हाथ बढ़ाया और नोट गिनने के बाद पूछा—"क्या नाम है तुम्हारा?"

''केशवलाल शर्मा।'' फिर लजाकर बोला–''मैं 'पंकज' के नाम से कविताएँ भी लिखता हूँ।''

''हूँ। लिखा करो।'' मैंने कहा।

वह कागज-कलम लेकर तैयार बैठ गया विषय और सिनॉप्सिस लिखने।

''लिखो।'' मैंने खामोशी पर बम-सा फेंका।

''जी।''

''छायावादी कविता में बुद्धि तत्त्व की खोज।''

उसने लिखना आरम्भ किया।

''यह विषय है। अब सिनॉप्सिस लिखो।''

''काव्य की परिभाषा। अभिनवगुप्त, अग्निपुराण, भरतमुनि, भामह, दंडी, मम्मट, पंडितराज जगन्नाथ, अफलातून, आचार्य नन्ददुलारे वाजपेयी तथा चाहो तो हमारे भी काव्य सम्बन्धी कोटेशन दे सकते हो।''

''जी!'' वह लिखता रहा।

''दूसरा अध्याय होगा 'बुद्धि की परिभाषा'। कविता में बुद्धि गौण तत्त्व है, यह सिद्ध करनेवाले वाक्यों का मंडन और 'बुद्धि' पर जोर देनेवाले मतों का खंडन। काव्य और बुद्धि में परस्पर विरोध दर्शाते हुए आदिकवि वाल्मीकि के बौद्धिक स्तर पर प्रकाश।''

''सर जरा धीरे-धीरे बोलिए, मैं लिख नहीं पा रहा हूँ।''

''हूँ।'' मैं फिर बोला–''क्या महाकाव्य वास्तव में काव्य है, इस पर प्रकाश डालो। काव्य के विकास में अपढ़ कवियों का योगदान। घाघ भड्डुरी से लेकर कवि-सम्मेलन में भाग लेनेवाले कवियों के कतिपय उदाहरण।''

''उदाहरण का 'उ' बड़ा या छोटा?'' उसने पूछा।

''छोटा।'' मैंने उत्तर दिया। फिर आगे लिखाने लगा–''छायावाद के उदय-काल में देश में साक्षरता का प्रतिशत तथा साक्षरता के विकास के साथ छायावाद का पतन।

फिर अगला अध्याय होगा–छायावाद शब्द की उत्पत्ति, प्रयोग और भ्रामकता। वाद के नामकरण में विचारशीलता का अभाव, आलोचकों द्वारा परिहास अथवा व्यंग्य में किए गए शब्द का तत्कालीन कवियों द्वारा गम्भीरतापूर्वक ग्रहण किया जाना, जो कि उनकी बौद्धिक स्थिति को देखते हुए स्वाभाविक ही था।''

मैं यथावत् अपना शरीर सहला रहा था और लिखा रहा था–छायावादी काव्य का गौण तत्त्व–बुद्धि। पच्चीस-तीस पृष्ठों के उदाहरण।

अगला अध्याय–बुद्धिहीनता की इस निराशापूर्ण पृष्ठभूमि में अपवादों की खोज और उनका मूल्यांकन। जो विद्वान् इन उदाहरणों में भी बुद्धि का अभाव मानते हैं

उनसे सिद्धान्ततः सहमति।

"जी, जरा धीरे कहिए।" वह बोला।

मैंने लम्बी साँस खींची।

"लिख लिया?"

"जी हाँ..."

"राष्ट्रीय जागृति और असमर्थ छायावाद। राष्ट्रीय नेताओं द्वारा छायावाद की उपेक्षा। छायावाद की समाप्ति और काव्य में बौद्धिकता के प्रारम्भिक संकेत। हिन्दी काव्य पर छायावाद का दीर्घगामी प्रभाव तथा फलस्वरूप काव्य में बुद्धि एक उपेक्षित तत्त्व।

"यदि श्री जवाहरलाल नेहरू छायावादी कवि हो जाते तो देश की दुर्दशा की परिकल्पना। छायावाद का पुनर्मूल्यांकन एवं निराशा। छाया शब्द अन्धकार, विवेक शून्यता का प्रतीक। सूर्योदयी छायावाद की आधुनिक प्रवृत्ति, फलतः बुद्धिहीनता का नवयुग।"

उसने पूरा लिख लिया।

"हो गया अप-टु-डेट।" मैंने कहा।

"जी हाँ।" वह मुझे मुग्ध भाव से देख रहा था।

"भाग जाओ।" मैंने कहा।

वह प्रणाम कर चल दिया और मैं पच्चीस रुपए फिर से गिनने लगा।

आजकल कहानियाँ लिखना लगभग समाप्त हो गया है। सिनॉप्सिस बनाने से अजब रोमांटिक आकर्षण है, आनन्द आता है। मेरे दिए विषय और सिनॉप्सिस पर कुछ छात्रों को जब पी-एच.डी. मिल गई तो पहले तो मैंने अपना सिर पीट लिया और बाद में मैं प्रोत्साहित हो गया। एम.ए. में निबन्ध के स्थान पर थीसिस लिखकर देनेवाले तो बाकायदा पेशगी लेकर आ जाते हैं। मैं कुर्सी पर बैठकर दोनों पैर फैलाता हूँ और इत्मीनान से कह देता हूँ-हाँ लिखो–हिन्दी काव्य में सुरक्षा भावना। सुरक्षा मानवीय प्रवृत्ति है, आक्रमण पाशविक। भारतीय संस्कृति में सुरक्षा के तत्त्व। पर्दा प्रथा का आरम्भ और रीतिकाल का उदय। अभिसारिकाओं में सुरक्षा की भावना। नायिकाओं का रक्षक वीरों के प्रति आकर्षण। वात्स्यायन और चाणक्य के सुरक्षा सम्बन्धी विचार, विदेशियों का आगमन और परस्पर सुरक्षा की समस्या। गोरा-बादल की कथा। स्त्री-हरण की सभ्य परम्परा का विकास और प्रतिक्रिया। कृष्ण काव्य की लोकप्रियता और राजाओं, मीराओं एवं रुक्मणियों की दुर्गति, सामन्तवादी खलनायक और किसान-पुत्रियाँ। मराठों का उदय और मुगल हरमों की सुरक्षा।

आधुनिक युग–आँचल की काव्य में प्रतिष्ठा। उर्दू काव्य में नकाब और पंजाबी

काव्य का दुपट्टा–वैभव। पारसी थियेटरों में बलात्कार के दृश्य। भारतमाता की कल्पना और विदेशियों का खलनायक के रूप में चित्रण। राष्ट्रीय भावना का उदय।

स्वातन्त्र्योत्तर काल और सुरक्षा का प्रश्न। संविधान और सुरक्षा। पाक हमले और चीनी आक्रमण। हिन्दी कविता का सुरक्षा दौर। कविताओं का मूल्यांकन।

हिन्दी साहित्य में सुरक्षा, इसकी प्रतिष्ठा तथा इसमें श्री रामधारी सिंह 'दिनकर' का योगदान।

अस्तु। भाग जाओ। मैं कहता हूँ।

वह गद्‌गद हो गया।

यह सच है कि सिर्फ सिनॉप्सिस बनाने से ही पी-एच.डी. नहीं मिल जाती, छात्रों को परिश्रम भी करना पड़ता है। पर मैं उन्हें एक ठोस आधार प्रदान करता हूँ जो पच्चीस रुपयों में उन्हें विशेष महँगा नहीं पड़ता। यों तो लगभग सभी सिनॉप्सिस स्वीकार हो जाते हैं पर कई बार उनमें नए सुधार भी करने पड़ जाते। एक छात्र को मैंने विषय दिया था–'प्रेमचन्द के स्थायी पात्र।' इसमें पात्र शब्द से मेरा मतलब बरतन से था और मैंने सिनॉप्सिस में क्रमबद्ध रूप से वैदिक युग में प्रेमचन्द, महाभारत युग में प्रेमचन्द, गुप्तकाल में प्रेमचन्द आदि अध्याय देते हुए प्रेमचन्द के स्थायी पात्रों के रूप में थाली, लोटा, कटोरी, ग्लास तथा एक पीकदान के विषय में चर्चा की थी। थीसिस मोटी करने के लिहाज से प्रेमचन्द के साहित्य में जिन बरतनों का जिक्र है वह भी बताया था।

ज्योंही छात्र ने वह सिनॉप्सिस विश्वविद्यालय भेजा, वहाँ बहुत हल्ला मच गया। उनका कहना था–पात्र से तात्पर्य औपन्यासिक पात्रों से होना चाहिए। मेरे छात्र ने जो गाइड चुना था वह उसकी जाति का ही एक 'हेड ऑफ द डिपार्टमेंट' था। नतीजा यह हुआ कि फैकल्टी की बैठक में खूब गरमागरम बहस हुई। गाइड सीना ठोंककर खड़ा हो गया और बोला–"आप न कीजिए सिनॉप्सिस मंजूर और हम देखे लेते हैं कि इस वर्ष आपके यहाँ एम.ए. में कितने फर्स्ट क्लास आते हैं।" इस पर फिर तू-तू मैं-मैं शुरू हो गई और आखिर में मामला शान्त हुआ। छात्र को सिनॉप्सिस यह कहकर वापस कर दी गई कि भाई यदि इसमें एक अध्याय साहित्यिक पात्रों पर भी जोड़ दिया जाए तो यह सर्वांगपूर्ण हो जाएगी। प्रेमचन्द जी के पात्रों पर यह शोध-प्रबन्ध लगभग पूरा हो चुका है।

एक छात्र ने तीन वर्ष तक एक विषय पर काम कर छोड़ दिया तो मुझे उसको नया विषय देना पड़ा। मैंने उसे विषय दिया था–हिन्दी साहित्य के ब्रह्मचारी पात्र। पूरी रूपरेखा भी बना दी थी। वह बहुत निष्ठा से कार्य कर रहा था। यहाँ तक कि सिर्फ हनुमान पर अध्ययन करते हुए उसे डेढ़ वर्ष बीत गया। पढ़ते-पढ़ते उसकी विचित्र मनःस्थिति हो गई और उसे सपने में बजरंगबली नजर आने लगे। वह रोज

बजरंगबली के दर्शन के लिए मन्दिर भी जाता और मुझे जब मिलता, कपाल पर सिन्दूर का टीका लगाए मिलता। इसी बीच उसके पिताजी विवाह के लिए जोर देने लगे। उसने बहुत टाला और कहा कि विवाह से मेरे पी-एच.डी. के अध्ययन में बाधा पड़ेगी, पर वे नहीं माने। मारा गया ब्रह्मचारी, शादी कर बैठा। शादी के बाद हिन्दी साहित्य के ब्राह्मचारी पात्रों के प्रति अजीब विरक्ति का भाव उसके मन में आ गया और वह उन पात्रों की खिल्ली उड़ाने लगा। कुछ दिनों बाद उसने विषय बदल लिया। आजकल वह हिन्दी कथा-साहित्य में संगीत तत्त्व पर अध्ययन कर रहा है। संगीत और कथा की उत्पत्ति एवं विकास के बाद मैंने उससे श्री राधेश्याम कथावाचक की कृतियाँ और आधुनिक युग में श्री निर्मल वर्मा की समस्त रचनाएँ पढ़ने पर जोर दिया है। आंचलिक साहित्य में ढोल और हारमोनियम तथा अन्य कथाओं में पियानोवाले पात्रों पर वह लिख रहा है। थीसिस जोरदार होगी और कथाओं में संगीत तत्व की प्रतिष्ठा में सहायक रहेगी।

पर सच यह है कि हिन्दी में विषय सुझाने या रूपरेखा बनाने से आनन्द नहीं आता। अन्य विषयों में जब सिनॉप्सिस बनवाता हूँ तो उसका सुख अलग है। उस दिन कॉफी हाउस में बैठा डोसा मँगवाने के लिए दोस्तों को पटा रहा था कि अर्थशास्त्र का एम.ई. मुझे खोजते हुए आ गया। इधर-उधर की बातचीत करते हुए बोला–"रिसर्च करने की सोच रहा हूँ।"

"तो डोसा मँगवाइए।" मैंने जवाब दिया।

उसने ऑर्डर दिया।

"अर्थशास्त्र में कोई विषय सुझाइए?"

"भाई, मैंने इंटर और बी.ए. में अर्थशास्त्र नहीं लिया था पर हाँ रिसर्च में सहायता दे सकता हूँ।"

"कोई विषय सुझाइए?" वह बोला।

कुछ देर खामोशी के बाद मुझे इलहाम हुआ–"प्रकाशन व्यवसाय में लेखकीय पूँजी।"

मित्रों को तो यह विषय बहुत पसन्द आया पर वह छात्र कहने लगा कि इसमें भाग-दौड़ बहुत करनी पड़ेगी। कोई सस्ता नुस्खा हो तो ठीक है।

"राजधानी नगर के ज्योतिषियों की आर्थिक स्थिति का सर्वेक्षण।"

उसे बात जमी। मैं प्रोत्साहित हुआ और विषय दिया–"स्वातन्त्र्योत्तर काल में भोंगा व्यवसाय।"

"क्या मतलब?"

"आजादी के बाद जो हर शहर और गाँव में माइक्रोफोन की दूकानें खुल गई हैं, उनका सर्वे।"

सब हँसने लगे। उन्हें हँसता देख मेरे अहं को चोट लगी। मैंने नया विषय दिया– "सांस्कृतिक गतिविधियों में लगा चोरबाजारी का धन।"

"मैं समझा नहीं।"–वह बोला।

"दो हजार रुपयों की पेंटिंग कौन खरीदता है? तुम खरीदते हो या मैं? ब्लैक मार्केटवाले सेठ खरीदते हैं। उनका देश के सांस्कृतिक विकास में कितना बड़ा योग है। इसका मूल्यांकन होना जरूरी है।"

"विश्वविद्यालय इसे स्वीकार नहीं करेगा। कोई योजना सम्बन्धी बताइए।"

"भारत में कद्दू की खेती।" मैंने मजाक किया। इस पर वह उछल गया– "वंडरफुल। नया बढ़िया विषय है। अभी तक किसी ने टच नहीं किया।"

"बताइए, कद्दू टच नहीं किया। कितने पिछड़े हुए हैं हम लोग। एक ही तो हमारे पास पूँजी है और वह भी उपेक्षित पड़ी है।"

हम लोग डोसा खाते हैं और वह बैठा हुआ कुछ सोचता रहा।

नतीजा यह है कि आजकल हम नगर के उदीयमान विद्वान् हैं। विषय-वासना में फँसे शोधार्थी रोज ही आते हैं और सन्तों के मुख से जो वचन फूट गए, सीकरी के विश्वविद्यालय को सौंप आते हैं। दूसरे विश्वविद्यालय के छात्रों के फँसने की भी उम्मीदें हैं। सप्ताह-भर हुआ, पटना से एक वीणा माथुर नामक छात्रा का पत्र और मनीऑर्डर आया था–हिन्दी में विषय बताइए शोध का। 'सूरदास की रंगदृष्टि' बताया है। सूर सागर के सहारे कविताओं में रंग-योजना एवं वर्णन पर लिखेगी। मैंने 'सूरसागर' नहीं पढ़ा पर विषय उत्तम है, यह जानता हूँ। मेरे सुझाव पर एक सज्जन सुकरमा गाँव का आर्थिक सर्वेक्षण कर रहे हैं। बहुत बड़ा रिस्क लिया है, देखें क्या होता है। मैंने उनसे, जब वे एम.ए. में थीसिस देने के लिए इच्छुक थे, पूछा था कि क्या आपकी थीसिस कमिश्नर, कलेक्टर या तहसीलदार भी जाँचते हैं, तो उसने बताया कि नहीं प्रोफेसर लोग ही जाँचते हैं।

"बस तो सुकरमा गाँव पर थीसिस लिख दो।"

"कहाँ है यह सुकरमा गाँव?"

"तुम्हें इससे क्या मतलब? कहीं हो न हो।"

"फिर लिखूँगा कैसे?"

"गधे हो। अरे क्या तहसीलदार जाँचते हैं थीसिस। बस लिख दो 'इकॉनॉमिक एंड सोशल सर्वे ऑफ सुकरमा विलेज'–कहीं भी स्थिति बता दो, एक अध्याय भूगोल, दूसरा जनसंख्या, तीसरा जाति-विभाजन चौथा खेती, पाँचवाँ व्यवसाय और दीगर ऐसे अध्याय और चार्ट ग्राफ वगैरा। किसानों की फोटो खींचकर लगा देना यहाँ-वहाँ से।"

वह कुछ देर तो मूर्ख की तरह मुँह फाड़कर मुझे देखता रहा, फिर उसकी आँखों

में समझदारी की जोत चमकी। वह मुस्कुराया, मैंने आँख मारी।

"क्या बात है?"

"मिलाओ हाथ।"

वह एम.ए. हो गया, कुशल से है। कुछ दिन हुए मिला था तो बोला–"उस सुकरमा विलेज पर गुरुजी आप कहें तो पी-एच.डी. कर लूँ।"

सन्त सीकरी में बड़े व्यस्त हैं

सुबह-सुबह सीकरी के होटल में उनके दर्शन हो गए। वे थे और उनके साथ एक सन्त और था। चाय पी रहे थे। मुझे देख चौंके। मुँह पर उभरती कड़वाहट को चौड़ी मुस्कान से रोका।

"कैसे आना हुआ प्रभु?" मैंने प्रश्न मारा।

"ऐसे ही," आमलेट के प्याज के दाँतों में फँसे अंश को निकालते हुए बोले। फिर कनखी से दूसरे सन्त को देख मुस्कुराए। कहा, "ये खींच लाए। हमने सोचा चलो।"

प्रायः सीकरी में सन्तों का आना होता रहता है। ऐसा प्रश्न करने पर यही उत्तर मिलता है।

"कब आए?"

"कल रात को।"

"कहाँ ठहरे हैं?"

"इसी होटल में।" फिर स्वर में आत्मीयता लाते हुए कहा, "हमारा क्या है, कहीं डाल दो, पड़े रहेंगे।"

दूसरा सन्त इस पर गम्भीर हो गया। उन्हें मेरी ओर देख उसकी आँखें चढ़ गईं। अर्थ यह था कि मुझ जैसे व्यर्थ के आदमी को ऐसी महत्त्वपूर्ण जानकारियाँ देना उचित होगा? कब आए, कहाँ ठहरे हैं। कमरे में फिजूल की भीड़ लग जाएगी।

परिचय हुआ। दूसरे सन्त कुरुक्षेत्र के थे। प्रकाशक। भजनावली का एक सेट पिछले दिनों ही प्रकाशित हुआ। आगरा से निकलनेवाले पुस्तक 'मार्तण्ड' में मैंने उसका विज्ञापन देखा था। बात समझ में आई। शहंशाह अकबर इन दिनों अपनी बादशाहत के पुस्तकालयों के लिए थोक खरीदी करते हैं। बीरबल और खानखाना चयन समिति में हैं पर हुक्म अकबर का चलता है। इस मौसम में सीकरी की सड़कों पर भजन लिखकर पुस्तकें छपानेवाले सन्त प्रायः नजर आते हैं। सीकरी के दैनिकों में किसी संस्था की खबर या विज्ञापन छपते हैं : कीर्तन की एक शाम, फलाँ सन्त के नाम। प्रवचन होते हैं, बातचीत के सौम्य अखाड़े जमते हैं। कुल मिलाकर सन्त

का बूढ़ा चोला पूरे मौसम मगन रहता है।

मैंने चाय पी। 'अभी तो आप हैं ना' किस्म का वाक्य कहा। 'फिर मुलाकात होगी' किस्म की आत्मीयता व्यक्त की और बाहर चला आया। सीकरी की साहित्यिक सांस्कृतिक मंडी में आम नागरिकों की यही भूमिका होती है।

पता लगता रहा कि सन्त अभी सीकरी में ही हैं। तपस्या की जितनी सुविधा इस राजधानी में उपलब्ध है, वह पूरे देश में अन्यत्र कहाँ? इसमें शक नहीं कि सन्त आदरणीय हैं। एक जमाना था, उन्होंने बड़ा संघर्ष किया और बहुत सुन्दर भजन लिखे और गाए थे। उस जमाने में सभी साधु संघर्ष करते थे और भूखे पेट रहते थे। अब सब मलाई खा रहे हैं, तो वे भी खा रहे हैं। पर चाटने का अन्दाज वही है, जो संघर्ष वाले काल में था। चेहरे पर भाव यही रहता है कि अन्य कुछ उपलब्ध न होने के कारण मलाई खा रहे हैं। कहना न होगा, शहंशाह को भजनावली का सेट पसन्द आया और इतनी अधिक प्रतियाँ क्रय की गईं कि सन्त की अच्छी रॉयल्टी पक गई। इसके अतिरिक्त दस परसेंट का कमीशन साथ आए प्रकाशक सन्त ने वचनानुसार दिया कि भजनावली का सेट सीकरी में अपने प्रभाव से बिकवा दो, तो दस परसेंट तुम्हारे। दूसरा सन्त धन्धा पूरा कर कुरुक्षेत्र लौट गया। शहंशाह के प्रवचनों के संकलन की पांडुलिपि श्री अब्दुर्रहीम खानखाना की भूमिका सहित उसे प्रकाशनार्थ मिल गई। जाहिर है बड़ा ऑर्डर था। बहुत आग्रह पर सीकरी के सन्त वह होटल छोड़ बीरबल के अतिथिगृह में शिफ्ट हो गए।

'दीन इलाही' की एक पाक्षिक गोष्ठी में सन्त का स्वागत करते हुए शहंशाह अकबर ने कहा कि "सीकरी के लिए यह प्रीतिकर विस्मय की बात है कि सन्त यहाँ पधारे। उनके भजनों ने सदैव हमारे प्रशासन की आस्थाओं को दृढ़ किया और बृहत्तर मानव समाज की पीड़ा से हमें अवगत करा लाभान्वित किया है। उस पीड़ा के मूल में चाहे हम स्वयं क्यों न हों पर न्यायालयों या थानों में प्रस्तुत शुष्क रपटों की बजाय कविता के माध्यम से समाज के दर्दों से परिचित होना हमारे लिए सदैव दिलचस्प और उत्तेजक अनुभव रहा है। हम सन्त का अभिनन्दन करते हैं और हमारी हार्दिक अभिलाषा है कि वे अब सीकरी में ही रहें और साधना करें। यदि हमारे निवेदन को वे स्वीकार करें, तो अपने दरबार के रत्नों में एक का इजाफा करते हुए हमें हार्दिक प्रसन्नता होगी। यदि अपने एकान्तप्रिय स्वभाव के कारण दरबार में रहना उन्हें सुखद प्रतीत न हो, तो मेरा एक और प्रस्ताव है। आप मानते हैं, सन्त रहस्यवाद के बड़े भारी ज्ञाता हैं। यदि वे चाहें, तो सीकरी विश्वविद्यालय में रहस्यवाद के अध्ययन के लिए एक 'कबीर-चेअर' की स्थापना की जा सकती है, जिस पर आप विराजें। यह हमारे बाएँ हाथ का खेल है। मैं चाहता हूँ कि सन्त अब सीकरी में ही रहें। उनकी उपस्थिति और मार्गदर्शन से वह काव्यानुशासन पुनः विकसित हो, जिसका विगत वर्षों

में, कविता में निरन्तर अभाव अनुभव हो रहा है।''

शहंशाह के आरम्भिक भाषण पर दीन इलाही की बैठक में उपस्थित फकीरों, साधुओं, भक्तों, नंगों, विद्वानों और बड़ी उम्र के युवा छोकरों ने तालियाँ बजाईं। मसखरे बीरबल ने अपनी बात एक लतीफे से शुरू की और दो टूक भाषा में कहा कि ''सन्त अब सीकरी में आ गए हैं। इन्हें जाने नहीं देना है। यहीं फँसा कर रखना है। कुछ लोग दुष्यन्तकुमार को त्यागी कहते हैं। वह त्यागी नहीं है। असली त्यागी हमारे ये सन्तजी हैं। संसार त्यागने से कोई त्यागी नहीं हो जाता। अपनी प्रिय वस्तु त्यागने से त्यागी होता है। सन्त को जंगल प्रिय है। एकान्त में रहना प्रिय है। सीकरी की खातिर वे उसका त्याग करेंगे। हमारी खातिर करेंगे। उनके बलिदान की कद्र होनी चाहिए। ये शहंशाह हैं। कद्र करना जानते हैं।

''सीकरी में और भी सन्त हैं। सभी त्यागी हैं। सन्तजी को यहाँ रहकर खुशी होगी। कुछ लोग सन्तों के सीकरी में रहने का मजाक बनाते हैं। मैं उनके दृष्टिकोण को प्रगतिशील नहीं मानता। उसका विरोध होना चाहिए। कुम्भनदास मसखरे हैं। यह शर्म की बात है कि वे सीकरी में आनेवालों को सन्त नहीं मानते। सीकरी में सन्तों को सम्मान मिलता है। पैसा मिलता है। कुम्भनदास के बाप का इसमें क्या जाता है? गाँठ में पैसा न होगा, तो सन्त साधना कैसे करेगा? खुद कुंभनदास भजन गाने के बाद सेठों से पैसा लेते हैं। बम्बई भजन गाने क्यों गए? सागर क्यों नहीं गए? हम सब जानते हैं। कुछ आलू हैं, कुछ कद्दू हैं। सीकरी के बाहर बिकने से कद्दू आलू नहीं हो जाता। सीकरी में बिकने से आलू कद्दू नहीं हो जाता, इस द्वन्द्व को समझना चाहिए। लोगों ने मार्क्स नहीं पढ़ा मैंने पढ़ा है, इसलिए कहता हूँ। शहंशाह क्या करें? दीन इलाही समाप्त कर दें? आलू नहीं खरीदें? यह सब चलते रहना चाहिए। दीन इलाही प्रतिक्रियावादियों के खिलाफ एक मोर्चे की तरह इस्तेमाल होना चाहिए। शहंशाह प्रगतिशील हैं, क्योंकि वे प्रगतिशीलों के हिमायती हैं। सीकरी में तो सबका सम्मान होता है। साधुओं का, गायकों का, वेश्याओं का, विचारकों का, हिजड़ों का, समीक्षकों का जो सम्मान के योग्य हैं, उन्हें सम्मान मिलना चाहिए। सन्तजी यहीं रहें। हम उनका सम्मान करते हैं। जंगल में रहने से कुछ नहीं होगा। जंगल भी शहंशाह का है।''

बीरबल के भाषण के बाद जोरदार तालियाँ बजीं। अन्त में सन्त बोले। कहने लगे, ''मुझे सीकरी का वातावरण अच्छा लगा। खासतौर से यहाँ की पहाड़ियाँ। मैं कई दिनों से यहाँ हूँ। सूर्यास्त की वेला में उन पहाड़ियों पर चढ़ना चाहता हूँ, पर इधर टखनों में दर्द रहने लगा है। लम्बी तीर्थयात्राओं के बाद यह थकान स्वाभाविक ही है। आप सबका स्नेह मुझे यहाँ खींच लाया। यहाँ कब तक रहूँगा, कह नहीं सकता। बहुत काम हैं। भक्ति काव्य की विरह वेदना के सामाजिक पक्ष पर एक

पुस्तक लिखने का विचार कब से मन में बन रहा है। सन्त काव्य की रचना-प्रक्रिया पर कुछ सामग्री बटोरी है। वह काम भी करना है। आपके शहंशाह ने मुझसे सीकरी रहने का आग्रह किया। देखिए, क्या कुछ बनता है। बीरबल भाई मेरे पुराने मित्र हैं। शहंशाह की सेवा में आने के पूर्व से वे विचार-यात्रा में मेरे साथी रहे हैं। अब भी उनमें कुछ नहीं बदला है। सीकरी का वातावरण मुझे अच्छा लगा। यहाँ के कीर्तनकारों में समर्पण के साथ आवेश भी है, इसलिए यहाँ के भजन हमें उत्तेजित भी करते हैं। इधर भजनों में कुछ प्रयोग मैंने भी किए हैं। उसके परम्परागत ढाँचे को तोड़ा है। इतना कहूँगा कि मेरे पदों में प्रभु के रूप में शहंशाह और प्रभु की सत्ता के रूप में शहंशाह के साम्राज्य का जो चित्र वर्षों से रहा है, वह दिन-प्रतिदिन निखरा ही है, धूमिल नहीं हुआ। शहंशाह के रूप में मैं उसी परम शक्ति की निकटता का अनुभव करता हूँ।''

युवा फकीरों के आग्रह पर सन्त ने अपने दो पद भी सुनाए। बैठक का विस्तृत विवरण 'अकबरी चेतना' में विस्तार से प्रकाशित हुआ।

कहना न होगा कि आजकल सन्त सीकरी में हैं और व्यस्त हैं। 'सन्त सर्वस्व' तीन भागों में छप गया है और थोक में खरीदा जा चुका है। इसके अतिरिक्त सन्त दो-तीन पुरुस्कार भी झाड़ चुके हैं। कुछ सांस्कृतिक आयोजनों की कमेटी में मार्गदर्शक सहायक हैं। दीन इलाही के प्रमुख हैं। कबीर पीठ की स्थापना हो गई। रहस्यवाद की साधना के लिए शहंशाह अकबर ने सन्त को सिविल लाइंस में बंगला अलॉट कर दिया है। कभी-कभी चाबी माँग लेते हैं। ऐसे समय में सन्त पहाड़ियों की ओर घूमने निकल जाते हैं। सन्त के महत्त्व पर बुलंदशहर और सीकरी में दो आयोजन हो चुके हैं। 'अकबरी चेतना' का एक पूरा अंक सन्त के भजनों पर चर्चा और सन्त के साथ हुई स्थानीय लड़कों की बातचीत के साथ प्रकाशित हुआ है, सन्त के भिन्न मुद्राओं में बने रेखाचित्रों सहित। सन्त सीकरी में प्रसन्न हैं। बीच में कुछ दिनों बीमार रहकर स्पेशल वार्ड के मजे लूट आए। वहीं थे, तब शहंशाह को केन्द्र में रख दो बहुत सुन्दर भजन लिखे। बहुत दिनों सम्मानादि नहीं मिलता, तो मिलनेवालों से कहने लगते हैं कि अब सीकरी से मन उचटने लगा है। शहंशाह उनके लिए कोई नई सुविधा उत्पन्न कर देते हैं। रुक जाते हैं। बैंक में एक सेविंग एकाउंट खोल लिया है। चेले शिकायत करते थे, ''आपको पैसा सँभालना नहीं आता,'' उनके आग्रह पर।

मैं कभी-कभी सन्त से मिलने चला जाता हूँ। सीकरी में रहना है, तो सरकारी सन्तों और फकीरों से सम्बन्ध मधुर रखने चाहिए। कुछ अन्दर-बाहर की खबरें मिल जाती हैं। उस दिन मैंने पूछा, ''कहो गुरु, इस बार संगीत का पुरुस्कार किसे दिला रहे हो?''

"हमें का पता? हमें का लेनो-देनो संगीत से?"

"छुपाओ मत गुरु। आपकी मर्जी के बिना पैलेस का पत्ता नहीं खड़कता। आपको सब पता रहता है।"

"शहंशाह की मर्जी तो तानसेन को देने की है। कमेटी निर्णय लेने को स्वतन्त्र है पर उनसे अलग थोड़े जाएगी।"

"बैजू बावरे को मिलना चाहिए। लोगों का यही ख्याल है।"

"लोकप्रियता का आतंक शहंशाह पर नहीं चलता। संगीत के असल पारखी हैं वे। बैजू के भाव बहुत बढ़ रहे हैं। वे पत्ती काटना जानते हैं।" सन्त बोले।

दूसरे दिन मैंने खबर को सीकरी में फैला दिया। लोगों को विश्वास नहीं हुआ पर जब घोषणा हुई कि इस वर्ष का शिखर सम्मान तानसेन को दिया जाएगा, तो सब मान गए कि मेरी खबर पक्की थी।

कुल मिलाकर सूचना यह है कि सन्त सीकरी में मजे लूट रहे हैं। एक चित्रकला की छात्रा से उनके अनैतिक सम्बन्धों की भी अफवाह है, पर वह झूठ है और जलनेवालों ने उड़ाई है। स्वास्थ्य में सुधार हुआ है, कुंठाएँ कम हुई हैं। मुझे लगता है, अब वे जिन्दगी भर सीकरी छोड़ने वाले नहीं हैं।

विज्ञापित, मैं

आजकल मैं अपनी भावी पुस्तकों के विज्ञापन तैयार करने में व्यस्त हूँ। इनमें मेरे कुछ उपन्यास हैं, कुछ कथा-संग्रह, कुछ निबन्ध-संग्रह, एक अदद जीवनी, डायरी और ऐसी ही कुछ चीजें, जो लगभग दो-ढाई सौ पृष्ठों की हों और पुस्तकालयों के माध्यम से हिन्दी साहित्य में अपना स्थान बना सकें। इन पुस्तकों को 'प्रेस में' या 'प्रकाशन पथ में' वगैरह कहना गलत होगा क्योंकि ये लिखी नहीं गई हैं, इन्हें 'लेखन-पथ' में कहा जा सकता है, अर्थात् ये कहीं हैं जो बढ़ती हुई लेखक की ओर आ रही हैं और कालान्तर में जिनके लिखे जाने की सम्भावना है। मैं इनके विज्ञापन बनाने में लगा हूँ क्योंकि ये छोटे-छोटे काम पहले ही निपटा लिए जाने चाहिए। मेरे कुछ लेखक मित्र, जो उपन्यास-लेखन की तुलना प्रसव-वेदना से करते हैं और अन्ततः जिसका उपन्यास होता भी 'पौंडों' में तोलने के काबिल ही और जो ऐसे तीन-चार उपन्यासों के बाद ढीले पड़ जाते हैं, कहते हैं कि एक लम्बी रचना पूरी करने के बाद विज्ञापन जैसी छोटी चीज लिखना कठिन हो जाता है। मैं उनकी बात से सहमत हूँ और मुझे यह अत्यन्त मॉडर्न और उचित लगता है कि चीज तैयार करने के पहले ही उसका विज्ञापन शुरू कर दिया है। यह अत्यन्त प्राकृतिक एवं काव्यात्मक भी है, जैसे आजकल गर्मी के दिन हैं और यह कहा जा सकता है कि बादल घिरेंगे, बूँदें टपकेंगी, धरती सोंधी-सोंधी उसांसें लेगी और फसलें लहलहा उठेंगी। इसलिए अपने भावी लेखन को उपयुक्त प्रभावकारी विशेषणों से जड़ना लेखन-धर्म की एक सामान्य कार्यवाही मानी जानी चाहिए।

एक दूसरी दृष्टि भी है। अपने लेखन की उच्चता के प्रति जितना आश्वस्त मैं हूँ और जितने परिणाम में आत्ममोह मुझ में है उसके कारण आश्चर्य नहीं जल्दी ही मैं लेखक होने के साथ प्रकाशक भी हो जाऊँ। फिर अक्सर ही मुझे खुद के बारे में लिखना और कहना पड़ेगा। वास्तव में लेखक का स्वयं प्रकाशक हो जाना एक जीवन-दर्शन से ताल्लुक रखता है। अपने आसपास के संसार को एक गहरी हद तक सिर्फ अपने लिए कुरेद लेने की व्यग्रता लेखक को प्रकाशक भी बना देती है। मैं प्रायः अपने अन्तर्मन में ऐसे तत्त्व फड़कते महसूस करता हूँ जिनकी सुखद इतिश्री एक

दुकान खोलने में होगी। यों भी हिन्दी पाठकों को ग्राहकों में बदलना एक सुदीर्घ प्रयत्न है, एक साधना है जो आगामी कई वर्षों तक चलेगी और कुछ लेखकों को लेखक के रूप में इसके लिए शहीद होना पड़ेगा। मैंने सर पर कफन बाँध लिया है मगर यह बात मैं अभी विज्ञापित नहीं करना चाहता। यह मेरे व्यावसायिक हित में भी नहीं होगा।

हाँ, तो मैं विज्ञापन तैयार करने में लगा हूँ। मैं आपको यह बताना चाहता हूँ कि ऐसा उपन्यास हिन्दी में आज तक नहीं लिखा गया जैसा शरद जोशी ने लिखा है। एक अमूल्य कृति, एक सशक्त दस्तावेज, साहित्य को एक अनुपमेय देन, एक विशिष्ट प्रयोग, एक अछूता मार्मिक चित्र, हिन्दी उपन्यासों में मील स्तम्भ, सरस्वती के मन्दिर में लगा पीतल का नवीनतम घंटा जो सदैव गूँजता रहेगा। मेरे ख्याल से आप इन बातों से सहमत होंगे। आप यह भी मानेंगे और यह बात भी मेरे विज्ञापनों का ही अंश है कि हिन्दी में शरद जोशी जैसे लेखक बिरले ही जन्म लेते हैं जिनकी हर कृति न केवल साहित्य में विशिष्ट महत्त्व रखती है, वरन् उन पर ग्राहकों और दुकानदारों की भरपूर कमीशन भी है। आप हँसेंगे। ऐसी कोई बात नहीं जब मैं अपनी किताब की चर्चा करूँगा तो वह यों ही होगी। जैसे कि शरद जोशी की जोरदार कलम से रचित साहित्य की इस महान् कृति का मूल्य केवल डेढ़ रुपए। सारा जोर केवल डेढ़ रुपये और भरपूर कमीशन पर है। यों भी कहा जा सकता है कि डेढ़ रुपये में इतना महान् उपन्यास हिन्दी के अतिरिक्त और कहाँ मिलेगा और शरद जोशी के अतिरिक्त उसे कौन लिख सकता है?

मैं सोचता हूँ कि विज्ञापनों में बात साफ सीधी कही जानी चाहिए, जैसे प्रचार नहीं कर रहे हों, बल्कि किसी को खरी-खोटी सुना रहे हों। मैं जो विज्ञापन बना रहा हूँ उसमें आप यह साफगोई पाएँगे। जैसे कि क्या आपने शरद जोशी की फलाँ अमर कृति पढ़ी है? यदि नहीं पढ़ी है तो आपने जिन्दगी भर भाड़ झोंका। जाइए आज ही खरीदिए और अपने मानव-जीवन को सार्थक बनाइए, मूल्य केवल डेढ़ रुपया।' बताइए डेढ़ रुपए में कौन नहीं चाहेगा कि जीवन सार्थक हो। ऐसे काम के लिए दो रुपए ज्यादा होते हैं।

हिन्दी में ऐसी खतरनाक पुस्तकों की कमी नहीं जिनके विषय में यह मशहूर है कि उन्हें एक बार आरम्भ करने पर बिना समाप्त किए आप छोड़ नहीं सकते। हिन्दी पाठक, जो चुनौतियों का मुकाबला करना जानता है, ऐसी पुस्तकें अवश्य खरीदता है और उन्हें अधूरी फेंक स्वयं को विजयी महसूस करता है मगर इसी झटके में किताब बिक जाती है। किन्तु पाठकों में एक छोटी-सी संख्या ऐसे लोगों की भी है जो पुस्तकों को पूरा पढ़ते हैं। जैसे मेरे एक आलोचक मित्र हैं जो पुस्तकों को प्रायः अन्त तक पढ़ते हैं। यदि पुस्तक रोचक हो, तो वे अवश्य अन्त तक पढ़ते हैं। उन्हें मन-ही-मन

विश्वास रहता है कि यह शुरू में रोचक लगनेवाली पुस्तक आगे जरूर गड़बड़ होगी, उसकी रोचकता में कमी आएगी। एक दोष की खोज में आखिर तक पढ़े चले जाते हैं और अपने प्रयत्न में सफल होते हैं। इस 'ट्रिक' का उपयोग मुझे भी करना है।

मेरे उपन्यास का प्रमुख गुण होगा कि वह आरम्भ से अन्त तक पढ़ा जा सकेगा और गुणी व्यक्ति ही उसे पढ़ेंगे। विज्ञापनों में मैं लिख रहा हूँ कि एक बार आरम्भ करने के बाद शरद जोशी का उपन्यास वे ही अधूरा छोड़ेंगे जो स्वयं भी बोर हैं। उपन्यास वास्तव में ऊब से मुक्ति है, या एक ऊब से दूसरी ऊब की दिशा में यात्रा है मगर डेढ़ रुपए में बुरी नहीं। बिक्री के लिए यह एक जोरदार दलील है। मतलब यह है कि जब आप जिन्दगी में बोर हो ही रहे हैं तो क्यों नहीं मेरा उपन्यास पढ़कर हों। इसमें सिर्फ डेढ़ रुपया लगेगा, जो बोरियत की मात्रा देखते हुए जरा अधिक नहीं।

उपन्यासों के विषय में आम धारणा है कि यह दुकान से घर लेकर जाने की चीज है। और अक्सर घर ले जाने में खतरा रहता है, इसलिए लोग उपन्यास खरीदते ही नहीं। उसके बजाय सब्जी खरीदते हैं। वे इस बात की गारंटी चाहते हैं कि उपन्यास की मूल आत्मा पारिवारिक है। ऐसी किताब जो निस्संकोच अपनी बहन-बेटियों को दी जा सके। दूसरों की बहन और दूसरों की बेटियों को देने लायक किताबें तो हिन्दी में काफी हैं, मगर स्वयं की बहन-बेटियों को देने लायक नहीं। नतीजा यह है कि हमारी बहन-बेटियों के पढ़ने लायक किताब होती नहीं और वे दूसरों से प्राप्त करती हैं या दूसरे स्वयं उन्हें चुपके से या स्नेह से देते हैं। अपने विज्ञापनों में मैं इस बात पर जोर दूँगा कि शरद जोशी की यह पुस्तक पूरा परिवार पढ़ सकता है। कुछ ऐसी ही बात जो मद्रास में बननेवाली फिल्मों के विषय में कही जाती है। मुझे इस दृश्य की कल्पना बड़ी सुखद लगती है कि एक शख्स मेरा भावी उपन्यास पढ़ रहा है, उससे सटकर उसकी पत्नी बैठी है और वह भी पढ़ रही है। दाहिने कन्धे के ऊपर से बहन और बाएँ कन्धे पर से बेटी झाँक रही है और वे दोनों भी पढ़ रही हैं। दूसरी ओर बेटा सटकर बैठा है जो इसी क्रिया में संलग्न है। और ऐसा करते हुए वे सब टप-टप आँसू बहा रहे हैं, जिसका कारण उपन्यास में चल रहा एक करुण प्रसंग है, या कि उपन्यास ही बोर है। वे रो रहे हैं और पढ़ रहे हैं मगर मजबूर हैं क्योंकि उपन्यास पारिवारिक है, शरद जोशी का है और केवल डेढ़ रुपए में है। यदि परिवार छोटा है तब भी खरीद ले जाने में खतरा रहता है। पति के हाथ में उपन्यास देख सुघड़ भारतीय पत्नी पहला प्रश्न करेगी कि क्यों बेकार इन बातों में रुपंया बरबाद करते हो। इसका उत्तर यही है कि शरद जोशी का है, डेढ़ रुपए में बुरा नहीं। दो रुपए मेरे ख्याल से ज्यादा हो जाएँगे। विज्ञापन बनाते समय रचना में निहित पारिवारिक तत्त्व तथा कम मूल्य पर मुझे जोर देना होगा।

कुछ उपन्यासों के विषय में कहा जाता है कि इसे लिखने में लेखक ने अपने

जीवन के पाँच बहुमूल्य वर्ष गँवाए और इसे छपवाने में अपना पुश्तैनी मकान बेचा। काल, स्थान भी बिक्री पर असर करते हैं। अपने जिस डेढ़ रुपए के भावी उपन्यास का मैं जिक्र कर रहा हूँ उसके प्रचार में यह बात लिखनी जरूरी होगी कि मैंने इसे चार वर्ष की मेहनत से लिखा। यद्यपि मैं उसे माह भर में घिसकर फेंक देना चाहता हूँ। साथ ही यह भी चर्चा फैलाई जाती है कि लेखक ने उपन्यास फलाँ पहाड़, द्वीप या देश में लिखा। यों कि नैनीताल में, रानीखेत में या मट्टनचेरी में बैठकर लिखा। मैं यह प्रचारित करूँगा कि मैंने यह उपन्यास अपने घर में बैठकर लिखा जिससे निश्चित हो जाए कि यह न केवल पारिवारिक है वरन् सन्तुलित भी क्योंकि घर में उठे बुरे विचार भी एक सीमा से आगे नहीं जाते। पहाड़ पर ऐसा नहीं होता। यद्यपि मेरा इरादा इसे वहीं लिखने का है।

आजकल दिमाग में एक तूफान-सा उठता है और हर तूफान एक धड़धड़ाता विज्ञापन लेकर आता है : 'आ गया, आ गया, शरद जोशी का वह उपन्यास आ गया, जिसका स्वयं लेखक को बरसों से इन्तजार था। या, जिसने पढ़ा वह पछताया, जिसने न पढ़ा वह पछताया। हिन्दी की बहुमूल्य कृति, शरद जोशी की लौह लेखनी से प्रसूत एक लोचदार रचना। हिन्दी के कचरे में एक रत्न। ग्रांड रिडक्शन सेल। दो रुपए का उपन्यास डेढ़ रुपए में, पृष्ठ पूरे।'

मुझे कई बार सपने में दिखाई देता है कि मैं चौक में मजमा लगाए खड़ा हूँ। सामने मेरी भावी पुस्तकें बिछी हुई हैं और मैं एक हाथ से डमरू और दूसरे हाथ में ली बाँसुरी बजाता ग्राहकों को मोह रहा हूँ। मैं चिल्लाता हूँ और बच्चा लोगों को ताली बजाने के लिए कहता हूँ। मेरी आवाज गूँज रही है : 'है कोई भाई हिन्दी का पाठक जिसे किताब की जरूरत हो, बिना पढ़े जिसकी तबीयत नहीं लगती हो, रात करवटें लेकर, तारे गिनकर बीत रही हो। अगर है तो सामने आए और उठा ले जो तबीयत चाहे। डेढ़ रुपया, डेढ़ रुपया, डेढ़ रुपया। है कोई हिन्दी का लाल? देखे कलम का कमाल! डेढ़ रुपए में ऐसी किताब ढूँढ़े से नहीं मिलेगी साहबान! चाहे हो हूर की बच्ची, मुहब्बत दूर से अच्छी। एक बार पढ़िएगा और बार-बार आइएगा। अरे तेल देखिए तेल की धार देखिए, ऐसी-वैसी चीज हो तो मुँह पर थूक दीजिएगा। सचाई छुप नहीं सकती कभी झूठे उसूलों से और खुशबू आ नहीं सकती कभी कागज के फूलों से! जनाब यही वह जोरदार किताब है जिसे हिमालय पहाड़ पर चार साल बैठकर लेखक ने लिखा है और पब्लिक की खिदमत के लिए छिपाकर रखा है। घर ले जाइए और बहन-बेटी को पढ़ने के लिए दीजिए। गारंटी का माल है, किसी के मन में बुरा विचार उठे तो मुँह पर थूक दीजिएगा। ज्यादा नहीं सिर्फ डेढ़ रुपया, डेढ़ रुपया, बहुत थोड़ी छापी बची है साहबान!'

इस वर्ष मुकुन्दी टॉप करेंगे

कहाँ मिल पाता है विद्वानों का ऐसा सत्संग! उस दिन मेरे भाग्य थे, हो गया। वे ज्ञान चर्चाएँ कर रहे थे। ऐसी चर्चाएँ रोज सुनने को नहीं मिलतीं। जब से कॉलेज छोड़ा, ऐसे बौद्धिक वातावरण से एकदम दूर पड़ गए हैं। उधर निकलना नहीं होता। जीवन कुछ ऐसा व्यस्त है कि इन विद्वानों के संग बैठकर किसी विषय पर चिन्तन-मनन का समय ही नहीं जुट पाता।

ज्ञान-चर्चा एक बड़े विद्वान् के बँगले के लॉन पर हो रही थी। ठंड के दिनों में दोपहर की धूप में ऐसी ज्ञान-चर्चाएँ मन के साथ तन को सुख प्रदान करती हैं। बड़ा विद्वान् अधिक बोलता था, छोटा विद्वान् कम बोलता था। इसका कारण यह था कि बड़ा विद्वान् सहायक प्राध्यापक के पद पर पहुँच चुका था, वह अब एम. ए. की कक्षाएँ ऐसी सरलता से पढ़ा देता था जैसे छठी-सातवीं के बच्चे पढ़ा रहा हो और छोटा विद्वान् अभी शिक्षा के पावन क्षेत्र में एक नम्र उदीयमान लेक्चरर था जिसकी सुषुम्ना नाड़ी एम.ए. कक्षा में प्रवेश के क्षणों में काँप जाती थी। बड़ा विद्वान् हर बात पर शर्त बदने और अपने कथन को कागज पर लिखकर दे देने के लिए तत्पर था। छोटा विद्वान् शर्त नहीं बदता था, वह अपने अग्रज और वरिष्ठ का कथन ज्यों का त्यों स्वीकार कर लेता था। यों हम जिस लॉन पर बैठे थे वहाँ कागज थे भी नहीं।

चर्चा का विषय रोचक था। मुकुन्दी उर्फ मनोहर बाबू इस वर्ष एम.ए. हिन्दी में विश्वविद्यालय टॉप करेंगे या नहीं? मुकुन्दी उर्फ मनोहर बाबू एम.ए. फाइनल के सम्माननीय छात्र थे। सम्माननीय इन अर्थों में कि वे राज्य के युवा शिक्षामन्त्री के छोटे भाई हैं। मनोहर बाबू की टक्कर में हैं सरलाजी। वे भी टॉप करने की आकांक्षी हैं। वे अतीत में भी सदैव टॉप करती रही हैं पर इस बार मुकुन्दी अर्थात् मनोहर बाबू भारी पड़ रहे हैं। सरलाजी को सारा नगर जानता है विभिन्न दृष्टियों से। वे स्वर्गीय शिक्षा संचालक की भतीजी हैं, लाड़ली किस्म की। लगे-हाथ सुन्दर भी हैं। ज्ञान-चर्चा के दो प्रमुख बिन्दु यही थे।

"मुकुन्दी इस साल टॉप करेंगे और करेंगे। हम शर्त बद सकते हैं, आप हमसे

कागज पर लिखवा लीजिए। जो कहिए सो हार जाएँ।''—बड़े विद्वान् के स्वरों में चुनौती-सी थी।

''सरलाजी...!''—छोटे विद्वान् ने कहा ही था कि बड़ा विद्वान् बोल पड़ा—''हाँ, कुछ लोग यह भी सोच रहे हैं मगर आप हमसे शर्त बद लीजिए। माना कि सरलाजी बिसवासीशरण के घर रोज दोपहर जाती हैं और चरणों में सिर रख दिया है कि मेरी नैया पार लगाओ और वह बिसवासीशरण का बच्चा भी स्थिति का पूरा लाभ ले रहा है। यहाँ तक कि सरलाजी बदनाम हो गई हैं। मगर मैं कहता हूँ कुछ नहीं होने का। टॉप तो मुकुन्दी करेंगे, मनोहर बाबू।''

बिसवासीशरण यहाँ हेड ऑफ द हिन्दी डिपार्टमेंट हैं। वे भी विद्वान् हैं। इस हिसाब से वे ही वास्तव में बड़े विद्वान् हैं और लॉन पर जो बातें कर रहे हैं, सहायक प्राध्यापक और लेक्चरर, वे मँझले विद्वान् हैं और छोटे विद्वान्। मगर हेड की अनुपस्थिति में मैं उन्हें ही बड़ा मान रहा हूँ जैसे अपेक्षाकृत बड़ी लकीर के अभाव में छोटी लकीर बड़ी हो जाती है।

''प्राचीन पद्य में तो सरलाजी को ही ज्यादा मार्क्स देंगे, बिसवासीशरण।''—छोटे विद्वान् ने कहा।

''अरे, पहले अपनी नौकरी देखेंगे या इश्क। उस दिन मुकुन्दी ने उनसे साफ कह दिया कि सर, अगर आपने सरला को ज्यादा मार्क्स दिए तो मुझसे बुरा कोई नहीं होगा। आप अगर भ्रष्टाचारी हैं तो हम भी कोई कम भ्रष्टाचारी नहीं। आप मेरे गुरु हैं, हेड ऑफ द डिपार्टमेंट हैं, इसलिए आपका आदर करता हूँ मगर इतना समझ लीजिए कि आप-जैसे विद्वान् मेरी जेब में पड़े रहते हैं।'' मुकुन्दी ने स्टाफ रूम में सबके सामने कहा।

''फिर क्या हुआ?''

घिघियाने लगे बिसवासीशरण। सबके सामने क्या कहते। बोले—मेरा तो सिद्धान्त है कि उत्तर देखकर मार्क्स देता हूँ। सरला और तुम मेरे लिए बराबर हो। और मुझे यही लगता है कि वे दोनों को बराबर मार्क्स दे देंगे।

''वायवा में भी तो बिसवासीशरण बैठेंगे!''—छोटे विद्वान् ने कहा।

''उसमें तो मुकुन्दी को हाईस्ट मिलेंगे क्योंकि इस वर्ष मौखिक के लिए डॉ. भूतनाथ मिश्र आ रहे हैं और वे मुकुन्दी को हाईस्ट देंगे। आप हमसे कागज पर लिखवा लो।''—बड़े विद्वान् ने शंका का समाधान किया। मगर छोटे की शंका समाधित नहीं हुई।

''मेरे ख्याल से सर डॉक्टर भूतनाथ मिश्र विद्वान् आदमी हैं और वे मुकुन्दी-फुकुन्दी के चक्कर में नहीं फँसेंगे।''

''शर्त बदते हो? आप चलो हमारे साथ। हम मुकुन्दी यानी मनोहर बाबू को

डॉक्टर भूतनाथ मिश्र का पता दे दें, जिसमें लिखा है कि मैं आ रहा हूँ और मेरे ठहरने की व्यवस्था अपने बँगले पर ही करना। भई वायवा के लिए भूतनाथजी की व्यवस्था तो मुकुन्दी ने ही वाइस-चांसलर से मिलकर करवाई है। और यह तुम समझ लो कि इसकी गरज मुकुन्दी को नहीं स्वयं डॉक्टर भूतनाथ मिश्र को है।''

'सो क्यों?''

''अरे डॉ. भूतनाथ मिश्र अगले वर्ष यू.पी. से रिटायर हो रहे हैं, और यहाँ राज्य के किसी विश्वविद्यालय में ठँसना चाहते हैं। मुकुन्दी को खुश करेंगे यानी शिक्षामन्त्री को खुश करेंगे। वे उनको कहीं जमा देंगे। तुम हमसे कागज पर लिखवा लो। उनके फरिश्ते भी मुकुन्दी को वायवा में सर्वाधिक अंक देंगे। बिसवासीशरण क्या कर सकता है?

''मिनिस्टर साहब का उधर दौरा हुआ तो मुकुन्दी साथ लग लिए। वहाँ पहुँचे तो कलेक्टर से कहा कि यहाँ कॉलेज में हिन्दी के हेड ऑफ द डिपार्टमेंट हैं डॉक्टर आचार्य, उन्हें बुलवा दीजिए। कलेक्टर ने गाड़ी भेजकर डॉक्टर आचार्य को बुलवा दिया। वहीं डाकबँगले पर मन्त्री महोदय ने डॉक्टर आचार्य से कलेक्टर के सामने कहा कि आपको मुकुन्दी को हाईस्ट देने पड़ेंगे। डॉक्टर आचार्य ने कुछ देर तो सिद्धान्त छाँटा, बाद में साफ बात कही। बोले—आपके मंत्रित्व-काल में मेरे साथ घोर अन्याय हुआ है, मुझे तबादला कर यहाँ फेंक दिया गया है, मैं पीड़ित हूँ और यदि पीड़ित व्यक्ति विवश होकर पर्चे जाँचते समय अन्याय कर जाए तो आश्चर्य नहीं। मिनिस्टर साहब ने कहा—देखो आचार्य जी, मुकुन्दी को गद्य में सर्वाधिक दे दो, मैं तुम्हें मनचाही जगह पर नियुक्त कर दूँगा।''—इसके बाद बड़े विद्वान् का स्वर मद्धम हो गया और वे छोटे विद्वान् के कान में फुसफुसाए—''डॉक्टर आचार्य यहाँ आना चाहते हैं। इस सेशन के बाद बिसवासीशरण गए यहाँ से। तुम चाहो हमसे कागज पर लिखवा लो।''

उसके उपरान्त यकायक दोनों विद्वानों का ध्यान मुझ पर गया जिसने यह रहस्य की बात सुन ली। वे मुझे घूरने लगे। फिर बड़ा विद्वान् मुझे आगाह करता बोला—''यह बात अपने तक ही रखिए, किसी से कहिएगा नहीं।''

''जी नहीं, मुझे क्या करना।''—मैंने कहा।

''आपका अच्छा है, आप व्यंग्यकार आदमी, न किसी के लेने में न देने में।''

मैं मुस्कुरा दिया। वे आश्वस्त हुए। फिर बड़े विद्वान् का यकायक मुझ पर प्रेम उमड़ा और बड़े अपनत्व से बोले—''बिसवासीशरण और सरला के रोमांस पर कुछ कलम घुमाओ। आजकल इधर बड़ा रस बरस रहा है। किसी और नाम से लिख दो। सरला की जगह कमला कर दो और बिसवासीशरण की जगह कुछ और शरण। बना दो किस्सा, छपा दो साले को। हम इधर कॉलेज में फैला देंगे कि बिसवासीशरण पर है। ऐं, बोलो, हम तुम्हें आइडिया देते हैं यार।''

मैं धन्यवाद-स्वरूप मुस्कुरा दिया।

"मुझे तो सरलाजी का अफसोस है। हमेशा टॉप करती रहीं, इस बार रह जाएँगी। बहुत ब्रिलियंट कैरियर रहा है उनका, कुछ भी हो।"–छोटे विद्वान् ने चर्चा को नया मोड़ दिया।

"देखो, वह जमाना दूसरा था। उस वक्त एजुकेशन में आनन्द बिहारीलाल का जूता चलता था। किसी के बाप की हिम्मत नहीं थी कि उनकी लाड़ली भतीजी को डिस्टिंक्शन से कम मार्क्स दे। उनकी मृत्यु के बाद से स्थिति बदल गई है। स्वार्थी दुनिया है। किसी में इतनी शराफत नहीं कि उनकी भतीजी का ख्याल रखे। आज बिचारी को एम.ए. में टॉप करने के लिए बिसवासीशरण जैसे नीच व्यक्ति की मदद लेनी पड़ रही है। जरा सोचिए। एक जमाने में बिसवासीशरण जैसे लोग उसके चाचा के चरणों में पड़े रहते थे।"–बड़ा विद्वान् उग्र हो गया पर जल्दी ही नरम पड़ा–"हमने तो सरलाजी को सुझाया था कि इस वर्ष एम.ए. से ड्रॉप ले लो क्योंकि टॉप तो मनोहर करेगा, मगर वे मानी नहीं। कहने लगीं कि परीक्षाओं तक गवर्मेंट बदल जाएगी और मनोहर के भाई मन्त्री नहीं रहेंगे। मगर उनका ख्याल गलत है। यह शासन इतना अच्छा काम कर रहा है कि फिलहाल बदलनेवाला नहीं।" मैंने कहा–"आप हमसे कागज पर लिखवा लीजिए–सत्ता में परिवर्तन शीघ्र नहीं होगा। मुकुन्दी एम.ए. में टॉप करके रहेंगे।"

जो टायर थे, वे टायर ही रहेंगे

जो एक बार टायर होता है, वह हमेशा टायर होता है। कितना ही चले, घिसे, दाएँ-बाएँ मुड़े, उलटा-सीधा घूम जाए अर्थात् अपनी नजर में समझे कि वह प्रगति कर रहा है पर वह टायर ही रहता है। पहिया, चक्र, चक्का, जिसका काम है—ऊपर वाला ड्राइवर जब स्टार्ट कर दे, जैसा घुमाए, जहाँ घुमाये, वहाँ चले जाना और जब वह रोके, रुक जाना। सारे अनुभव, श्रम, संघर्ष और प्रगति के बावजूद यदि वह समझे कि वह किसी दिन उठकर इंजन हो जाएगा, या ड्राइवर, या एक मुक्त मुसाफिर, जो अपनी मंजिल खुद निश्चित करता है, वहाँ तक पहुँचता है, उतरता है और नई मंजिलों की तरफ बढ़ता है, तो वह नहीं हो सकता। जो टायर था, वह टायर ही रहेगा।

यह हो सकता है कि जो शायर थे, वे शायर न रहें, और अक्सर ऐसा होता है कि वे अधिक ठोस यथार्थवादी जमीन से जुड़ कुछ और हो जाते हैं। यह भी हो सकता है कि जो कायर थे, वे कायर न रहें। अपनी कायरता का भान, अस्तित्व का आखिरी संघर्ष या किसी ईसा, गाँधी, लेनिन या माओ के प्राण फूँकने से वे कायर न रहें पर टायरों के बारे में बहस फिजूल होगी। उनके विषय में यह अन्तिम रूप से कहा जा सकता है कि जो टायर थे, वे टायर ही रहेंगे।

टायर का अपना अहं हो सकता है कि गाड़ी वही सँभाले है, उठाए हुए है और उसके कारण गाड़ी चल भी रही है। अहं की इस हवा में टायर ज्यादा फूल भी जाता है पर जिसने उस टायर को फिट किया है, वह उसकी औकात जानता है कि कितना माईलेज देगा, कितने दिनों चलेगा और औकात जानकर ही वह हमेशा एक स्टेपनी तैयार रखता है कि इन टायरों का क्या भरोसा?

यों अपनी गाड़ी के सन्दर्भ में टायर बड़ी प्रतिबद्ध किस्म की चीज होता है, इंगित का इन्तजार करता प्रगति को लालायित, दौड़ पड़ने को बेचैन पर उसकी गति ऊपर वाला ड्राइवर ही निश्चित करता है। आप गति का निश्चय टायर पर नहीं छोड़ सकते। जो बच्चे सड़कों पर हाथ से टायर दौड़ाते हैं, वे भी जानते हैं कि अभी गुड़काया टायर कितनी दूर जाकर, यदि पकड़ा नहीं गया तो, खुद-ब-खुद गिर पड़ेगा। टायर तो अपने दम पर खड़ा भी नहीं रह सकता, चलना तो दूर की बात है। उसे मुक्त छोड़िए, तो

वह फट देनी से गिर पड़ेगा। बेचारे के न सर होता है न पैर। चाहे उसकी गति चौगुनी हो पर वह घिसटते, चलते मुक्त पैरों की बराबरी नहीं कर सकता। बल्कि वह पैरों से नियंत्रित होता है, क्लच, ब्रेक आदि द्वारा। टायर आखिर है क्या, होता कौन है, उसमें हवा कितनी है, कब तक रहेगी और जो भी हो, सिर्फ टायर ही है ना, और कुछ तो नहीं? कुछ हो भी नहीं सकता बेचारा। टायर तो टायर ही रहेगा।

आप टायर की खैरख्वाही समझ सकते हैं। कितने ही कँटीले, पथरीले, ऊबड़-खाबड़ रास्ते पर मालिक की किस्मत गाड़ी को ले आए, टायर का काम वहाँ भी चलने का प्रयत्न करते रहना है। गड्ढे में भी उतर जाए पर टायर निरन्तर गोल-गोल घूम वहाँ से निकलने, आगे बढ़ने का प्रयास करता रहता है। अपनी प्रतिबद्धता का मारा टायर क्या-क्या नहीं करता, कहाँ-कहाँ नहीं जाता, किस हद तक नहीं जाता? टायर को हर हाल में जाना है, चलना है, गोल-गोल घूमना है। इसके अलावा वह क्या कर सकता है। आप ही बताइए एक टायर निरन्तर टायर बने रहने के अतिरिक्त और क्या कर सकता है?

गौर से देखिए, तो अपने आप में यह अत्यन्त करुण प्रसंग है। टायर का टायराना दायित्व गौरव का नहीं करुणा का मामला है। उन्हें तो हर हाल में उस टूटी-फूटी गाड़ी से बँधे रहना है, जो अपनी सार्थकता खो चुकी, वर्तमान सन्दर्भ में बेमानी है, जिसका हर पुर्जा ढीला, टूटा हुआ, भ्रष्ट है। पर बिचारे टायर इस मामले में क्या कर सकते हैं। वे उसी बोझ को अपने पर उठाए, अतीत की अपनी तीव्र गति की यादों में डूबे हुए, गैरेज के मैकेनिकों से उम्मीद लगाए कि भविष्य में कभी गाड़ी ठीक हो जाएगी, खड़े-खड़े सड़ते रहने के अतिरिक्त उनकी और क्या नियति है? बिचारे टायर नहीं जानते, टायरों को क्या पता कि चाहे वे अपने को कितना ही जमीन से जुड़ा समझ रहे हों, कितना ही जिम्मेदार, आकांक्षी और मशीन के अन्य भागों से भिन्न और सक्रिय पर कुल मिलाकर वे भी एक पुर्जे ही हैं, जो हर मील पर घिसते जाते हैं। घिसे हुए टायर वल्केनाइज होते हैं, फिर टायर हो जाते हैं। जीवन के भिन्न अनुभवों से उनका टायरत्व नहीं बदलता। एक बार टायर, बार-बार टायर, हजार बार टायर।

हो सकता है, कभी टायर विद्रोह करते हों, जैसे यही कि कभी वे पंक्चर हो जाते हैं, या बर्स्ट और गाड़ी रुक जाती है। ऐसे में उन्हें फौरन अलग कर उनकी मरम्मत होती है और पहला मौका लगते ही पंक्चर को ठीक कर टायर फिर लगा दिया जाता है। फिर चलने लगता है। टायर को, सारी विद्रोही और क्रान्तिकारी मुद्राओं के बावजूद अन्त तक टायर ही रहना है।

जो भी हो, टायर के प्रति मेरे मन में श्रद्धा का भाव है, दया है, ममता है, स्नेह है। सबके मन में होता है। टायर अन्दर से कोमल रबर के, हवा भरे, हलके-फुलके,

संवेदनशील और जरा में फिस्स हो जानेवाले होते हैं यद्यपि ऊपर से कड़े भारी, सशक्त, जिसे 'मेंसफील्ड' टायर के विज्ञापन की तरह पहलवान ही उठा सकता है। एक हद तक खूँखार लगनेवाले ये टायर जो अपनी निर्मम टक्कर से बूढ़ों को मार सकते हैं, जवानों को अपाहिज और बच्चों को कुचल सकते हैं, इतने पापी लगने के बाद भी दोषी नहीं होते। बिचारे टायर हैं, उन्हें क्या पता, वे कहाँ जा रहे हैं, क्यों जा रहे हैं, किसे कुचल रहे हैं! टायरों की आँखें नहीं होतीं ना, वे सिर्फ चलना जानते हैं। बिचारे!

मैंने गाड़ी से अलग कर दिए जाने के बाद इन टायरों को घर की छत पर, बाहर यहाँ-वहाँ पड़े सड़ते देखा है। तब भी वे गोल होते हैं, कोई घुमाए, तो घूम सकते हैं पर वे पड़े रहते हैं। शायद तब वे ताज्जुब से सोचते होंगे कि आजकल हमारी प्रगति का क्या हुआ, हो क्यों नहीं रही है। वे बिचारे नहीं जानते कि समाज, साहित्य, पत्रकारिता, प्रशासन, आर्थिक चक्र या राजनीति, जिस भी गाड़ी में वे जुड़े हों, वे महज टायर थे, और कुछ नहीं। वे नियन्ता नहीं थे। वे हो भी नहीं सकते थे। जो गोल होते हैं, उनका न कोई आरम्भ होता है और न सिरा। वे बस गोल होते हैं। यही उनकी जाति होती है। जैसे मायर, जो मायर थे, मायर ही रहेंगे। जैसे वायर, जो वायर थे, वे वायर ही रहेंगे। उसी तरह टायर, जो टायर थे, वे टायर ही रहेंगे। बिचारे प्रशस्ति और बचाव से ऊपर उठ सटायर (व्यंग्य) भी तो नहीं हो सकते। बिना दृष्टि, बिना मुक्ति, बिना आत्मबल कोई क्या हो सकता है? वे केवल टायर ही रहेंगे।

ऐसे समस्त टायरों के प्रति, जो मंत्रियों की इंपाला, फीएट, एंबेसेडर गवर्नमेंट जीप, पुलिस की गाड़ी में लगे प्रगति का भ्रम पालते यहाँ-वहाँ अनुशासन में सरपट दौड़ते रहे, मैं निरन्तर प्रगतिशीलता की शुभ कामना करते हुए कि वे कभी डगमग न हों, डगडग न करें, अपनी हवा में खुद को फुलाए, कुचल देने के अहं से स्वयं आक्रान्त घिसते रहने का अभिशाप ढोते, अपनी सड़क, अपने राजपथ से जुड़े हुए लगातार इसी तरह चलते रहें, भागते रहें, कभी बदले न जाएँ; स्वयं अपने को न बदलें, जस के तस गोल-गोल, अन्दर से हलके बाहर से भारी बने रहें, यही कहना होगा कि अपने सारे वक्तव्यों के बावजूद, जो टायर थे वे टायर ही रहेंगे। बिचारे!

तलाश कुछ शब्दों की

कई बार उपयुक्त शब्द न मिलने से बड़ी कठिनाई होती है। कोश भी मदद नहीं करते; क्योंकि जब उस आशय का शब्द ही नहीं है तो कोश कहाँ से लाकर देगा। तब मजबूरी में आकर एक नया शब्द गढ़ना पड़ता है। धीरे-धीरे चल जाता है। यह समस्या हर लल्लू जगधर के सम्मुख नहीं आती मगर हम जैसे प्रायः इस बारे में परेशान रहते हैं। कुछ ऐसी स्थितियाँ हैं जो अपने लिए एक शब्द चाहती हैं। जैसे आप खाना खाने बैठे एक कौर मुँह में रख आप क्रोध से पत्नी की ओर देखते हैं और कहते हैं, "यह खाना है? इसे खाना कहते हैं?" और आप मुँह का कौर थूक देते हैं। पत्नी कहती हैं, "मैं क्या करूँ आज नौकर नहीं आया। अब जैसा बना है वैसा खा लो। लाओ गरम कर दूँ।" अथवा वह कहेगी, "हाँ, तुम्हें घर का खाना क्यों अच्छा लगेगा, उस चुड़ैल के यहाँ खाकर जो आते हो" आदि। मगर प्रश्न यह नहीं है। प्रश्न शब्द का है। पति की परेशानी है—उपयुक्त शब्द का अभाव। अर्थात् उस भोजन अथवा खाने के लिए जो कदापि सुस्वादु नहीं है, कौन-सा शब्द दिया जाए? फिर वह अपने बुद्धि-कोश से एक शब्द लाता है 'भूसा' और पत्नी की परोसी थाली पर चस्पां कर देता है, "मैं भूसा नहीं खाऊँगा" या इसी किस्म का कोई वाक्य।

अब आप सात वर्ष पूर्व चलिए अर्थात् इन दोनों के विवाह के एक माह पूर्व। लड़की कहती है, "देखिए, मुझे खाना-वाना बनाना नहीं आता। न मुझे नमक-मिर्च का हिसाब पता है और न पकाना आता है। मुझसे रोटियाँ जल जाती हैं। आप कहेंगे कैसी बीवी मिली है।" इस पर लड़का उसकी ओर यों देखता है जैसे वह सच न बोल मजाक कर रही हो और कहता है, "तुम तो भूसा भी रख दोगी तो खा लेंगे, हम तो प्रेम के भूखे हैं।" और उसे पास खींच लेता है, आदि।

समस्या है शब्द की। सुघड़ पत्नी की बनाई सुस्वादु खाद्य सामग्री के लिए शब्द है भोजन। परन्तु जब प्रेमिका प्लेट में कचरा परोसे या पत्नी ऐसा करे तो उसके लिए उपयुक्त शब्द नहीं है।

कई ऐसी स्थितियाँ हैं जब एक शब्द की दरकार होती है। पार्टी में एक परिचित महिला या कन्या आई है मगर अभी मिली नहीं है। आप उस क्षण की प्रतीक्षा में

हैं जब वह आपके समीप से गुजरे और मुस्कुराए। जवाब में आप भी मुस्कुराएँ। ऐसी स्थिति उत्पन्न करने के लिए हाथ में आइसक्रीम ले आप बार-बार कोण बदलते हैं। बड़े सहज अन्दाज से इस ओर से उस ओर आते-जाते हैं। मिल-जुल भी रहे हैं, मगर वह कोमल क्रासिंग नहीं हो पा रही जिसकी प्रतीक्षा है। बताइए, इस हालत को बयान करने करने के लिए कौन-सा शब्द है? है कोई? नहीं। बस यहीं हिन्दी अखर जाती है हम प्रबुद्ध जनों को। मैं एक शब्द बनाता हूँ, टुकलाना। जैसे प्रशान्त जी पूरे समय मिस वर्मा के लिए टुकलाते रहे। अथवा प्रशान्त जी ने बड़ा टुकलाया मगर जालिम ने आँख उठाकर नहीं देखा।

आम भारतवासी जब रात को सोता है तब उसे एक सन्देह रह-रहकर सताता है कि बिल्ली दूध पी जाएगी। वह दूध आलमारी में बन्द कर देता है। मगर अब उसे यह शक सता रहा है कि एक बार बिल्ली आएगी जरूर कोशिश करने। वह पत्नी से बातें कर रहा है। पत्नी उससे। मगर दोनों का ध्यान बिल्ली पर है। गिलास में रखे पाव-भर दूध पर जो खतरा है वह मानों प्राणों का खतरा बन गया है। बताइए, भारतीय जीवन में रोज आनेवाली इस मनःस्थिति के लिए कौन-सा शब्द है हिन्दी में? है कोई? मैंने एक शब्द गढ़ा है, बिल्लौसना। जैसे नौ बजे सोने के बाद मैं कोई दस बजे तक बिल्लौसता रहा, फिर नींद आ गई अथवा 'डाक्ट'-साब मेरी पत्नी रात को बहुत बिल्लौसती है, कोई दवा दीजिए। अथवा यह विज्ञापन-पंक्ति, 'गुलजार रेफ्रीजरेटर खरीदिए और हर रात के बिल्लौसने से मुक्ति पाइए।'

अनेक बातें हैं जिनके लिए आज शब्द नहीं हैं। नींद में दाँत पीसना, बैठे-बैठे यह हिसाब मन-ही-मन लगाना कि पिताजी मरेंगे तब क्रिया-कर्म में कितना खर्च बैठ जाएगा। यह एहसास कि जिस बड़े रेस्तराँ में हम बैठे हैं, यहाँ बिल ज्यादा आएगा, शत्रु की पत्नी के सुन्दर होने की एक प्रशंसाभरी जलन, प्रेम करते समय यह भय कि लड़की का भाई किसी दिन मारेगा, वे सारे उपाय जिनसे बाल काले लगें, बैंक से रुपया निकालते समय क्लर्क की ओर याचना-भरी व्यर्थ की दृष्टि, भाषण देते हुए एक क्षण को यह डर कि कहीं लोग मुझे मूर्ख तो नहीं समझ रहे, बातचीत का कोई विषय न होने पर भी अपने ससुर के सम्मुख सोफे पर बैठे रहना, रचना भेजते समय लौट आने की शंका, किसी बोर को अपने घर की ओर आता देख मन में उठा पहला भाव, मेहमान को अपने कैक्टसों से प्रभावित करने का प्रयास, आटा पिसवाकर लौटते समय परिचितों से नजरें बचाना, गर्दन तिरछी कर पीछे की सीट पर बैठी लड़कियों को अपना प्रोफाइल देना, कॉफी हाउस में सच बोलते समय आशंका से चारों ओर देखना, किसी मित्र अथवा कार्यक्रम की तलाश जिसके कारण घर जल्दी जाने से बचें आदि बातों के लिए कोई शब्द नहीं है, जिसे कहने से ही अर्थ खुल जाए। हिन्दी बड़ी समृद्ध भाषा है, जिसमें सिट-पिटाना जैसे शब्द हैं; मगर बदलते समय के साथ हर

भाषा को नई दुर्दशाओं के अनुकूल शब्दों की आवश्यकता होती है। मैं किसी अध्यक्ष पद से नहीं बोल रहा फिर भी कहना चाहूँगा कि हिन्दी को अभी काफी विकास करना है।

मुँह से नहीं कहें मगर किसी मित्र के यहाँ जाते समय यह इच्छा रही हो कि वहाँ चाय मिलेगी। मैं कहूँगा वे यहाँ चाने आए थे। चाने अर्थात् चाय पीने की इच्छा से आने। या उक्त इच्छा से जाने। मैं वहाँ चाने गया था। सफल हुआ। इसमें निमंत्रण नहीं है कि कृपया खाने आइए। इसमें चाय के लिए डौल जमाने की खामोश स्थिति है। भावना को शब्द दिया गया है। मनुष्य प्रगति करता है साथ में भाषा प्रगति करनी चाहिए। अच्छा, कुलकुलाना शब्द का क्या मतलब है, आप समझते हैं? किसी कार्यक्रम में जो बोर हो अथवा हमारे शत्रुओं द्वारा आयोजित हो और वहाँ हम निमंत्रण पाकर शरीफ मुद्रा में बैठे हों और तभी वहाँ हूटिंग होने लगे। जरा कल्पना कीजिए। शराफत का चेहरा बनाने के कारण हम स्वयं हूटिंग नहीं कर रहे मगर दूसरों के द्वारा हूटिंग होता देख प्रसन्न हैं। दाँत निपोरकर पीछे देख रहे हैं आँखों में चमक आ गई है, कामना कर रहे हैं कि और हूटिंग हो, खूब हूटिंग हो। शत्रु का कार्यक्रम है, हूट होना ही चाहिए। मैं कहूँगा आप 'कुलकुला' रहे हैं। बाद में जब चर्चा चलेगी मैं बताऊँगा कि कुछ लोग हूट कर रहे थे, कुछ कुलकुला रहे थे। आपका नाम लेकर कहूँगा कि आपने हूट तो नहीं किया मगर कुलकुलाये खूब। कभी आप मुझे इस स्थिति में देखें तो आप कहिए। सवाल यह है मित्र कि शब्द चलना चाहिए। इसी में भाषा की प्रगति है।

कोमलकान्त रोग और माधुरी दवाएँ

क्या किसी को पता है कि हमारे प्रिय कवि श्री सुमित्रानन्दन पन्त प्रतिदिन स्वर्णभस्म मधु में मिलाकार ग्रहण करते हैं? जी नहीं, किसी को नहीं पता। मुझे भी नहीं पता। मेरा अनुमान है कि वे ऐसा करते होंगे। उनकी कविताओं में 'स्वर्ण' और 'मधु' शब्द इतनी बार आते हैं कि मुझे शक होने लगा कि पन्तजी जरूर स्वर्णभस्म मधु में मिलाकर लेते होंगे। यों यह दवाई हिन्दी कविता की रूमानी प्रगतिवादी प्रकृति के अनुकूल है। 'स्वर्ण' का 'भस्म' होना अपने आप में एक प्रगतिवादी रंग की क्रिया है और उसमें रोमांटिज्म यह कि वह 'मधु' अर्थात् शहद में मिलाई जाती है। अन्ततः इस सबको कवि व्यक्ति स्वयं चाट जाता है क्योंकि मनुष्य बड़ा है और जो कुछ श्रेष्ठ और सुन्दर है सब उसके चाटने के लिए है। मानव तुम सबसे सुन्दर! इस प्रगतिशील क्रिया का एक सांस्कृतिक पक्ष भी है। (यह भी मेरा अनुमान है!) जब हनुमान ने सोने की लंका 'भस्म' कर दी तो वहाँ बड़े परिमाण में स्वर्णभस्म उपलब्ध हो गया। लक्ष्मण की मूर्छा दूर करने के लिए बुलाए गए सुषैण वैद्य उन दिनों वहीं थे। वानरों ने पूछा कि वैद्यजी लंका के इस स्वर्णभस्म के ढेर का क्या करें, समुद्र में फिंकवा दें? वैद्यकुल शिरोमणि सुषैण ने तुरन्त कहा, 'हे जानवरश्रेष्ठ, उचित तो यह है कि सारा स्वर्णभस्म मधु में मिलाकर चाट लिया जाए। इससे शरीर की कान्ति और शक्ति बढ़ती है, शरीर का क्षय रुकता है, केश स्वर्णिम रंग ग्रहण करते हैं, रक्त शुद्ध होता है, मन प्रसन्न और उत्साह इतना बढ़ जाता है कि वृद्धावस्था में महाकाव्य रचने की इच्छा होने लगती है।' सुषैण वैद्य के मुख से ऐसे वचन सुन सकल वानरगण वनों में गए और मधु लेकर आए। उसे तत्काल स्वर्णभस्म में मिलाकर चाट गए और राजा रामचन्द्र की जय बोलते-हँसते, कूदते-फाँदते उत्तर दिशा की ओर चलते गए।

पन्तजी का अनुमान है कि पहला कवि वियोगी होगा और उसकी आह से गान उपजा होगा। वे पहले कवि को मरीज की स्थिति में देखते हैं जो तड़पता है, आहें भरता है वगैरह। पर मेरा ख्याल है, पहला कवि मरीज नहीं, वैद्य होगा। यही परम्परा आगे रही और वैद्य कविराज कहलाए। कविता और बीमारी की शब्दावली में भाषा के स्तर पर एकरूपता और एकरसता थी। जैसे एक शब्द लीजिए 'मधुमेह'। क्या

आपको नहीं लगता कि यह मूलतः कविता का शब्द है। मुझे तो यह किसी छायावादी कवि की कविताओं के संकलन का उपयुक्त नाम लगता है। मधुशाला, मधुबाला, मधुयामिनी के समीप ही कहीं खड़ा हुआ। जबकि यह एक रोग का नाम है। और तभी लगता है कि जिस वैद्य ने इस रोग का पता लगाया और मधुमेह नामकरण किया, वह वास्तव में कवि रहा होगा। बीमारियों को राजयक्ष्मा, प्रमेह, अतिसार, कंठमाल, सूर्यावर्त जैसे मधुर और सशक्त नाम देनेवाले वे प्राचीन वैद्य कितने गहरे कवि रहे होंगे। रोगी के आसपास कैसा सुहाना सांस्कृतिक वातावरण बन जाता होगा। मानो बीमारी से संघर्ष न होकर एक काव्यधारा से, एक शब्दावली से संघर्ष चल रहा हो। जब रक्ताल्पता, हृत्कम्प, उत्क्लेश, निद्रा-नाश, अरुचि एवं कोष्ठबद्धता के वे रोगी देखते होंगे कि वैद्यराज के सेवक उनके लिए अश्वगन्धा और शंखपुष्पी नामक वस्तुएँ घोंट रहे हैं, प्रवाल और शतावरी मँगवा रहे हैं, तो उनके लिए मृत्यु से जीवन का यह उलट-रास्ता कितना साहित्यमय लगता होगा। भाषा का यह आनन्द डॉक्टर के इलाज में नहीं। अंग्रेजी कविता और एलोपैथी के सम्बन्ध इतने मधुर नहीं है। वहाँ बीमारियाँ सचमुच में बीमारियाँ लगती हैं—भद्दी और दुष्ट दवाइयाँ भी इतनी ही कड़वी। जिन्हें हिन्दी भाषा से प्यार है, उन्हें अपने भाषा-प्रेम का प्रदर्शन करने के लिए वैद्य से इलाज कराना चाहिए। मरो तो शुद्ध हिन्दी में, जियो तो शुद्ध हिन्दी में।

आयुर्वेद की इन कष्टहर, सुखदा, प्राणदा दवाइयों के नाम ऐसे मधुर हैं कि एक ही खुराक में पूरी बोतल पी जाने की इच्छा होती है। सुवर्णमालिनी वसन्त, पुनर्नवा, कनकसुन्दर, कामदुधा, श्रीराग, अश्वकंचुकी, कुमारीआसव, आनन्दभैरव अतिसार, प्रवाही सप्तपर्ण सार, बसन्त कुसमाकर, संशमनी वटी, त्रिफला, त्रिभुवन कीर्ति रस, लवणभास्कर आदि। (जब पहली बार मैंने लवणभास्कर का नाम सुना तो काफी देर इस शब्द को ले सोचता रहा कि देखा यार, इस दुनिया में लवण भी भास्कर हो सकता है।) आयुर्वेद में ऐसे अनेक कविरचित नाम हैं कि यदि आप कविता-संकलन के बजाय आयुर्वेद की दवाइयों का सूचीपत्र उठा लें तो समान अनुभूति के शिकार हों। जड़ी-बूड़ियों के नाम भी खंडकाव्य की नायिकाओं की तरह इतने सुन्दर हैं कि उन्हें खरल में घोटना शुरू में असम्भव लगता है। जैसे विद्रुमलता, शेफाली, शिलापुष्प, ताम्बूलवल्ली, शतावरी, नीलोफर (नीलोत्पल), शंखपुष्पी, गोरोचन, देवकुसुम, श्रीपर्णी, ब्राह्मी, पद्मराग आदि। एक साथ इतने मीठे नाम या तो आयुर्वेदिक दवाओं के भंडार पर मिलेंगे या गर्ल्स कॉलेज के अटेंडेंस रजिस्टर में। अन्यत्र ऐसा कोमल-कान्तगुच्छा नहीं प्राप्त हो सकता।

वैद्यों के कवि होने से और कवियों के वैद्य होने से शब्दावली इधर की उधर हो गई। विशेष रूप से कवियों के वैद्य होने से ठीक रहा कि बेचारे धन्धे से लग गए। रोजी-रोटी की समस्या सुलझ गई और एक नैतिक प्रश्न हल हो गया कि तुम्हीं ने

दर्द दिया तो भले आदमी दवा भी दे। श्रोता के सर-दर्द की दवा देना कवि का फर्ज है। अगर सुनाते हो तो समाज के लिए सर-दर्द की दवा लेकर चलो।

और ये कविनुमा वैद्य जब आयुर्वेद की पुस्तकें लिखते थे तो इस अदा से मानो महाकाव्य रच रहे हों। एक बार मैंने कुछ नाम पढ़े तो दंग रह गया। अनुपान तरंगिणी, अजीर्णामृत मंजरी, रस कल्पलता, क्षेम कौतूहल, रस-तरंग-मालिका, रस-पारिजात आदि। ये सब आयुर्वेद की पुस्तकें हैं, साहित्य की पुरानी पोथियाँ नहीं। सिर्फ नाम ही नहीं अन्दर भी बड़ी कविता बघारते थे। जैसे उन्हें यह कहना हो कि अंजन वृक्ष से यक्ष्मा की औषधि तैयार होती है तो सीधे-सीधे नहीं कहेंगे कि भैया अंजन की छाल से यों दवाई बना लिया करो। बल्कि कवियों के अन्दाज में कहेंगे–'हे अंजन, जिस प्रकार मध्यस्थ वीर पुरुष शत्रुओं को अथवा मध्यालोक में स्थित वायु बादलों को नष्ट कर देती है, उसी प्रकार तू भी जिस पुरुष के अंग-अंग, जोड़-जोड़ में पहुँचता है, यक्ष्मा दूर कर देता है।'

अब कवि-धर्म और वैद्य-धर्म एक-दूसरे से दूर जा पड़े हैं। जिस प्रकार कवि जब सरकारी नौकर हो जाता है तो धीरे-धीरे कविता से दूर जा पड़ता है, उसी प्रकार वैद्य होकर उसने कवि-कर्म छोड़ दिया। लाभकारी व्यवसाय ने हानिकर शगल को समाप्त कर दिया। अब वैद्य कविताओं में नहीं रुचि लेते। परम्परा सिर्फ दवाइयों के मधुर नामकरण तक सीमित है। और कवि भी आयुर्वेद की नहीं, सीधे श्मशान की बातें करते हैं। कवि-सम्मेलनी कविता में जीवन की सीधी साफ तीन मंजिलें हैं–जवानी, प्यार और मृत्यु। इस बीच सिर-दर्द भी नहीं होता। वह श्रोता के भाग में लिखा है। इधर पत्रिकाओं में प्रकाशित कविताओं में रोगों के नाम आने लगे हैं। मृत्युबोध के भिन्न नामकरण, भिन्न अभिव्यक्तियों के रूप में अच्छे लक्षण हैं। आज बीमारियों के नाम आ रहे हैं, कल से दवाइयों के भी आने लगेंगे। फिर आश्चर्य नहीं आगे कभी हिन्दी कवि अपने लिखे शब्दों पर विचार भी करने लगें और उनका रोग और दवाइयों पर ज्ञान बढ़ जाए। यह मेरी शुभाकांक्षा है क्योंकि मैं हर कवि का नैतिक दायित्व मानता हूँ कि वह थोड़ा वैद्य या डॉक्टर हो। कविताएँ सुनाकर श्रोता को असहाय छोड़ देना सामाजिक गैरजिम्मेदारी है। कवि का फर्ज हो जाता है कि वह बोरियत या सिर-दर्द का निदान भी खोजे। कवियों को चाहिए कि साहित्य और आयुर्वेद की सम्मिलित श्रेष्ठ परम्परा को दृष्टिगत रखते हुए दर्दहरण गोलियाँ बनवाएँ। उनके मधुर नाम रखे जा सकते हैं। 'श्रोता बोरियत हरण पिल्स' कवि-सम्मेलन के बीच में जिसे श्रोता बार-बार ले सकें, 'निद्रानाशिनी सुधा' जिसे विराट कवि-सम्मेलनों के शरीफ संयोजक, पूर्व से ग्रहण कर लें, ताकि जागरण कर सकें, 'काव्य माधुरी वर्धक' जिसे लेने दीगर ऐसी सामान्य बातें और साथ में कष्ट के लिए क्षमा। मैं कहता हूँ कि अगर आप मानते हैं कि उक्त कार्य में कष्ट है तो कृपया दीजिए मत; और अगर दे रहे

हैं तो कोरी क्षमा से क्या होगा, उसका उचित पेमेंट कीजिए। यह तो नहीं हो सकता कि आप किसी से पाँच-दस मन लकड़ी फड़वा लें और बाद में कह दें, कष्ट के लिए क्षमा। या कारखाने का मालिक पूरे माह मजदूरों से काम करवाए और एक शाम को नम्र मुद्रा में कहे, कष्ट के लिए क्षमा। रुपया न दे। कैसे चलेगा? अरे एक तरफ कष्ट देखो, जो दे रहे हो, उसका वजन देखो; दूसरी ओर क्षमा देखो, उसका वजन देखो। क्या कष्ट के बदले क्षमा से काम चल सकता है? क्षमा कोई करेंसी नोट है जिससे कष्ट का चुकारा हो जाए! हम इतना कष्ट करें और तुम सिर्फ क्षमा का कष्ट करो। वह भी क्यों करते हो? कष्ट करेंगे तो क्षमा भी हम ही माँग लेंगे। यह कष्ट न करने पर क्षमा माँग लेंगे। क्षमा कीजिए, जो काम आपने कहा था, कर नहीं रहा हूँ। क्षमा के बदले क्षमा। कष्ट के लिए क्षमा—क्या मतलब? क्षमा चलती कितने में है, उसका अन्तर्राष्ट्रीय मूल्य क्या है, उसमें औसत गहराई कितनी है? कष्ट भौतिक, ठोस, साक्षात्, और क्षमा आत्मीय और अदृश्य! दोनों एक-दूसरे के लिए कैसे हो सकते हैं?

लेकिन होते हैं! इस संसार में जहाँ यह आशा की जाती है कि मैं अन्यथा न लूँगा, जहाँ आशा सिर्फ आशा ही नहीं होती, वरन् विश्वास भी साथ लगा रहता है, जहाँ 'आशा है आप स्वस्थ है' कहना गुड मॉर्निंग की तरह सहज है, वहाँ कष्ट के लिए क्षमा भी वैसी ही सहज है। समूचे खोखलेपन के साथ है और बनी रहेगी। आशा ही नहीं, वरन् विश्वास भी है कि बनी रहेगी!

घास छीलने का पाठ्यक्रम

अब वक्त आ गया है कि स्कूल और कॉलेजों में घास छीलने की शिक्षा दिया जाना आरम्भ कर दी जाए। पाठ्यक्रम निश्चित कर स्कूल और कॉलेज में कक्षाएँ शुरू हो जाएँ। आज देश को ऐसे युवकों की जरूरत है जो घास खोदने के सैद्धान्तिक और व्यावहारिक पक्ष से परिचित हों। देश में खेती के कॉलेज और विश्वविद्यालय खुल गए हैं और छात्रों ने बोना-काटना सीख लिया है। होम-साइंस यानी गृह विज्ञान की कक्षाओं में छात्राएँ रोटियाँ बनाने और भजिए तलने में विशेष योग्यता प्राप्त कर रही हैं। इससे निश्चित ही देश को लाभ हुआ है। यों खेती करनेवाले पुरुष और रोटियाँ बेलनेवाली औरतें इस देश में सदैव रही हैं और बिना डिग्री प्राप्त किए भी लोग अच्छी फसल लेते रहे और उनकी पत्नियों ने खाना तैयार किया। ऐसी होम-साइंस की डिग्री-रहित औरतें अपने पतियों द्वारा बाकायदा चाही और प्यार की गईं पर अब जब युवक बी.एस-सी. (कृषि) और युवतियाँ बी.एस-सी. (गृह-विज्ञान) हों तो देश, समाज और परिवार के सुख में कैसे चार चाँद एक साथ टँक जाते हैं, यह वही जानता है जिसने यह डिग्री प्राप्त कर अपने जीवन को सफल बनाया है।

मैं जरा स्वभाव से पाठ्यक्रमवादी हूँ और मानता हूँ कि दुनिया की सारी जरूरी बातें छात्रों के पाठ्यक्रम में ठूँस दी जानी चाहिए। मैंने एक वाइस चांसलर को जब यह कहा कि काम-विज्ञान कॉलेजों में अनिवार्य विषय बना दिया जाना चाहिए जिससे देश के युवकों का पारिवारिक जीवन सफल हो, तो वे मुझसे बड़े नाराज हो गए। मैंने उन्हें बताया कि प्रशिक्षित सुन्दरियों की सधी मुस्कुराहट और पाठ्यक्रम के अनुसार मारे गए नजरों के तीर से पाठ्यक्रम के नियमों में घायल व्यक्तियों का प्यार इस देश को कितना आगे ले जाएगा। वाइस चांसलर महोदय कहने लगे—आप कमरे से बाहर निकल जाइए। मैंने कहा, जाता हूँ पर यह प्रश्न विचारार्थ छोड़े जाता हूँ। मैं बाहर आ गया और कुछ देर बाद वाइस चांसलर साहब ने मेरा प्रश्न भी उठाकर बाहर फेंक दिया।

खैर, वह किस्सा छोड़िए पर घास छीलने के मामले में तो मैं बाकायदा आन्दोलन चलाने वाला हूँ। देश में घास काफी है और घास छीलने की योग्यता के कई व्यक्ति

हैं। कई व्यक्ति जो आज अफसर, मन्त्री या लेखक बने हैं यदि परिस्थितियाँ साथ देतीं तो घास छीलते क्योंकि वे आज भी जो कर रहे हैं, घास छीलने के बराबर ही है। पिछले वर्षों कई नौकरियाँ खुल जाने के कारण लोग बजाय घास छीलने के दीगर व्यवसायों में लग गए और घास प्रतीक्षा में खड़ी रही जिसे छीलने वाला नहीं मिला। यह काम जानवरों ने किया और अब परिणाम यह है कि खुद जानवर घास की कमी से परेशान हैं।

घास छीलने का पाठ्यक्रम हो क्यों नहीं सकता? घास क्या है? घास की परिभाषा क्या है? साधारण पेड़-पौधे और घास में क्या अन्तर है? घास कैसे उगती है? क्यों उगलती है? कहाँ उगती है? कहाँ नहीं उगती? जहाँ नहीं उगती, क्यों नहीं उगती? कितने समय में उगती है? घास और हरी दूब में बारीक भेद क्या है? लॉन और चारागाह में कैसे फर्क करेंगे? घास काटना कब जरूरी है? घास काटने की उपयोगिता क्या है? घास में कितने कीड़े, साँप पनपते हैं? साँप काटने के इलाज मन्त्र आदि। घास काटते समय अगर चीता आक्रमण करे, जैसा कि 'चीता-फाइट' माचिस के चित्र से स्पष्ट है तो घास छीलने के उम्मीदवार को क्या करना चाहिए? घास में कितने प्रकार के विटामिन होते हैं और जानवर घास क्यों खाते हैं? अगर सब्जियों की तरह घास भी उबालकर जानवरों को खिलाई जाए तो उनके स्वास्थ्य पर क्या प्रभाव पड़ेगा? जानवर लंच और डिनर में घास खाते हैं और ब्रेकफास्ट भी घास से करते हैं अतः देश को कितनी घास चाहिए? संसार में कितने प्रकार की घास होती है और घास के विकास के लिए क्या किया जाना चाहिए? घास काटने की परम्परागत शैलियों का अध्ययन। घास छीलने के औजार और उनकी दुरुस्ती। हंसिए का राजनीति में स्थान। लाल झंडे पर हंसिए का चिह्न बन जाने के बाद घास में असुरक्षा की भावना का प्रसार। क्रान्ति के बाद से रूस में हंसिये से घास काटने के कार्य में प्रगति। रूस में घास काटने के लिए हंसिए का बहिष्कार तथा अन्य मशीनों का आविष्कार। घास के ढेर बनाने की कला, घास के भंडार और आग से रक्षा। हरी घास और सूखी घास में अन्तर। घास छीलने के विदेशी तरीके और देशी तरीकों से उनकी तुलना। घास का सम्पूर्ण अर्थशास्त्र और राष्ट्रीय अर्थव्यवस्था में घास की स्थिति। घास का अध्यात्म। 'मनुष्य तिनके के समान है' और 'डूबते को तिनके का सहारा' आदि सूत्र-वाक्यों का विशद विवेचन। कविता में घास और घास में कविता। 'हरी घास पर क्षण भर' कविता का पाठ, अर्थ और कवि 'अज्ञेय' का परिचय चित्र-सहित (चित्र हरी घास पर लिया जाए)। वाल्ट व्हिटमैन के 'लीव्ज ऑफ ग्रास' पर एक दृष्टि। घास में रोमांस और पुआल पर प्यार के तरीके और सोफा और शय्या से उसकी तुलना। जानवरों को खिलाने, कविता रचने और प्रेमिका के साथ लेटने के अलावा घास के अन्य उपयोग। घास के मानवीय भोजन बन जाने की सम्भावना और

उस दिशा में प्रारम्भिक प्रयास। घास काटने के समय गाए जानेवाले लोकगीत और महान् घसियारों के जीवन चरित्र। घास और ग्रास मूलतः एक ही शब्द है और मानव का आदि धर्म घास छीलना ही रहा है और भविष्य में भी उसे घास ही छीलना है, इस विचार की स्थापना के साथ घास पर महापुरुषों के हरे वक्तव्य।

उपर्युक्त पाठ्यक्रम लगभग चार वर्ष का होगा। इस अध्ययन का एक प्रैक्टिकल पहलू भी है जिसमें छात्रों को नियमानुसार घास छीलनी पड़ेगी। जब वे तैयार होकर यानी घास छीलने की डिग्री से लैस होकर निकलेंगे, वे देश की घास छीलेंगे। योग्य छात्रों को विदेश भेजा जाएगा जहाँ वे घास छीलने के उन्नत तरीकों का अध्ययन कर सकें। विभिन्न देशों में घसियारों का आदान-प्रदान और उनकी विचार-गोष्ठियों का आयोजन करना होगा। घास छीलने के काम में वे ही लोग रखे जाएँगे जिनके पास घास छीलने की डिग्री हो और इसी लोभ में ज्यादा-से-ज्यादा युवक घास छीलने की डिग्री लेंगे। जैसे नए बी. कॉमों और एम. कॉमों ने आकर पुरानी मुनीमी-पीढ़ी को खो कर दिया है उसी तरह नए घसियारे स्नातक आकर पुराने घसियारों की जगह ले लेंगे।

समाज और देश का इसी तरह तो विकास होता है।

तुम कब जाओगे, अतिथि

आज तुम्हारे आगमन के चतुर्थ दिवस पर यह प्रश्न बार-बार मन में घुमड़ रहा है—तुम कब जाओगे, अतिथि?

तुम जहाँ बैठे निस्संकोच सिगरेट का धुआँ फेंक रहे हो, उसके ठीक सामने एक कैलेंडर है। देख रहे हो ना! इसकी तारीखें अपनी सीमा में नम्रता से फड़फड़ाती रहती हैं। विगत दो दिनों से मैं तुम्हें दिखाकर तारीखें बदल रहा हूँ। तुम जानते हो, अगर तुम्हें हिसाब लगाना आता है कि यह चौथा दिन है, तुम्हारे सतत आतिथ्य का चौथा भारी दिन! पर तुम्हारे जाने की कोई सम्भावना प्रतीत नहीं होती। लाखों मील लम्बी यात्रा करने के बाद वे दोनों एस्ट्रॉनाट्स भी इतने समय चाँद पर नहीं रुके थे, जितने समय तुम एक छोटी-सी यात्रा कर मेरे घर आए हो। तुम अपने भारी चरण-कमलों की छाप मेरी जमीन पर अंकित कर चुके, तुमने एक अन्तरंग निजी सम्बन्ध मुझसे स्थापित कर लिया, तुमने मेरी आर्थिक सीमाओं की बैंजनी चट्टान देख ली; तुम मेरी काफी मिट्टी खोद चुके। अब तुम लौट जाओ, अतिथि! तुम्हारे जाने के लिए यह उच्च समय अर्थात् हाईटाइम है। क्या तुम्हें तुम्हारी पृथ्वी नहीं पुकारती?

उस दिन जब तुम आए थे, मेरा हृदय किसी अज्ञात आशंका से धड़क उठा था। अन्दर-ही-अन्दर कहीं मेरा बटुआ कांप गया। उसके बावजूद एक स्नेह-भीगी मुस्कुराहट के साथ मैं तुमसे गले मिला था और मेरी पत्नी ने तुम्हें सादर नमस्ते की थी। तुम्हारे सम्मान में ओ अतिथि, हमने रात के भोजन को यकायक उच्च-मध्यमवर्ग के डिनर में बदल दिया था। तुम्हें स्मरण होगा कि दो सब्जियों और रायते के अलावा हमने मीठा भी बनाया था। इस सारे उत्साह और लगन के मूल में एक आशा थी। आशा थी कि दूसरे दिन किसी रेल से एक शानदार मेहमाननवाजी की छाप अपने हृदय में ले तुम चले जाओगे। हम तुमसे रुकने के लिए आग्रह करेंगे, मगर तुम नहीं मानोगे और एक अच्छे अतिथि की तरह चले जाओगे। पर ऐसा नहीं हुआ! दूसरे दिन भी तुम अपनी अतिथि-सुलभ मुस्कान लिये घर में ही बने रहे। हमने अपनी पीड़ा पी ली और प्रसन्न बने रहे। स्वागत-सत्कार के जिस उच्च बिन्दु पर हम तुम्हें ले जा चुके थे, वहाँ से नीचे उतर हमने फिर दोपहर के भोजन को लंच की गरिमा प्रदान

की और रात्रि को तुम्हें सिनेमा दिखाया। हमारे सत्कार का यह आखिरी छोर है, जिससे आगे हम किसी के लिए नहीं बढ़े। इसके तुरन्त बाद भावभीनी विदाई का वह भीगा हुआ क्षण आ जाना चाहिए था, जब तुम विदा होते और हम तुम्हें स्टेशन तक छोड़ने जाते। पर तुमने ऐसा नहीं किया।

तीसरे दिन की सुबह तुमने मुझसे कहा, "मैं धोबी को कपड़े देना चाहता हूँ।"

यह आघात अप्रत्याशित था और इसकी चोट मार्मिक थी। तुम्हारे सामीप्य की वेला यकायक यों रबर की तरह खिंच जाएगी, इसका मुझे अनुमान न था। पहली बार मुझे लगा कि अतिथि सदैव देवता नहीं होता, वह मानव और थोड़े अंशों में राक्षस भी हो सकता है।

"किसी लॉण्ड्री पर दे देते हैं, जल्दी धुल जाएँगे।" मैंने कहा। मन-ही-मन एक विश्वास पल रहा था कि तुम्हें जल्दी जाना है।

"कहाँ है लॉण्ड्री?"

"चलो चलते हैं" मैंने कहा और अपनी सहज बनियान पर औपचारिक कुर्ता डालने लगा।

"कहाँ जा रहे हैं?" पत्नी ने पूछा।

"इनके कपड़े लॉण्ड्री पर देने हैं।" मैंने कहा।

मेरी पत्नी की आँखें यकायक बड़ी-बड़ी हो गईं। आज से कुछ बरस पूर्व उनकी ऐसी आँखें देख मैंने अपने अकेलेपन की यात्रा समाप्त कर बिस्तर खोल दिया था। पर अब जब वे ही आँखें बड़ी होती हैं तो मन छोटा होने लगता है। वे इस आशंका और भय से बड़ी हुई थीं कि अतिथि अधिक दिनों ठहरेगा!

और आशंका निर्मूल नहीं थी, अतिथि! तुम जा नहीं रहे। लॉण्ड्री पर दिए कपड़े धुलकर आ गए और तुम यहीं हो। तुम्हें देखकर फूट पड़नेवाली मुस्कुराहट धीरे-धीरे फीकी पड़कर अब लुप्त हो गई है। ठहाकों के रंगीन गुब्बारे, जो कल तक इस कमरे के आकाश में उड़ते थे, अब दिखाई नहीं पड़ते। बातचीत की उछलती हुई गेंद चर्चा के क्षेत्र के सभी कोनों से टप्पे खाकर फिर सेंटर में आकर चुप पड़ी है। अब इसे न तुम हिला रहे हो, न मैं। कल से मैं उपन्यास पढ़ रहा हूँ और तुम फिल्मी पत्रिका के पन्ने पलट रहे हो। शब्दों का लेन-देन मिट गया और चर्चा के विषय चुक गए। परिवार, बच्चे, नौकरी, फिल्म, राजनीति, रिश्तेदारी, तबादले, पुराने दोस्त, परिवार-नियोजन, महँगाई, साहित्य और यहाँ तक कि आँख मार-मारकर हमने पुरानी प्रेमिकाओं का भी जिक्र कर लिया और अब एक चुप्पी है। सौहार्द अब शनैः-शनैः बोरियत में रूपान्तरित हो रहा है। भावनाएँ गालियों का स्वरूप ग्रहण कर रही हैं। पर तुम जा नहीं रहे। किस अदृश्य गोंद से तुम्हारा व्यक्तित्व यहाँ चिपक गया है, मैं इस भेद को सपरिवार नहीं समझ पा रहा हूँ। बार-बार यह प्रश्न उठ रहा है—तुम कब जाओगे, अतिथि?

कल पत्नी ने धीरे से पूछा था, "कब तक टिकेंगे ये?"

मैंने कन्धे उचका दिए, "क्या कह सकता हूँ!"

"मैं तो आज खिचड़ी बना रही हूँ। हल्की रहेगी।"

"बनाओ।"

सत्कार की ऊष्मा समाप्त हो रही थी। डिनर से चले थे, खिचड़ी पर आ गए। अब भी अगर तुम अपने बिस्तर को गोलाकार रूप नहीं प्रदान करते तो हमें उपवास तक जाना होगा। तुम्हारे-मेरे सम्बन्ध एक संक्रमण के दौर से गुजर रहे हैं। तुम्हारे जाने का यह चरम क्षण है। तुम जाओ न अतिथि!

तुम्हें यहाँ अच्छा लग रहा है ना! मैं जानता हूँ। दूसरों के यहाँ अच्छा लगता है। अगर बस चलता तो सभी लोग दूसरों के यहाँ रहते, पर ऐसा नहीं हो सकता। अपने घर की महत्ता के गीत इसी कारण गाए गए हैं। होम को इसी कारण स्वीट-होम कहा गया है कि लोग दूसरे के होम की स्वीटनेस को काटने न दौड़ें। तुम्हें यहाँ अच्छा लग रहा है, पर सोचो प्रिय, कि शराफत भी कोई चीज होती है और गेट आउट भी एक वाक्य है, जो बोला जा सकता है।

अपने खर्राटों से एक और रात गुंजायमान करने के बाद कल जो किरन तुम्हारे बिस्तर पर आएगी, वह तुम्हारे यहाँ आगमन के बाद पाँचवें सूर्य की परिचित किरन होगी। आशा है, वह तुम्हें चूमेगी और तुम घर लौटने का सम्मानपूर्ण निर्णय ले लोगे। मेरी सहनशीलता की वह अन्तिम सुबह होगी। उसके बाद मैं स्टैंड नहीं कर सकूँगा और लड़खड़ा जाऊँगा। मेरे अतिथि, मैं जानता हूँ कि अतिथि देवता होता है, पर आखिर मैं भी मनुष्य हूँ। मैं कोई तुम्हारी तरह देवता नहीं। एक देवता और एक मनुष्य अधिक देर तक साथ नहीं रहते। देवता दर्शन देकर लौट जाता है। तुम लौट जाओ अतिथि! इसी में तुम्हारा देवत्व सुरक्षित रहेगा। यह मनुष्य अपनी वाली पर उतरे, उसके पूर्व तुम लौट जाओ!

उफ, तुम कब जाओगे, अतिथि?

कैक्टस और मैं

पिछले दिनों मेरी सदाबहार आधुनिकता गड़बड़ में पड़ गई। विशेष रूप से कैक्टसों के मामले में मैं पिछड़ गया। आज जो थोड़े-बहुत कैक्टस मेरे पास हैं वे अँगुलियों पर गिने जा सकते हैं और मकान के पिछले हिस्से में खराब हालत में पड़े हैं। चूँकि बुनियादी रूप से बेशरम पौधा है इसलिए साहित्य की तरह पनप रहा है। मगर मेरा उसमें कोई योग नहीं। गमले टूट रहे हैं, मिट्टी बदली नहीं गई और कैक्टस का जो मूल आग्रह होता है कि उसे ड्राइंगरूम में प्रदर्शित किया जाए, उसे पूर्ण करने में मैं असमर्थ रहा हूँ। मैं यदा-कदा इसके लिए शार्मिन्दा भी हो लेता हूँ जैसे पारिश्रमिक डकार जानेवाला सम्पादक मुलाकात होने पर लेखक के सामने शर्मिन्दा हो जाता है। इससे कोई फर्क नहीं पड़ता। लेखक की हालत नहीं बदलती। कैक्टस भी वैसे ही रहते हैं।

कुछ कारण हैं। और जैसा कि कारणों की श्रेणियाँ होती हैं, वे आर्थिक, सामाजिक, भौगोलिक, नैतिक वगैरह हैं। मैं उन कारणों पर अभी नहीं जाऊँगा, जैसा कि लोग जो कारण बताते हैं उन पर तुरन्त कभी नहीं आते। मैं अकारण ही अपनी बात कहूँगा यानी व्यक्तिगत। बात यह है...खैर। मैं सोचता हूँ कि पहले मैं अपने और कैक्टस के सम्बन्धों के विकास के बारे में कहूँ। यह स्टाइल ठीक रहेगी।

मेरे पास कुछ वर्ष पूर्व अड़तालीस के लगभग कैक्टस थे और दो की झूठ बोलकर मैं लोगों से कह दिया करता था कि मेरे पास पचास कैक्टस हैं। यह सच बात है। इस मामले में सोमदत्त गर्ग के इस झूठे प्रचार से सहमत होने की आवश्यकता नहीं है कि शरदजी के पास तीस से ज्यादा कैक्टस कभी नहीं रहे। गलत है। मैं हिसाब दे सकता हूँ। मैं सिर्फ दो की झूठ बोलता था, बीस की नहीं।

तो मेरे पास एक समय पचास कैक्टस थे। यह स्थिति बहुत बाद को आई। आरम्भ नम्र था यानी कुल दो-तीन कैक्टसों से मैंने अपना काम शुरू किया था और धीरे-धीरे अध्यवसाय, लगन और दो-चार इसी प्रकार के गुणों से मैं पचास कैक्टसों तक पहुँचा जो मेरे कैरियर का उच्चतम बिन्दु था। दो-तीन कैक्टसों से पचास तक पहुँचना एक कड़ी मंजिल थी जिसे मैंने बड़े धैर्य से पार की। कई बार निराशा मुझे

चारों ओर से घेर लेती थी (बादल घिरना आदि) पर मैं हिम्मत नहीं हारता था और एक के बाद दूसरा कैक्टस प्राप्त कर उस कँटीले मार्ग पर निरन्तर बढ़ता चला जा रहा था। और आज इतने वर्षों बाद जब मैं पीछे मुड़कर देखता हूँ तो संस्मरण लिखने की तबीयत होती है। जैसा कि हर पीछे मुड़कर देखनेवालों के साथ होता है।

कैक्टसों के विषय में आप यह शायद जानते होंगे कि वे माँगे से नहीं मिलते। उन्हें चुराना पड़ता है। मैंने यह किया और इस क्षेत्र में मेरे मित्रों ने मेरा बहुत साथ दिया और उत्साह बढ़ाया। कहना न होगा कि जो सफलता मुझे प्राप्त हुई उसमें एक बड़ा हाथ मेरे मित्रों का रहा था। कैक्टस चुराने के सिलसिले में मैं देश-भर में भटका बल्कि मैंने एक नियम-सा बना लिया था कि जहाँ जाऊँगा, कैक्टस जरूर हासिल करूँगा।

शुरुआत हमने शहर के बागों से की। मैं रामविलास शर्मा (सुप्रसिद्ध कँटीले आलोचक डॉ. रामविलास शर्मा नहीं, कवि रामविलास शर्मा जो मध्यप्रदेशवासी हैं।) सोमदत्त गर्ग या घनश्याम मधुप के साथ बाग में घुस जाता। चेहरे-मोहरे से हम लोग प्रकृति-प्रेमी लगते थे। बाग में आए हैं, फूल-पत्ता निहारने, थोड़ा बैठेंगे, हरी घास पर घंटा भर, मूँगफली वगैरह खाएँगे और चले जाएँगे। हम यहाँ-वहाँ घूमते भी जैसे रसिक लोग उद्यान में घूमते हैं और पुष्पों की शोभा देखते हैं। हमारे चेहरों पर बड़ी कोमलता रहती। रामविलास शर्मा प्रकृति की कविताएँ लिखता है, भरा-पूरा गोल-सा शख्स है इसलिए वह बड़ी आसानी से कोमल हो जाता। उसका गोल चेहरा अपेक्षाकृत अधिक गोल हो जाता ऐसा कि आप नाक पर सुआ रखकर जोमेट्री बॉक्स का परकार घुमा लो। उसके चेहरे की मुस्कुराहट भी सिमटकर गोल होने लगती। प्रसन्नता की बात यही थी कि उसका दिल कोमल नहीं होता। उसकी आन्तरिक दृढ़ता बनी रहती जो कैक्टस प्राप्त करने की पहली आवश्यकता है। रामविलास के काम करने के ढंग में एक सहजता है और इस मामले में उसकी दृष्टि का मैं सदैव प्रशंसक रहा हूँ। उसकी दृढ़ता ही उसके साहस का मूल है। उस घटना को तो मैं भुला नहीं सकता जब मेरे पीछे कुत्ते दौड़े थे और रामविलास ने उन्हें डाँटकर भगाया था। उस दिन मेरा पाजामा उसके ही साहस के कारण सलामत रहा नहीं तो वह बच नहीं पाता। कवि की वाणी में बड़ा बल होता है, मैंने पहली बार अनुभव किया।

सोमदत्त गर्गजी जरा जल्दबाज हैं। बाग में घुसने के बाद वह जल्दी वहाँ से भागना चाहते हैं जैसे कैक्टस चोरी कोई सरकारी काम हो, फाइल निपटाना हो। यों उनके चेहरे पर कोमलता के भाव करीब स्थायी रूप से फिट हैं। अपना यह मुस्कुराता चेहरा कभी वे उतारते-हटाते होंगे तो झाड़ने-पोंछने के लिए ही अन्यथा कभी नहीं। बाग में घुसने के बाद उस चेहरे की उपयोगिता स्पष्ट होती। किसी भी अच्छे विकसित

कैक्टस के पास पहुँचकर वे मुझे आवाज लगाते–शरदजी, शरदजी।

मुझे लगता कोई सीटी बजा रहा है। शीर्जी, शीर्जी! मैं पास जाता–"चिल्ला क्यों रहे हो?"

"कितना अच्छा कैक्टस है।"–उनकी आँखों में चमक आ जाती। वे कनखी से एक कैक्टस की ओर इशारा करते।

"यह मेरे पास है।"

"आपके पास नहीं है।"

"है भई।"

"तो आपकी आज्ञा हो तो मैं अपने लिए चुरा लूँ।"

"चुरा लो। मगर असली माल तो उधर है।"

"कहाँ?"

"मेरे पीछे-पीछे आओ।"

और हम किसी अन्य कैक्टस के पास पहुँच जाते और उसे देखकर भी सोमदत्त अपनी महँगी मगर दानेदार शक्करवाली मुस्कुराहट चेहरे पर ले आते। एक 'हाय' उनके होठों से फूट जाता।

आप एक बार में किसी बाग के सारे कैक्टस नहीं चुरा सकते। धीरज रखना पड़ता है। सबर का कैक्टस अधिक काँटेदार होता है। जल्दी में सिर्फ घास कट सकती है, कैक्टस नहीं और चोरी के कैक्टस, बिलकुल नहीं।

तब रात हो गई थी। चाँद था मगर चमक नहीं रहा था। ऐसा हो सकता है क्या? नहीं हो सकता। तो खैर हम अपना वर्णन वापस लेते हैं। चाँद था भी और चमक भी रहा था। रात के मामले में कोई सन्देह नहीं। वह थी। सबूत के रूप में चाँद चमक रहा था। यह भरोसे का सबूत नहीं। कई बार रात होती है और चाँद नहीं चमकता। कई बार चाँद चमकता है और रात नहीं होती। गलत। चाँद रात के अलावा सिर्फ तस्वीरों में चमकता है अगर वह रात की तस्वीर हो। अन्यथा सूरज चमकता है। खैर माने लेते हैं। ऐसा ही कुछ दिन-रात में चलता रहता है। प्रकृति-वर्णन भी क्या बोर-सी चीज है।

चाँद तालाब पर चमक रहा था और उसका अक्स पानी में गिर रहा था। ऐसा होता है। आप किसी पुलिसवाले से पूछ लीजिए या किसी एक्साइज इन्सपेक्टर से पूछ लीजिए तो वह भी बता देगा। इसमें किसी कवि की जरूरत नहीं। सोमदत्त गर्ग की जरूरत नहीं। रामविलास शर्मा की जरूरत नहीं। मगर वे वहाँ थे और महज इस छोटी-सी बात से खुश हो रहे थे कि चाँद चमक रहा है और तालाब के ऐन ऊपर चमक रहा है। वह तो खैर हुई कि तालाब दो मंजिला या चार मंजिला नहीं था अन्यथा ये दोनों उसके ऊपर चढ़ जाते और करीब से चाँद देखते जैसा लोग-बाग ऊँचे मकानों

पर चढ़कर करते हैं।

"आज चाँदनी रात है।"—सोमदत्त ने कहा।

"अच्छा! आइ डोण्ट नो।"—मैंने चाँद की ओर देखकर कहा।

"आपको नहीं लगता?"

"क्या नहीं लगता? छाता?"

"मेरा मतलब है चाँदनी रात।"

"देखो सोम, हम लोग यहाँ कैक्टस चुराने के लिए एकत्र हुए हैं न कि प्रकृति की शोभा निहारने। हमारा वक्त कीमती है। हमें जीवन में एक नहीं, अनेक कैक्टस चुराने हैं। अगर हम चाँद-तारों में अपना वक्त गँवाते रहे तो हम कुछ नहीं कर सकेंगे। मैं जानता हूँ कि तुम कवि हो और हरियाली और गाय-ढोर देख तुम्हारे मन में अनेक भावनाएँ उठती हैं पर यह हमेशा ध्यान रखो कि अच्छे कैक्टस वे ही चुरा सके हैं, जो निस्संग और अनुशासित हों। तुम इस क्षेत्र में नए हो! और अभी तुम्हें बहुत-कुछ सीखना है। तुम चाकू लाए हो?"

"लाया हूँ।"—वह धीरे से बोला।

"बेकार लाए।"—मैंने कहा।

उस रात हमने तालाब के पासवाले बाग से तीन कैक्टस चुराए। एक मैंने रखा और सोमदत्त और रामविलास को एक-एक दे दिया। प्राप्त करने में उलझन नहीं हुई। किसी ने हमें नहीं देखा। कुछ लोग बाग की बेंचों पर बैठे थे। एक परिवार भी था जिसमें एक लड़की बहुत सुन्दर थी। विशेष रूप से उसकी आँखें। उसने मेरी ओर ऐसे देखा जैसे शरीफ खानदान के लोग शोहदों की तरफ देखते हैं। मुझे अच्छा लगा। नए रोमांस के लिए यह बुरी शुरुआत नहीं थी। पर समय नहीं था कि जो लड़ गईं उसके अतिरिक्त आँखें लड़ाई जाएँ। मैं वहाँ कैक्टस चुराने आया था। वही काम मेरे सामने था। यही क्या कम था कि मैंने उस लड़की को देख लिया। उसकी आँखें सुन्दर थीं। और भी अंग सुन्दर रहे होंगे मगर मैंने नहीं देखे। जहाँ तक मेरी जानकारी जाती है जिन लड़कियों की आँखें सुन्दर होती हैं उनके अन्य अंग भी सुन्दर रहते हैं। कुछ चश्मेवालियाँ इस नियम की अपवाद हैं। उस समय मैं नियमों की पड़ताल के लिए खाली नहीं था। डर था कि माली लौट न आए। वह सपरिवार शराब पीने के लिए गया था। माली जब शाम को या रात को बाग से बाहर जाते हैं तो वे शराब पीने के लिए जाते हैं। तब उसका परिवार भी नहीं था अतः मुझे यह जानने में देर नहीं लगी कि माली सपरिवार शराब पीने गया है। मैंने रामविलास से कहा।

"सिनेमा देखने गया होगा, सपरिवार।"—वह बोला।

"बाग के माली सिनेमा नहीं देखते।"

"क्यों?"

"सिनेमा में उन्हें वे ही बाग और फूल-पत्तों के चित्र देखने को मिलते हैं जिनसे वे बोर हो चुके होते हैं। इसकी बजाय वे शराब पीना पसन्द करते हैं।"

"माली क्या, कोई भी करेगा।"—सोम बोला।

बाग से बाहर निकल, मैंने एक सुझाव शून्य में उछाला—"चलो चाय पी जाए।"

"मेरे पास पैसे नहीं हैं।"—उसने कहा।

प्रस्ताव सचमुच शून्य में उछला था।

"देखो सोम, तुम्हारे पास कभी पैसे नहीं होते। तुम मन, वचन, कर्म से नंगे हो। यह तुम्हारा हमेशा रवैया रहा है। तुम समाज के साथ सहयोग नहीं करते। तुम हर प्रकार के चन्दे से कतराते हो। हम लोग कोई अनाथाश्रम नहीं हैं जिसे तुम इन्कार करो। हम तुम्हारे मित्र हैं, साथ मिलकर कैक्टस चुरानेवाले।"

"मेरे पास सिर्फ दस पैसे हैं"—वह बोला।

"तुम्हें शर्म आनी चाहिए। तुम किस युग में जी रहे हो। दस पैसे का इस दुनिया में क्या महत्त्व रह गया है। हमें बड़े-बड़े काम करने हैं। कीमती कैक्टस चुराने हैं। बिना कठिन श्रम के यह सम्भव नहीं। श्रम बीच-बीच में चाय माँगता है। तुम्हारे पास सिर्फ दस पैसे हैं। तुम श्रम नहीं कर सकते। और जो श्रम नहीं कर सकता उसके लिए आज की दुनिया में जगह नहीं। चाहे वह हमारा मित्र ही क्यों न हो? चाहे वह हमारे साथ कैक्टस ही क्यों न चुराता हो?"

"मैं बीस पैसे तक दे सकता हूँ।"—वह थोड़ा ढीला हुआ।

"व्यर्थ है। बीस पैसे में हद-से-हद एक कप चाय आ सकती है। हम तीन व्यक्ति हैं। तीन व्यक्ति यदि कम-से-कम चाय पीएँ तो वह तीन कप होगी। यह उनका अधिकार है। बहुमूल्य कैक्टस चुराने के बाद यह उनका अधिकार है कि वे चाय पीएँ। तुम इस अधिकार की पूर्ति में बाधक हो। तुम सदैव बाधक रहे हो। तुम मनुष्यों के बुनियादी अधिकारों की उपेक्षा करते हो। तुम भूल जाते हो कि तुम किस वर्ग के हो। तुम अपने वर्ग को बिट्रे करते हो।"

"मैं मजबूर हूँ।"

"मजबूरी शब्द का इधर अनुचित उपयोग हो रहा है। यह कंजूसी का पर्याय बन गया है। हर लखपति चन्दा देने से इन्कार करते समय कहता है—मैं मजबूर हूँ। सर्वहारा की पेटेंट शब्दावली पर उच्च वर्ग अपना अधिकार जमा रहा है। मैं इसका विरोध करता हूँ। मैं तुम्हारा विरोध करता हूँ कि इस महत्त्वपूर्ण कार्य में सिर्फ बीस पैसे का योग दे रहे हो। तुम्हारी यह हरकत राष्ट्र विरोधी घोषित कर दी जानी चाहिए। राष्ट्र क्या है? इस प्रकार की विरोधी हरकतों से परेशान जमीन का एक हिस्सा है।"

"मैं पच्चीस पैसे से अधिक नहीं दूँगा चाहे आप कितना कहें।" इस बार सोमदत्त ने जोर देकर कहा और लगता है कि बस अन्तिम बार कहा।

"ठीक है। यह तुम्हारी सीमा है। तुम उदारता के किसी भी क्षण में इस सीमा को पार नहीं कर सकोगे। मैं जानता हूँ। निकालो चवन्नी।"

सोमदत्त ने चार आने निकाल मेरे हाथ पर रख दिए।

"रामविलास, तुम्हारी स्थिति क्या है? तुम सोमदत्त की आर्थिक सीमा के इस पार हो या उस पार?"—मैंने सीधे प्रश्न किया।

"मैं सीमान्त पर खड़ा हूँ। मैं भी चवन्नी दे दूँगा।"

"कम्बख्त साहित्य में भी तेरी यही स्थिति है। तू सीमान्त पर खड़ा है। सीमा तोड़ नहीं पाता।"

"मैं जानता हूँ।"

"मगर अब वक्त आ गया है कि तू सीमा तोड़। साहित्य में चाहे मत तोड़ मगर यहाँ तो तोड़। कम-से-कम अठन्नी दे।"

"असम्भव है।"

"इतनी मुसीबत तो वित्तमन्त्री को दूसरे देशों से आर्थिक सहायता लेने में भी नहीं पड़ती होगी जितनी मुझे तुम लोगों से चार आने लेने में पड़ रही है। प्रजातन्त्र से लेकर समाजवाद तक सारे सिद्धान्तों का सहारा लेने के बावजूद तुम अमरीका, रूस की तरह ठस्स खड़े हो। दोगे, मगर नखरे से। हद है घटियापन की। निकालो क्या दे रहे हो।"

रामविलास ने चवन्नी दी।

"आप क्या दे रहे हैं?"—सोम बोला।

"शटऽप।"

वातावरण में चुप्पी थी। जैसे किसी अन्तरंग 'शटऽप' की आत्मा हवा में बस गई हो। हम लोग धीरे-धीरे होटल की तरफ बढ़े। हमारे हाथों में कैक्टस थे। रामविलास की अँगुली में कैक्टस का एक छोटा-सा काँटा चुभ गया था। वह बार-बार अँगुली सहला रहा था।

होटल की टेबल पर कैक्टस रख दिए गए और हम लोग चाय पीने लगे। कैक्टस बहुत सुन्दर लग रहे थे। हमारी नजरें बार-बार उस पर जाती थीं। कोने की मेज पर बैठा मैले कपड़े पहने एक साँवला-सा व्यक्ति बार-बार हमारी तरफ और उन कैक्टसों की तरफ देख रहा था।

मुझे सन्देह हुआ कि कहीं यह उस बाग का माली न हो जहाँ से हम कैक्टस चुराकर लाए थे।

2

बाँस की खपच्चियों से ताजिया बनानेवालों की प्रतिभा अगर सीमेंट चूने के निर्माण में लग जाए तो जो इमारत खड़ी होगी वह बिलकुल सचिवालय-सी होगी। काफी ऊँची, छह मंजिला। जिन लोगों ने बनाई है वे इस पर मुग्ध हैं। ठेकेदार, इंजीनियर, मन्त्री वगैरह इसकी तरफ ऐसे ही देखते हैं जैसे मुगल बादशाह अपनी बीवियों के मकबरों की तरफ देखते थे। जो इस इमारत में रहते हैं उन पर इस भव्यता का कोई असर नहीं पड़ता। इमारत में देखने लायक कुछ नहीं है। सिवाय एक कैक्टस के जो पोर्च के सामने बने फव्वारे से कुछ दूर रखा है। कैक्टस एक गमले में है जो कतार में रखे हैं। दूसरे कुछ पौधे हैं फूलों के। जिस अफसर ने इन सामान्य पौधों के बीच यह कैक्टस रखने की सलाह दी वह खानदानी नहीं था। उसने कैक्टस को नहीं समझा। उसने तो गमले कतार से लगा दिए। यही अक्ल उसमें थी कि गमले कतार से लगने चाहिए जैसे गमले न हों पुलिस के रंगरूट हों।

मैं तीन-चार बार उस कैक्टस को देख चुका था और मैंने दोस्तों से कह दिया था कि मैं इसे एक दिन पब्लिक सेक्टर से प्राइवेट सेक्टर में ले आऊँगा। इसी सिलसिले में मैं तीन-चार बार सचिवालय जाकर स्थिति का अध्ययन कर चुका था।

उस कैक्टस को प्राप्त करना सरल नहीं था। पोर्च के पास ही सन्तरी खड़ा रहता था। इस किस्म के दो-तीन सन्तरी उस क्षेत्र में हिलते-डुलते रहते थे। उनके नालदार जूते और बन्दूक के कुन्दे सीमेंट की चिकनी फर्श पर रगड़ खाकर बड़ी भोंड़ी आवाज करते थे। वे भयानक थे और उनकी शक्ल से लगता था कि हिन्दी नहीं समझते। ऐसे निर्मम सन्तरी तो देश की सीमा पर पहरेदारी के लिए खड़े किए जाने चाहिए। सचिवालय के दरवाजे पर इनकी क्षमता व्यर्थ नष्ट हो रही है। मगर क्या किया जा सकता था। वे थे और कैक्टस के रक्षक थे। यद्यपि वे जानते नहीं थे उस कैक्टस का अस्तित्व भी खतरे में है। उनकी नजर पोर्च में आनेवाली कारों पर और दरवाजे पर रहती थी। अगर कोई बड़ा अफसर या मन्त्री कार से उतरता तो वे तुरन्त सेलूट ठोंकते थे। मुख्यमन्त्री और गृहमन्त्री भी उसी दरवाजे से सचिवालय में जाते और आते थे। बड़े खतरनाक वातावरण में वह कैक्टस अपने दिन बिता रहा था।

गमलों की कतार के पास एक लॉन था जहाँ सचिवालय के निठल्ले बाबू बैठे रहते थे। फव्वारे के हौद से माली पानी भरकर पौधों में डालते थे। उनकी भी नजर पड़ सकती थी।

तय किया गया कि ऑपरेशन कैक्टस सोमवार को होगा। उस दिन दस तारीख

थी। दल बदलने के बाद आठ तारीख को नए मुख्यमन्त्री शपथ लेनेवाले थे। स्वाभाविक था कि वे अपनी नई कैबिनेट के सदस्यों सहित सोमवार को पहली बार सचिवालय जाएँगे और अपने कार्यक्रम होने का परिचय देंगे। वे सचिवों से मुलाकातें करेंगे, कुछ जरूरी फाइलों पर दस्तखत करेंगे। दफ्तर के निठल्ले बाबू उस दिन अपनी कुर्सियों पर रहेंगे। लॉन साफ रहेगा। लगातार आने-जानेवाले मन्त्रियों और उपमन्त्रियों की कारों पर नजर रखने के कारण वे बड़ी मूँछोंवाले भयानक सन्तरी कैक्टस की ओर नहीं देख सकेंगे।

मैं ग्यारह बजे के करीब लॉन पर बैठ गया। कैक्टस के गमले से मेरा फासला कोई एक मीटर रहा होगा। मगर मेरे बैठने के कुछ ही देर बाद लॉन पर काफी सारे लोग आ गए। इसकी अपेक्षा नहीं थी। वे सचिवालय के निठल्ले बाबू नहीं थे। वह भूमिहीन किसानों का एक जत्था था जो नए मुख्यमन्त्री से मिलने आया था। वे चाहते थे कि सरकार खाली जमीन भूमिहीनों में बाँट दे। इसी डिवीजन में ऐसी जमीन काफी है जिसके अगर पट्टे इन लोगों को मिल जाएँ तो बेकारी कम हो। जत्थे में आए किसान दुबले-पतले और सहमे हुए थे। उन्हें विश्वास नहीं था कि जमीन मिल जाएगी खेती के लिए पर उनके नेता पूरी तरह से आश्वस्त थे। साफ धुले कपड़े पहने और भरे हुए शरीर के लोग सचमुच गरीब किसानों के नेता लगते थे। वे डिबिया खोल-खोलकर पान खा रहे थे और किसानों को समझा रहे थे कि उन्हें क्या करना है। उन्हें मुख्यमन्त्री के आते ही कार को घेर लेना है और नारे लगाना है। इस राज्य में बेजमीन किसानों की समस्या प्रमुख है और नई सरकार के मुख्यमन्त्री को इसे शासन सँभालने के पहले ही दिन सुलझाना है। किसानों के नेता उसी पार्टी के थे जिस पार्टी का व्यक्ति मिजी-जुली सरकार में मुख्यमन्त्री बना था। सारा प्रदर्शन अपनी पार्टी के मुख्यमन्त्री की लोकप्रियता बढ़ाने के लिए आयोजित किया गया था। भूमिहीन किसान उसे घेरेंगे और माँगपत्र रखेंगे। बदले में मुख्यमन्त्री आश्वासन देंगे और उसी वक्त कमिश्नर और कलेक्टर को बुलवाकर आदेश देंगे कि इन किसानों को जमीन दी जाए।

मैं कैक्टस के गमले के पास खिसक आया। मुझे उपयुक्त अवसर के लिए दस मिनट साँस रोककर प्रतीक्षा करनी पड़ी। थोड़ी-सी भी गलती से सारा ऑपरेशन गड़बड़ हो सकता था। वे सन्तरी लॉन पर खड़े भूमिहीनों की ओर देखते मुस्तैद खड़े थे। उन्हें लगता था कि आज सचिवालय पर आक्रमण होगा और उन्हें सुरक्षात्मक लड़ाई लड़नी होगी।

मुख्यमन्त्री की कार झंडा हिलाती निश्चित वक्त पर आई। किसान और नेता उस ओर लपके। नारे लगने लगे। मैंने तुरन्त हाथ मारा और कैक्टस को जड़ सहित गमले से खींच लिया। मिट्टी ढीली और रेतीली थी जैसी कि कैक्टसों की होती है।

कैक्टस गमले के नीचे था। मैंने कन्धे से झोला निकाला और कैक्टस उसमें डाल लिया। मैं अगर एक मिनट की देर करता तो उसे पाना कठिन हो जाता। नारों का स्वर सुन सचिवालय के बाबू उस ऊँची इमारत की खिड़कियों से झाँकने लगे थे। अगर मैं देर करता तो उनकी नजर मुझ पर पड़ जाती। मुझे कैक्टस चुराता देख पता नहीं उन पर क्या प्रतिक्रिया होती। वे शायद हँसते। वे मुझे एक सामान्य स्तर का चोर समझते क्योंकि सचिवालय में जो हो रहा था उसकी तुलना में ऐसी चोरियाँ नगण्य हैं।

मैं लॉन से उठा और पोर्च की तरफ चला गया जहाँ भूमिहीनों का कार्यक्रम जारी था। उस समय मुख्यमन्त्री कार के पास खड़े माँगपत्र पढ़ रहे थे। पढ़ने के बाद उनके चेहरे पर मधुर मुस्कुराहट तैरने लगी। वे बोले–भाई, मैं तो भूमिहीनों की माँगों का हमेशा समर्थक रहा हूँ। आपने जो माँगपत्र में लिखा है, उससे मैं सहमत हूँ। इस विषय में हमें एक प्रान्तव्यापी कार्यक्रम बनाना होगा। जहाँ तक आपकी माँगों का सवाल है, मैं आज ही सम्बन्धित अधिकारियों से उस पर चर्चा करूँगा और...!

मैं धीरे से खिसक लिया। जिनके पास कैक्टस नहीं है मैं उनकी माँगों का हमेशा समर्थक रहा हूँ। आज जो सचिवालय से कैक्टस उखाड़ा गया वह इसी दिशा में चल रहे दीर्घकालीन कार्यक्रम का एक महत्त्वपूर्ण चरण है। कहना न होगा कि हमें इसमें सफलता मिली है। यह इस मुल्क के नौजवानों के लिए और मुल्क के लिए फख्र की बात है जिसका हमें हमेशा नाज रहेगा कि आज इस मुल्क के एक नौजवान ने जो इसी मिट्टी में पला और बड़ा हुआ, जो हमारा ही भाई है, सचिवालय के बिलकुल सामने संगीनों के साये में पलनेवाला एक कैक्टस गायब कर दिया और उसका पता नहीं चल रहा। कितनी अजीब और शानदार बात है पूरी कौम के लिए, जिसका बहुत पुराना इतिहास है, जिसे आप सब जानते हैं। कैसे हम गुलाम रहे, लड़े अंग्रेजों से और आजाद हुए और हमारे नौजवानों को यह मौका मिला कि वे कैक्टस चुरा सकें। बड़ी बात है। यह हालत एक दिन में नहीं आते। इसके लिए वक्त लगता है। यह खुशी का मौका है कि कैक्टस गमलों से निकाले जाने लगे। अब जल्दी ही हम भूमिहीनों के लिए जमीन का मसला, जो कि पुराना मसला है, काफी पुराना आप तो जानते हैं जमींदारी और जागीरदारी के जमाने में देश के क्या हाल थे। आपसे कुछ छुपा नहीं है। मगर हमने...।

मन-ही-मन भाषण बनाता मैं घर लौट आया।

उस रात मुझे लगा, किसी ने धीरे से मेरा दरवाजा थपथपाया। बहुत सभ्य तरीके से। मैंने खोला तो देखा कि सचिवालय का प्रमुख आइ.सी.एस. अधिकारी दरवाजे पर खड़ा मुस्कुरा रहा है। वह हल्की छींटदार बुश्शर्ट पहने था और मुँह में चुरुट लिये था। उसके चश्मे की फ्रेम मोटी थी। वह ऐसे खड़ा था जैसे मुझे दो मिनट

के लिए डिस्टर्ब करने आया हो या उसे किसी का पता जानना हो। उसके पीछे संगीत लिये वह खौफनाक चेहरेवाला सिपाही था जो सचिवालय के पोर्च के पास खड़ा रहकर कारों पर नजर रखता है। कुछ पीछे वह नेता खड़ा हुआ था जो भूमिहीनों को भूमि दिलवाने के लिए किसानों का जत्था लेकर मुख्यमन्त्री से मिलने आया था।

इसके पूर्व कि मैं कुछ कहता, अफसर ने मेरे कन्धे पर हाथ रखकर कहा–"आज आप सचिवालय आए थे?"

मेरा चेहरा फक हो जाता है। भय से मेरी सुषुम्ना नीचे तक काँप जाती है। मैं सहज होने का प्रयत्न करता हूँ। वे लोग मेरा उड़ा हुआ चेहरा देख हँसते हैं।

"जी हाँ, आया था।"

"क्यों?"

"ऐसे ही घूमने।"

वे सब हँसते हैं।

"सचिवालय घूमने की जगह है?"

मैं चुप रह जाता हूँ।

"आज सचिवालय के उद्यान से एक कैक्टस चोरी चला गया है। गवर्नमेंट का ख्याल है कि वह आपने चुराया है। हम तलाशी लेना चाहते हैं।"

"मैंने सचिवालय से कोई कैक्टस नहीं लिया। मेरे पास अपने कैक्टस हैं।"– मैं यह कहकर दरवाजा बन्द कर देता हूँ।

वे लोग दरवाजा खटखटा रहे हैं। मैं खिड़की से देखता हूँ–मेरे घर के सामने सैकड़ों पुलिस के जवान खड़े हैं। स्थानीय लॉ कॉलेज के कुछ प्रोफेसर्स भी वहीं खड़े बातें कर रहे हैं। वे सब मेरे घर की ओर देख रहे हैं। दरवाजा अब तोड़ा जा रहा है। वह संगीनवाला मुछक्कड़ बन्दूक के कुन्दे से दरवाजा तोड़ रहा है। मैं घबरा रहा हूँ। मुझे समझ नहीं आ रहा मैं क्या करूँ? सचिवालय से चुराया कैक्टस पास ही टेबल पर रखा है। मैं उसका गमला उठाकर बगल में दाबता हूँ और पीछे के दरवाजे से निकल जाता हूँ।

पुलिस मेरे पीछे हैं। सीटियाँ बज रही हैं। गोलियाँ चलने की आवाज सुनाई दे रही है। कुत्ते भौंक रहे हैं। अफसर आदेश दे रहे हैं–"पकड़ो, पकड़ो।"

मैं भागता हुआ तालाब तक पहुँच जाता हूँ और वहाँ से सहसा ऊपर उड़ने लगता हूँ। कैक्टस का गमला मेरी बगल में दबा है। मैं आकाश में ऊपर पहुँच जाता हूँ। नीचे तालाब है। तालाब के किनारे रामविलास और सोमदत्त गर्ग खड़े दिखाई दे रहे हैं। वे चिल्ला रहे हैं–"शरदजी, शरदजी, घबराइए मत, उड़ते रहिए, कैक्टस को मजबूती से पकड़िए।"

मैं ऊपर-ऊपर उड़ता जा रहा हूँ। दूर, बहुत दूर से आवाज आ रही है–"शरदजी, शरदजी...!"

दरवाजे पर सोमदत्त था। सुबह वह मुझे आवाज दे रहा था–"शरदजी, शरदजी।" नींद में मुझे उसके स्वर सुनाई दे रहे हैं। बन्द दरवाजे के पीछे से आ रही हल्की आवाज लगता था कहीं दूर से आ रही है।

साहित्य-गोष्ठी में पुलिसवाला

नगर के साहित्यिक जीवन के हरे-भरे लॉन पर तीन कहानियों और दो स्केच के बलबूते पर वे रूमाल बिछाकर बैठ गए तो हम सबको खुशी हुई कि चलो एक आदमी और जाति में आ मिला। पत्रकारों में से साहित्यिक बनते, मास्टरों में कवि उभरते हमने कई बार देखा था पर खाकी वर्दी में अपनी अनुभूतियोंवाले मन को ढँके एक सब-इंस्पेक्टर पुलिस जब कथा-कहानी की क्यारी में बेंत हिलाता चक्कर लगाने लगा तो शुरू में हम कुछ डरे, पर बाद में—पुलिसवाला भी आखिर मनुष्य है—इस दर्शन का विकास कर उनसे मिलने-जुलने लगे। उन दिनों में हमारे इस नगर के नए-नए कवियों और कहानीकारों में इस बात की बड़ी जिद थी कि जल्दी-से-जल्दी हर जन अपनी पगडंडी तय करे। कुछ लोग मुलेठी चबा-चबाकर गीतकार बन रहे थे और कवि-सम्मेलनों में उनकी प्रतिभा का नया दीया टिमटिमाने लग गया था, कुछ लोग कॉफी हाउस में बैठे प्रयोगवाद की बात करते और कुछ भी आड़ा-टेढ़ा लिखते रहते। कहानीकारों के भी दो दल थे, एक मजदूर-बस्ती में हाँकता फिरता था और दूसरा शाम को गर्ल्स हॉस्टल की तरफ घूमने जाता। यों मिलते रहते पर विशेष चर्चा होती थी रविवार की सबेरेवाली गोष्ठी में। गोष्ठियाँ बड़ी सफल होती थीं, काफी साहित्यिक-असाहित्यिक आ जुटते थे। कुमारी वासन्ती चौधरी के सौन्दर्य का असर!

तब यदि कोई नया कवि या कहानीकार आ जाता और लम्बे-लम्बे पन्ने फैलाए प्रेमकथा बाँचने बैठ जाता तो काफी देर तक हम लोग बैठे यही सोचते रहते कि यह वास्तव में उदीयमान लेखक है या यों ही वासन्ती चौधरी के रूप पर रीझ कहीं से आ उसे प्रभावित कर रहा है। कोई माने या न माने, सुन्दर लड़की कहानी-कविता पर ही नहीं, आलोचना पर भी गहरा असर डालती है। वासन्ती चौधरी के पंखुरी-जैसे होठ साहित्य की कसौटी बन गए थे। वासन्ती को हँसी आ जाए वह हास्य रस और जिसे सुन वह रुँआसी हो जाए वह करुण रस। रचना सुनानेवाले उसकी दो आँखों में अपना कैरियर देखते थे। वे प्रभावित हो जाएँ तो देवी सरस्वती सर्टिफिकेट इश्यू कर देंगी, यह पूरा विश्वास था।

पर वर्माजी जब पहली बार अपनी पुलिसवाली पोशाक में आए तो हैट एक तरफ

रख कालीन के कोने पर बैठ गए। तब यह बिलकुल नहीं लग रहा था कि वासन्ती चौधरी को प्रभावित करने आए हैं। बल्कि मुझे यह डर था कि गोष्ठी के बाद ये कुछ गिरफ्तारियाँ करेंगे। कुछ समय बाद जब उन्होंने कहा कि वे एक कहानी सुनाना चाहते हैं तो सब ओर से 'अवश्य अवश्य' की आवाजें आईं और पैंट की जेब से कुछ कागजात निकाल वे किसी मुसम्मात के साथ गुंडे की हरकतें और बाद में गुंडे के हृदय-परिवर्तन हो नेक बन जाने और शादी हो जाने का किस्सा बयान करने लगे। हम लोगों को हँसी आ रही थी उनकी पुलिसवाली धज और उर्दू अंग्रेजी मिश्रित अजीब भाषा सुनकर। वासन्ती चौधरी कहानी खत्म होने पर व्यंग्य से मुस्कुराईं और खिड़की के बाहर देखने लगीं एकटक–जैसे दूर आकाश से कोई वार्तालापों से सजा-सँवरा कहानी का प्लाट उतरकर उनके दिमाग में आ रहा हो।

वर्माजी ने रूमाल से पसीना पोंछा और कहानी पर हम सबकी राय माँगी। मुझमें इतनी शराफत है कि नए लेखक की आरम्भिक रचना की कभी बुराई नहीं करता हूँ, पर कुछ मित्रों के मन में बैठा आलोचक वासन्ती चौधरी के रूप देखकर जाग गया था, सो चर्चा चलने लगी।

"अन्त आदर्शवादी है, बनावटी लगता है।"

"ऐसा होता नहीं कहीं।"

"भाषा बड़ी गड़बड़ है, पढ़ने वाले को नहीं जमेगी।"

"प्रारम्भ ठीक है, पर अन्त कुछ सिनेमा की तरह हो गया।"

"ठीक है। पहली रचना है शायद आपकी। और लिखिए।"

मैं देख रहा था वर्माजी ने फिर रूमाल से पसीना पोंछा। सारे आलोचकों को घूर-घूरकर उन्होंने देखा। शायद तबीयत हुई लाठी चार्जिंग करवा दूँ। कुछ क्षणों के बाद वासन्ती चौधरी धीरे से बोलीं–"अत्यन्त साधारण कहानी है, बल्कि कहानी है ही नहीं। जब तक अध्ययन न हो...!" और इसके पूर्व कि वे वाक्य पूरा करतीं वर्माजी कड़क आवाज में बोले–"क्या कहा आपने, यह कहानी नहीं है?"

"जी, मुझे तो नहीं लगती," वासन्ती ने आँखें चौड़ी करके कहा।

"मैंने अपनी आँखों से यह घटना देखी है और लिखा है। आपको समझ नहीं है।"

"देखिए वर्माजी, नाराज न होइए," किसी ने तब कहा।

"जनाब, मैं लिपस्टिक छाप रचनाएँ नहीं लिख सकता। मैं डंडा छाप लिखता हूँ। मैंने जितनी किताबें पढ़ी हैं, इन कुमारी जी ने उतनी देखी भी नहीं होंगी। यह इसे कहानी नहीं मानतीं!"

"पुलिसवालों के लिए पढ़ना कब से अनिवार्य हो गया?" वासन्ती ने उद्दंडता से प्रश्न किया।

"जब से नासमझ लड़कियाँ आलोचना करने लगी," वे बोले।

सबको हँसी आ गई। गोष्ठी के संयोजक ने हल्ला-गुल्ला बन्द करवाया और एक लम्बा-सा भाषण दे डाला, जिसका सार यह था कि साहित्य चर्चा टु द पाइंट होनी चाहिए, कभी विषय से कूदकर व्यक्ति पर नहीं आना चाहिए और वर्माजी से हिन्दी साहित्य को बड़ी-बड़ी आशाएँ हैं।

बात आई-गई हो गई। पर वर्मा के मन में यह तीर-सी बात चुभी रही कि वासन्ती चौधरी नामक यह शरीर लड़की (सुन्दर लड़की) उसे साहित्यकार नहीं मानती और उसकी रचना कचरा समझती है। मुझे वे प्रायः मिल जाते और कहते यार, वह लौंडिया बड़ी बदतमीज है। एक दिन मुझे पूछने लगे, "वासन्ती आखिर खुद क्या लिखती है?"

"गद्य काव्य लिखती है। महादेवी वर्मा टाइप गीत लिखती है।" मैंने कहा।

वे खिलखिलाकर हँसे और अपने खाकी पैंट पर डंडा मारते हुए बोले—"इन लड़कियों को सिर्फ लव लेटर लिखना चाहिए। कहानी-कविता में बेकार घुसती हैं ये लोग।"

"लव लेटर लिखेंगी तो आपको थोड़े लिखेंगी।"

"क्यों साहब, हमें क्यों नहीं लिखेंगी?"—बारीक मूँछों पर उन्होंने अँगुलियाँ फेरीं और एक विशेष कोण से मुझे देखने लगे।

"आपको वह साहित्यिक नहीं मानती। पुलिसवाले में क्या प्रेम और क्या कविता।"

"आपने देखा जनाब, एक दिन यही लड़की, क्या नाम है इसका वासन्ती चौधरी, मेरी कलम का लोहा मान जाएगी।"

"थाने पर बुलवा के मनवाएँगे उससे यह बात?"

"थाने पर नहीं, साहित्य-गोष्ठी में मानेगी। अभी मेरी कलम के चमत्कार सामने आए कहाँ हैं।"

"मनवा के छोड़िएगा उससे?"

"बिलकुल। मैंने ऐसी बहुत लड़कियाँ देखी हैं। अगले रविवार को और सुनिए मुझसे एक कहानी।"

"जरूर! उस कहानी का अन्त भी हीरो-हिरोइन की शादी से करवाइए।"

"शादी से, अजी दो-चार बच्चों के जन्म से करवाऊँगा अन्त उसका।" साइकिल पर पैडल मार वे बढ़ लिए, मुझे आदाबअर्ज करते।

इधर वासन्ती चौधरी कॉलेज में मिलतीं तो कहतीं—"देखिए भाई साहब, ऐसे नहीं चलेगा। साहित्य-गोष्ठी कोई हाट-बाजार तो नहीं है कि सब अपना माल बेचने आ जाए। कैसे-कैसे बोर लोग आ जाते हैं।"

"आपका मतलब वर्मा सब-इंस्पेक्टर से है?"

"और नहीं तो क्या। अब वो पुलिस का काम छोड़ साहित्य में क्यों घुसते हैं?"

"मिस चौधरी, पुलिस की तो नौकरी है। सब-इंस्पेक्टर के दिल में भी कालिदास का वास हो, क्या आश्चर्य!"

"बेकार बात है जी, हर कोई थोड़े कवि हो सकता है।"

"अब उन्हें आने से तो नहीं रोक सकते," मैंने कहा।

"क्यों, पुलिसवाले से डर लगता है?"

"बहुत डर लगता है, हम गरीब आदमी।"

वे दुपट्टा सिर पर डालती मुँह बिचकाती चली गईं।

दूसरी गोष्ठी में समय से पन्द्रह मिनट पूर्व सब-इंस्पेक्टर वर्माजी ने अपनी हाजिरी की रिपोर्ट संयोजक साहब को दी और एक फाइल में नत्थी किए हुए कहानी के कागजात पेश करते हुए बताया कि आज वे कहानी पढ़ेंगे।

वासन्ती चौधरी देर से आईं और फलस्वरूप गोष्ठी भी देर से प्रारम्भ हुई। संयोजक ने शायद सोचा कि बोरियत पहले छँट जाए इसलिए वर्माजी से पहले कहानी पढ़ने के लिए कहा। वासन्ती धीरे से मुस्कुराईं और खाँसने के बाद वर्मा ने कहानी शुरू की, जो कुछ इस तरह की थी कि एक मुसम्मात को, जो खूबसूरत और बेवा थी, अर्जी दाखिल करने कोर्ट जाना पड़ा जहाँ मुंशीजी ने उससे रिश्वत माँगी। बेवा पैसेवाली थी और पाँच रुपया देना उसे कुबूल हुआ पर इसी बीच हीरो आ गया और रिश्वत की बुरी आदत पर उसने मुंशीजी को एक लेक्चर दे दिया और मुसम्मात से कहा कि आप इसे रिश्वत न दें। उसी से दोनों की बातचीत का सिलसिला बढ़ा और हीरो ने अपने कोर्ट में आने का मकसद खोलते हुए कहा कि उस पर इल्जाम चोरी दफा चार सौ बीस लगा है, जो झूठा है। वह गरीब है और मुसीबत का मारा है। बेवा मुसम्मात के दिल में उस आवारा शाहजादे के लिए, जिस समाज घृणा की निगाह से देखता है, प्रेम और ममता की भावना उमड़ आई और उसने बटुए से पैसे निकाल तुरत बढ़िया वकील हीरो की मदद के लिए बुलाया। इजलास की बेंच पर बैठी कठघरे में बन्द प्रेमी के लम्बे-लम्बे डायलाग वह सुनती रही और जैसा कि होता था, दूध-का-दूध पानी-का-पानी हुआ, हीरो बाइज्जत बरी किया गया। कुछ दिन बाद लोग-बाग अखबार उठाके क्या देखते हैं कि बेवा मुसम्मात ने, जिसके पास काफी पैसा था, उस गरीब इन्सान से शादी कर ली जिसे समाज घृणा से देखता था।

कहानी लम्बी थी, हम सब चुपचाप सुनते रहे। कहानी पढ़कर वर्मा ने रूमाल से पसीना पोंछा और चारों ओर गर्व से देखा, जैसे कह रहा हो—मानते हो मुझे कहानी लेखक!

सबने मत दिए—अलग-अलग।

"अच्छी कहानी है मगर लम्बी हो गई," एक ने कहा।

"प्लाट ही लम्बा है, मैं क्या करूँ," वर्मा ने तड़ से उत्तर दिया।

"आदर्शवादी कहानी है।"

"मैं साहित्य में आदर्शवाद का हामी हूँ," वे बोले।

"भाषा उर्दू है।"

"कोर्ट-कचहरी की यही भाषा है," वे बोले।

"इस कहानी से आपका उद्‌देश्य क्या है, बताएँगे वर्माजी?"

"गुदड़ी में भी लाल रहते हैं। बेवा के भी दिल होता है। जिसे समाज चोर समझता है वे दरअसल चोर नहीं होते। रिश्वत बुरी चीज है।" उन्होंने जैसे रटा-रटाया उत्तर दिया।

मैंने देखा अपने हिसाब से सब-इंस्पेक्टर महोदय बिलकुल लैस होकर आए थे। उत्तर का तमंचा उनकी बगल में था। किसी ने प्रश्न किया कि वे तड़ से गोली दाग देते। थोड़ी देर की उनकी फायरिंग ने सब तरफ शान्ति स्थापित कर दी। आखिरी तोप के रूप में थी कुमारी वासन्ती चौधरी जिसकी ओर सब देख रहे थे। संयोजक ने पूछा—"आपकी क्या राय है, इस कहानी पर चौधरीजी?"

"कोई आवश्यक तो नहीं कि हर कहानी पर राय दी ही जाए।" वासन्ती ने टका-सा जवाब दिया और सब जगह वर्मा के प्रति नाराजी के स्थायी भाव की जानकारी हो गई।

गोष्ठी के बाद वे हम लोगों को कॉफी हाउस में ले गए और इतना खिलाया और ऐसी बढ़िया कॉफी पिलाई कि सबने स्वीकार कर लिया कि वर्माजी की कहानी बहुत सुन्दर है और कुमारी वासन्ती को साहित्य की, विशेषकर कहानी की विधा के सम्बन्ध में कोई समझ नहीं।

"यार आज वो मेरी कहानी पर कुछ बोली नहीं।"

"क्या बोलती वर्मा साब, आपका रोब खाती है।"

"नहीं, मुझसे कुछ चहकी हुई है। बड़ी गुस्ताख है।"

"अभी आपको पहचाना नहीं है। पहचान लेगी तब रुख बदल जाएगा।"

"सच कहते हो! भई मुझसे भी गलती हो गई। पिछली गोष्ठी में मैं वर्दी पहने चला आया, मुझे कुरते-पाजामे में आना चाहिए था।"

"जी हाँ, कुरते-पाजामे में आप साहित्यिक लगते और यह झगड़ा ही खड़ा नहीं होता।"

उस दिन हमने वासन्ती चौधरी के रजिस्टर में एक और प्रेमी का नाम लिखा : बृजेन्द्र नारायण वर्मा, सब-इंस्पेक्टर पुलिस सदर कोतवाली और मीडियम ऑफ

एप्रोच-साहित्य।

कॉलेज में वासन्ती चौधरी मिलीं तो हम लोग घुमा-फिराकर सब-इंस्पेक्टर वर्मा की बात ले आए।

"वासन्ती जी, आपने उसकी कहानी पर राय नहीं दी। टाल गईं बात?"

"मेरी समझ में नहीं आता कि आखिर वो पुलिसवाला क्यों अपने को कहानीकार समझे है। उसे लिखना नहीं आता तो क्यों लिखता है!"

"आप अकारण क्रोध करती हैं बिचारे पर, अच्छा-खासा लेखक है, अपनी समझ से कहानी लिखता है। धीरे-धीरे अच्छी कहानी लिखने लग जाएगा।"

"खाक लिखेंगे वे कहानी। मैं शर्त बदकर कह सकती हूँ कि वह आदमी कभी जिन्दगी-भर कहानी लेखक नहीं हो सकता।" वे बड़े जोश में बोल गईं।

"देखते हैं।"

"देख लीजिए।"

उस दिन की बात खत्म हो गई पर अजीब-सा तनाव आ गया। हम लोग प्रायः सोचते रहते कि इस प्रतियोगिता में कौन जीतेगा। इधर वर्मा ने कहानियाँ लिखने के लिए एक माह की छुट्टी ले ली और जब वे मिलते चार-छह नई लिखी कहानियों की चर्चा करते। स्थानीय दैनिक के साहित्य संस्करण में उनकी वो कहानियाँ छप भी गईं। देखते-देखते नगर के साहित्य गगन पर धूमकेतु की तरह वर्माजी छा गए। उनकी लिखी कहानियाँ अगर सुनी जाएँ तो साहित्य-गोष्ठी का माह-भर के लिए दैनिक रूप से आयोजन आवश्यक था। रह-रहकर सोचते कि देखो प्रेम का दीया थाने की कोठरियों को कैसा प्रकाशित कर रहा है कि सब ओर कहानियाँ ही कहानियाँ दिखने लगीं दरोगाजी की।

घटना ने नया मोड़ लिया और कथानक के सारे सूत्र साहित्य-गोष्ठी से उठकर सदर कोतवाली और सिविल लाइन्स की ओर चले गए। उस रात वासन्ती चौधरी के घर पाँच सौ रुपए की चोरी करने जो चोर आए थे वे तो आकर चले गए पर उस सम्बन्ध में तफतीश करने सब-इंस्पेक्टर वर्मा जो चौधरीजी के यहाँ जाने लगे थे, वे जाते ही रहे। जिस फुर्ती से आठ रोज में वर्माजी ने चोरी का पता लगाया और मुलजिम को मय माल पकड़ा वह पुलिस के और प्रेम के इतिहास में अविस्मरणीय घटना है। वासन्ती चौधरी ने इस बार उनके रोब को मान लिया और वर्माजी के शब्दों में कहा जाए तो–"जनाब, बहुत अपने को होशियार लगाती थी, इस बार मान गई कि मैं भी बढ़िया लेखक हूँ।"

"आपने क्या उसे थाने में बन्द कर कहानी सुनाई?"

"अजी नहीं। चोरीवाले मामले में हमने मुलजिम पकड़कर बता दिया। उसने और उसके बाप ने मेरा आभार माना है।"

"तो इससे यह कैसे सिद्ध हुआ कि आप अच्छे लेखक हैं?"

"तुम औरत की सायकोलॉजी नहीं समझते। अगर वह आदमी पसन्द कर ले तो उसकी कहानी भी पसन्द करेगी, उसकी पोशाक भी पसन्द करेगी। उसकी हर हरकत पसन्द करेगी।"

"तो आप पसन्द आ गए वासन्ती चौधरी को?"

वे कुछ सोचने लगे फिर बोले–"पूरी तरह से कह नहीं सकते, पर अब वह नाराजी नहीं रही जो पहले थी।"

वर्माजी के इस कथन की पूरी जाँच करने के लिए हमने फिर साहित्य गोष्ठी का आयोजन किया। इस बार वर्माजी ने जो कहानी पढ़ी उसे वे ही समझते हैं। जाने क्या-क्या बातें गुँथी थीं और अन्त कुछ ऐसा था कि हीरो आज भी जिन्दा है, हीरोइन आज भी जिन्दा है और वे चाहे दूर-दूर हों पर एक-दूसरे की याद उनकी आँखों में आँसू ला देती हैं। स्पष्ट था कि वर्मा के हृदय-गमले में वासन्ती के प्रेम का जो पौधा था, उसने जड़ें गहरी पकड़ी हैं। कहानी में हीरो जो हीरोइन की याद में रो रहा था, उसका कारण वर्माजी की यही कल्पना थी कि वे वासन्ती से बिछड़ गए हैं और न वह इन्हें भूल पाती है और न उसे आप।

कहानी पढ़ने के बाद उस पर चर्चा हुई और हम सब लोगों ने पूर्व निर्णय के अनुसार उस कहानी की बड़ी प्रशंसा की। किसी ने कहा कि यों तो हिन्दी में कहानी के नाम पर बड़ा कचरा लिखा जा रहा है पर जो ताजगी वर्मा भाई की कहानी में है वह और कहीं नहीं। योगेन्द्र भाई ने फ्रांस के एक लेखक से वर्माजी की कहानी की तुलना कर दी। जब अच्छा वातावरण बन गया तब संयोजक महोदय वासन्ती चौधरी की ओर उन्मुख हुए। वे आधे मिनट सोचती रहीं और फिर कड़े स्वरों में बोलीं–"मेरी समझ में कहानी जरा नहीं आई। बड़ी उलझन है इसमें। वर्माजी ने इसे दुखान्त बनाकर समझा है, प्रभाव बढ़ जाएगा पर हो उलटा गया। यह कहानी ही नहीं रही।"

आहा! उनके पंखुरी जैसे होंठों को साहित्य का निकष जिन्होंने माना था वे धन्य हैं।

वर्मा उस रोज बड़े क्रोधित रहे। गोष्ठी के बाद बोले नहीं। हमें कॉफी भी नहीं पिलाई। उनका बस चलता तो वासन्ती को हवालात में डाल देते और साहित्य गोष्ठी पर बैन लगवा देते।

हमें कुछ नहीं पता आगे। कहते हैं वासन्ती ने वर्मा को लम्बी चिट्ठी लिखी। कुछ कहते हैं वर्मा वासन्ती के घर जाकर खूब रोए। परिणाम यह हुआ कि यकायक हृदय-परिवर्तन हो गए। वे मैटिनी शो में साथ-साथ जाते देखे गए। सिटी बस में कई बार उन्हें पास-पास बैठे देखा गया। शाम के अँधेरे में घने पेड़ के नीचे वे बातें कर रहे थे, ऐसी भी अफवाह थी। मैंने वर्मा को रास्ते में रोककर पूछा–"कहिए वर्माजी,

आज़कल क्या सीधे वासन्ती जी के घर जाकर कहानी सुना आते हैं।''

वे हँसे–''अजी मनवाकर रहूँगा कि मैं अच्छा लेखक हूँ।''

उस रोज जब यह खबर मिली कि सब-इंस्पेक्टर वर्मा और वासन्ती विवाह कर रहे हैं तो पहले हमें आदत के अनुसार घटना के इस आदर्शवादी अन्त पर विश्वास नहीं हुआ। जब विश्वास हुआ तो हम सब कॉफी हाउस से उठकर सीधे सदर कोतवाली गए और वर्माजी को बधाई दी, इसलिए कि वे हिन्दी के अच्छे कथाकार सिद्ध हुए।

पुलिसवालों, पत्रकारों, लेखकों और प्रोफेसरों का जो जमघट विवाह के रोज था वह हमें कभी नहीं भूलेगा। विवाह के बाद जब दुल्हन के रूप में खड़ी वासन्ती को घेर हमने पूछा–''कहिए, अब तो आप वर्माजी को अच्छा कहानीकार मानेंगी?''

''न वो पहले लेखक थे, न आगे लेखक रहेंगे। तब भी उन्होंने अच्छी कहानी नहीं लिखी और आगे भी लिख नहीं सकते।''–वासन्ती ने कड़ककर कहा, ''यह आदमी जिन्दगी-भर कहानीकार नहीं हो सकता।''

तब वर्मा वासन्ती के वक्तव्य पर ठहाका मारकर हँसे थे क्योंकि वे समझते थे कि वासन्ती उन्हें मन-ही-मन में बहुत बड़ा कहानीकार मानती है और कहानी की सबसे ऊँची सीढ़ी पर बिठा उनकी पूजा करती है पर अब वे हँस नहीं सकते। बाद के वर्षों में हमने सब-इंस्पेक्टर वर्मा को डी.एस.पी. बनते देखा, नए-नए तमगे लटकाए देखा, बाजार से साड़ियाँ खरीदते देखा, प्रसूतिगृह के बाहर थरमस लेकर खड़े देखा, मुसम्मात से रिश्वत लेते देखा। लेकिन वे कभी कहानी के बाबत रँगे कागजों को एक फाइल में नत्थी किए साहित्य-गोष्ठी में दाखिल नहीं हुए न उन्होंने कभी कुछ लिखा। वासन्ती अब काफी मुटा गई हैं। ऊपर से नीचे तक जेवरों से लदी हुई जब वे भारी-भरकम बाँह उठाकर कहती हैं–''नमस्ते भाई साहब,'' तो हमें आदर्शवादी कहानियों के प्लाट सूझने लगते हैं। इनके पंखुरी-से होंठ...आह!

टाइपरायटर पर प्रवाहवादी प्रयोग

लेखक टाइपरायटर सामने रखकर बैठ गया। अखबारी माँगों को जाने दो भाड़ में, मासिक पत्रिकाओं के लिए काट-छाँटकर लिखना, इतने हजार शब्दों से कम की कृति बनाना–सब बेकार की बातें हैं। आज वह नियंत्रित एवं सुसंगठित गला-पकड़ अभिव्यक्ति से व्रिदोह कर बैठा है। सारी सृष्टि प्रवाहमय है। न आदि, न इंटरवल, न अवसान। फिर बाह्य व्यावहारिक जगत् की कार्यकारणता कैसी? आज टाइपरायटर पर आन्तरिक जीवन की अनुक्रमता एवं व्यक्तिक्रम की प्रतिष्ठा करेगा। आज उसकी उँगलियों का सम्बन्ध उसकी चेतना के प्रवाह से है और किसी से नहीं। उसने सहज टाइप किया।

''गयतम की आबो, पेड़ा चिपी पेड़ा चिपी
घिस्से का वन चकचम
कोटी भापो जाँगेर
माँगेर पार चला, साबलू
तरिआखी अखिनारी गोये पुले हम
बाटकरी काटलगी, गातमजा बाँहारी
छल गल मत लम्बी
धत् धत्
देखबघा नरनारी 100।''

और वह यकायक रुककर स्वयं अपनी कृति की ओर साश्चर्य देखने लगा। क्या लिखा है उसने? ऐसा लगता है उसे टाइप करना ही नहीं आता। वह हँसा। व्यावहारिक बाह्य जीवन फिर अन्तश्चेतना का मजाक बनाने लगा।

ध्यान से पढ़ा–

''गयतम की आबो, पेड़ा चिपी पेड़ा चिपी।'' उसके बाह्य ने अन्तर के साथ तादात्म्य स्थापित कर लिया। धीरे-धीरे अर्थ खुला।

'गयतम'...ऐसा लगता है जैसे कहा गया है, 'गए हुए प्रियतम।' प्रीतम को सम्बोधित करने की जल्दी में बन गया गयतम। 'पेड़ा चिपी पेड़ा चिपी' क्या है? 'पेड़ों

के पीछे छुप-छुपकर'। अर्थात् 'ओ गए हुए प्रीतम पेड़ों के पीछे छुपकर क्यों नहीं आते?'

यह 'घिस्सा' क्या है? 'घिस्से का वन चकचम।'

'कोई घिसने लायक वस्तु जिसके वन हों। अरे चन्दन! तब तो अर्थ साफ है–चन्दन का वन आज चाँदनी में चमक रहा है।''

घंटे-भर माथापच्ची के बाद लेखक ने जब सारी पंक्तियों के अर्थ निकाल लिये तो उसे आश्चर्य हुआ कि उसके मन में कोई अनुसूचित जनजाति का कवि बैठा गा रहा है।

''गयतम की आबो
पेड़ा चिपी पेड़ा चिपी
घिस्से का वन चकचम
कोटी भापो जाँगेर
माँगेर पार चला
साबलू!''
अर्थात्–
''अरे गए हुए प्रीतम
पेड़ों के पीछे छुप-छुपकर आओ,
आज चन्दन का वन चाँदनी में चमक रहा है
किसी की कुटिया में जगह भाँपो
या यदि मन नदी के पार जाना माँगता है
तो वैसा बोलो!''

''तरि आखि
अखि नारी
गोए पुले हम
बाट करी
काट लगी
गातमधा बाँहारी!''
अर्थात्–
''तेरी आँखों में
ओ बड़ी आँखोंवाली नारी
हम अपने को भूल गए।
बाट कड़ी है

काँटा लगा है
तो अपना गात मेरी बाँहों में दे दे!"

"छल गल मत लम्भी
धत् धत्
देखबघा नरनारी 100"
अर्थात्–
"छल से गले मत लग
धत् धत्
बाग से सैकड़ों नर-नारी देख रहे हैं।"

लेखक ने सोचा, हाय, मेरे अन्तर में छुपा सुप्त आदिवासी आज कैसे जाग उठा! किस अज्ञात भीलनी से ड्यूएट गा रहा है! इस कृत्रिम जीवन की तहों के अन्दर, गहरे अन्दर-कहते हैं कोई उड़ाँग-उटाँग बसता है। वही उड़ाँग-उटाँग अपनी श्रीमती उड़ाँग-उटाँग के साथ गीत गा रहा है। चन्दन का वन, नदी, झोंपड़ी और मुक्त मिलन की मेरी चाह। पर हाय, बाग से सैकड़ों नर-नारी देख रहे हैं। बाग जहाँ प्रकृति को कृत्रिम आकार-प्रकार दिया गया। नर-नारी यानी आज के ये क्लीन शेव्ड नर और लिपिस्टिकता नारी। मुझे घूर कर देख रहे हैं और बोलते हैं–"डेम, जंगली, कैसी हरकत पब्लिक में कर रहा है?"

और प्रवाहवादी लेखक युग-युग से बिछड़ी हुई अपनी प्रियतमा की याद कर दुखी हो गया। उसकी उँगलियाँ थक गईं, थम गईं और वह पास पड़े सोफे पर टाँगें सिकोड़कर लेट गया।

कुछ देर बाद वह फिर उठा। टाइपरायटर पर नया कागज चढ़ाया। नहीं, ऐसा प्रवाहवाद नहीं चलेगा जिसमें शब्द भी विकृत हों, अर्थ के लिए शीर्षासन करना पड़े। शब्द तो आत्मा से बँधे हुए हैं, वे तो सहज निस्सरित हो सकते हैं। बन्धन का आरम्भ वाक्य से होता है जहाँ व्याकरण का नियन्त्रण अनिवार्य है।

(मन में लेखक के यह भी भय कि इस 'पेड़ा चिपी, पेड़ा चिपी' को छापेगा कौन? चित्रकला तो है नहीं जहाँ नई कला और उन्नत भावबोध के नाम पर खींची गई आड़ी-टेढ़ी लकीरें भी पुरुस्कृत हो जाएँ।)

इस बार टाइपरायटर पर उँगलियों की स्वतन्त्रता छिन गई थी पर अभिव्यक्ति अभी भी बन्धनविहीन ही थी। जो टाइप हुआ वह इस प्रकार है–

चन्द जिज्ञासाएँ

1

आम
तुम लँगड़े क्यों कहलाते हो?
: जबकि तुम ऐसे नहीं :
और यदि लँगड़े न हो
तो बताओ
क्या तुम पैर वाले हो?

2

यदि शेक्सपियर पर
तुलसी का प्रभाव पड़ता ही
तो क्या होता?
डेस्डीमोना को वनवास मिलता
और शायलाक से हनुमान निपटते।

3

क्यों नहीं?
क्यों नहीं?
संसार के सारे नेता मिलकर
इस शाश्वत समस्या पर विचार करते हैं
कि अक्सर सरोते से काटने पर
सुपारी सड़ी क्यों निकलती है?

4

यह फिजूल की बात है जनाब
कि कद्दू और मोटर के पहिए में
साम्य है।
और यदि साम्य सिद्ध भी हो जावे
तो विश्वास रखें
इससे कद्दू महँगा नहीं होगा।

5

यह अच्छा ही है
कि इतिहास में शाहजहाँ एक ही हुआ
यदि मानो आठ शाहजहाँ होते
तो क्या होता?
आठ ताजमहल होते।
जैसे हमारे शहर में
आठ बड़े सेठ जी हैं
तो आठ प्याऊ हैं।

6

व्यवस्था और शासन पर
क्या-क्या न बोलता अरस्तू।
पर हाय री एथन्स की राजनीति—
उसे नगरपालिका का अध्यक्ष भी नहीं बनाया!

7

आधुनिक उपन्यासों के
पुंसत्वहीन नायकों के क्लब में
विचार किया जा रहा है—
"प्रायः सातवें अध्याय में ही
नायिकाओं का भाग जाना
नैतिक दृष्टि से
उचित है या अनुचित?"

8

क्या वह अन्याय नहीं है
झींगुरों के साथ?
कि रात-रात भर रियाज़ करने पर भी
उन्हें अभी तक
रेडियो-कांट्रेक्ट नहीं मिला?

अन्तःचेतना के प्रवाह के अन्तर्गत टाइप की गई उक्त समस्त पंक्तियों को पढ़ने के बाद लेखक को सन्तोष हुआ, क्योंकि ये प्रश्न और ये नई स्थापनाएँ आज तक

साहित्य में नहीं हुई थीं। जैसे युगों से मौन बैठी जिज्ञासु आत्मा ने आज मुखर हो अनेक प्रश्न एक साथ कर दिए।

लेखक फिर सोफे पर लेट गया पर पहले के समान इस बार उसकी टाँगें सिकुड़ी हुई नहीं थीं, चौड़ी फैली हुई थीं। एक क्षण को उसे लगा जैसे यह सोफा नहीं, हिन्दी साहित्य का इतिहास है। यह सोचने के बाद वह और टाँगें फैलाने लगा।

प्रभु, हमें डॉक्टरेट से बचा

मुझे विश्वविद्यालय तक किसी काम से जाना था। मैंने दादू से कहा, ''चलते हो अभी होकर आते हैं।'' दादू ने सुना तो डर के मारे थर-थर काँपने लगा। लगभग नीम-गिड़गिड़ाती अवस्था में बोला, ''नहीं, मुझे विश्वविद्यालय मत ले चलो, मैं नहीं जाऊँगा वहाँ।''

''क्या बात है? लड़कों से झगड़ा हो गया किसी बात पर?'' मैंने पूछा।

''नहीं मेरा झगड़ा क्यों होने लगा? मैं हर मामले में युवा-पीढ़ी के साथ हूँ।''

''फिर क्या बात है?''

दादू ने आसपास देखा। कोई नहीं था। सुबह का वक्त था। रेस्तराँ में रोज खाने के लिए भीड़ लगानेवाले नहीं आए थे। चश्मेवाला वह दाँत बाहर निकाले कुछ सोचता मैनेजर दीवार पर बनी कत्थक करती औरत की भद्दी रंगीन तस्वीर की ओर देख रहा था। संगीत बज रहा था जिस पर ध्यान न दें तो स्थिति शान्त थी।

''मुझे डर लगता है विश्वविद्यालय वालों से। कहीं वे मुझे ऑनरेरी डॉक्टरेट न दे दें। इस मौसम में उन्हें किसी ऐसे शख्स की तलाश रहती है, जिसे वे मानद पी-एच. डी. या डॉक्टरेट दे सकें।''

''ऐसा क्यों?'' मुझे बात समझ नहीं आ रही थी।

''अगले माह दीक्षान्त समारोह हो रहा था। पहले इन लोगों ने वी.आई.पी. को ट्राई किया था कि वे ले लें। उन्होंने साफ इन्कार कर दिया। सिद्धान्त की बात है। एक वर्ष में दो-दो विश्वविद्यालय से डॉक्टरेट कैसे ले लें। अब वे किसी दूसरे पढ़े-लिखे व्यक्ति की खोज में हैं। दो बार मेरे घर पर विश्वविद्यालय का चपरासी आ चुका है। बुलवाया था। मैं नहीं गया।''

स्थिति गम्भीर थी। देखा जाए तो समस्त बौद्धिक जगत् के लिए यह खतरे का प्रहर था। कभी भी, किसी को भी डॉक्टरेट मिल सकती थी।

''विश्वविद्यालय की केंटीन का ठेका माँगा था सो तो दिया नहीं, डॉक्टरेट गले मढ़ने के चक्कर में हैं।'' दादू बड़बड़ाया।

मैंने स्थिति पर विचार किया। यह क्राइसिस का वक्त था और अपेक्षा की जाती है कि हम खरी बात बोलेंगे।

"देखो दादू, तुम भाषण देते हो, वक्ता हो।"

"मैं जब बोलता हूँ, हूट होता हूँ।" दादू ने सफाई दी।

"देखो दादू, तुम अखबार में लिखते हो।"

"मुझे कोई नहीं पढ़ता।"

"तुम साहित्यकार हो।"

उसने उत्तर में एक अकम्पोजनीय गाली दी, साहित्य के नाम।

"दादू, तुम पत्रकार हो, तुमने अखबार निकाला है।"

"बिकता नहीं था। जब बन्द करने की नौबत आई तो मुझे हटा दिया उन्होंने।" दादू असफलताओं के दावों पर अड़ा था।

"विश्वविद्यालय यह सब नहीं देखता। वह प्रतिभा को पहचानता है। गुण की परख करता है। देकर रहेगा डॉक्टरेट दादू, कब तक बचोगे। अगर कोई सम्मान भाग्य में बदा है तो नहीं चाहने से क्या होता है। वह तो मिलेगा। कोई त्राण नहीं है।"

"मेरी इज्जत का क्या होगा", दादू बोला, "अगर मिल गई तो मेरी इज्जत का क्या होगा? आज समाज में चार लोग प्रेम से बात करते हैं, अपना समझते हैं, डॉक्टर हो गया तो समाज मुँह उठाकर देखेगा भी नहीं मेरी तरफ।"

दादू की बात में किसी डिग्री से ज्यादा वजन था। आज इतना तो है कि दादू पर कोई ऊँगली उठाकर यह नहीं कह सकता कि इसने कहीं घुसपैठ की, चक्कर चलाया, फायदे के लिए। इस उमर में डॉक्टरेट लेकर वह नीचे क्यों गिरेगा।

हम बाहर निकले। मैंने कहा, "मुझे तो विश्वविद्यालय जाना है मुन्नी की फीस जमा करने। दोस्तों से मिल भी लूँगा लगे हाथ।" दादू ने मेरी ओर कातर नजरों से देखा और चला गया।

जैसे ही मैं विश्वविद्यालय में घुसा, तीन विभागाध्यक्षों ने मेरी ओर देखा। वे तम्बाखू का पान खा लेने के बाद की जुगाली कर रहे थे और किसी चौथे की बुराई कर रहे थे, जो क्लास ले रहा था। मुझे देख उनकी बाँछें कोई सवा इंच खिल गईं। एक, जो उनमें सबसे मोटा था, उत्साह-भरी गति से दौड़ता वाइस-चांसलर के कमरे की तरफ गया, यह बताने कि मैं आ गया हूँ।

कुछ देर बाद मैं उस कमरे में था, जहाँ वे विराजते हैं। मुझे कमरा अच्छा लगा। अलमारियाँ थीं, जिनमें अचल सम्पत्ति की तरह पुस्तकें शोभा दे रही थीं। शील्ड थीं, ग्रुप फोटो थे, गुलदस्ता था, अटेच्ड बाथरूम था, चमचाधर्मी सहायक थे, फोन था, मुस्कानें थीं और कसर रह गई तो चाय आ गई।

"और आपका लेखन कैसा चल रहा है?" वाइस चांसलर ने मुझसे पूछा, जिस

पर मैंने उसी निराश सुर में उत्तर दिया, जिसमें एक लेखक इस प्रश्न का उत्तर देते हैं। सुनते समय उनके चेहरे पर वह चतुर जन का-सा भाव था कि देखो, ठीक ही किया ना कि हम लेखक न बने। फिर मैंने उनसे पूछा कि आपका विश्वविद्यालय कैसा चल रहा है। उनकी निराशा का सुर मुझसे ऊँचा था। मैं मध्यम पर निराश था, तो वे पंचम पर थे। बोले, "इस साल दीक्षान्त समारोह के लिए कोई योग्य आदमी नहीं मिल रहा है, जिसे मानद उपाधि दी जाए।"

"यह अपना माइक्रोफोन सप्लाई करनेवाले ज्योति रेडियोज के श्रीधर बाबू को क्यों नहीं देते। उनकी बड़ी ठोस सेवाएँ रही हैं। जिसने भी माँगा माइक्रोफोन उन्होंने दिया। नगर के प्रजातंत्र के प्राण हैं।" मैंने सुझाया।

"उन्हें दे रहे हैं इस बार।" वाइस चांसलर बोले, "पर कोई साहित्यकार पत्रकार टाइप का आदमी भी मिल जाए तो थोड़ी पब्लिसिटी हो जाए विश्वविद्यालय की, आगे बखत-जरूरत ठीक रहता है, बयानबाजी होती रहती है।"

"अच्छा तो श्रीधर बाबू को डॉक्टरेट मिल रही है।"

"जब से विश्वविद्यालय बना, माइक का किराया कम ले रहे थे हम लोगों से। यही कहते थे, किसी दिन डॉक्टरेट दे दीजिए तो बी.ए. में फेल होने का कलंक मिट जाए। हमने कहा, जब तक हम वाइस चांसलर हैं ले लो डॉक्टरेट, फिर पता नहीं कोई दूसरा आ जाए।"

"चलिए, अच्छा रहा। हाँ जी, एक बार मिल जाती है तो पड़ी रहती है।"

"दादू जाने कहाँ हैं, दो बार आदमी पहुँचाया। अगर वे तैयार हो जाएँ तो उन्हें दे दें। बड़ा संघर्ष किया है भाई उन्होंने। हम क्या कर सकते हैं उनके लिए। डॉक्टरेट ले लो।"

"दादू हैं नहीं शहर में!" मैंने झूठ कहा ताकि दादू की रक्षा हो।

"कल तो दिखे थे मुन्ना पानवाले की दूकान पर।" कमरे में बैठे चमचे ने कहकर मेरी बात बनने न दी।

"अच्छा, लौट आए क्या?" मैं बोला, "मुलाकात नहीं हुई।"

अब खामोशी थी। चाय भी खत्म हो गई थी।

सहसा मैंने देखा कि वाइस चांसलर महोदय मेरी ओर कनखियों से मुस्कुराते देख रहे हैं। फिर बोले, "आपने भी तो बहुत लिखा है। आपको क्यों नहीं दी जाए। वर्षों की साधना है। आपकी जगह है आज।"

कोई और होता तो बहस करता कि किधर है जगह? पर विश्वविद्यालय। पर विश्वविद्यालय जिन निर्णयों पर पहुँच जाता है, उससे जल्दी टस-से-मस नहीं होता। वहाँ से भागने में ही मुक्ति थी।

"अच्छा तो मैं चलूँ।" मैं नमस्करंछू हुआ।

"अजी सुनिए तो...फिर नाम घोषित कर दें आपका। भई, स्थानीय लोग सहयोग नहीं करेंगे तो क्या बाहर से हम इम्पोर्ट करेंगे? कमाल करते हैं, आप पढ़े-लिखे होकर ऐसे भागते हैं जैसे..."

वे चिल्लाते रहे, मैं भागा और सीधा रेस्तराँ आया। दादू बैठा था।

"यार, वे लोग तो वाकई किसी मुरीद की तलाश में हैं।" मैंने कहा।

"और जा...और जा...विश्वविद्यालय की तरफ मरने..."—दादू चिल्लाया।

आठ रोज तक दादू और मैं शहर में छुपते रहे। रोज अफवाह फैल जाती कि हम डॉक्टर हो रहे हैं और दोस्तों में शर्मिन्दा होना पड़ता। विश्वविद्यालय वाले भी कब तक इन्तजार करते। कनवोकेशन तो करना ही था। उन्हें दूसरे मिल गए। जब घोषणा हो गई, तब हमने सन्तोष की साँस ली। इस साल विश्वविद्यालय से डॉक्टर हो रहे हैं पाक्षिक 'दुन्दुभी' के सम्पादक श्री बजरंग हक्कू, और 'नगर सिटी बस रूट प्रदर्शिका', 'कुर्सी कैसे बनाएँ', 'गणेश महिमा', 'त्रिफला से फायदे', 'सुखी परिवार' (खंड काव्य), 'चलाओ चक्की कमाओ धन' के सुप्रसिद्ध लेखक दातारसिंग 'पुष्प', जिनकी साहित्य जगत में की सेवाएँ हमारे जिले और खासकर हमारी तहसील के साहित्य के इतिहास में भुलाई नहीं जा सकतीं।

आज शाम मैं और दादू दोनों डॉक्टर ऑफ पॉलिटिक्स और डॉक्टर ऑफ लिटरेचर को बधाई देने जा रहे हैं। यह डर मन में पूरी तरह बैठ गया कि यदि अधिक दिनों जीवित रहे, तो एक दिन हमें भी इस हाल से गुजरना पड़ेगा। हे प्रभु, हमने पूर्वजन्म में जो भी पाप किए हों, इस जन्म में डॉक्टरेट से बचा।

पान के बहाने कविता और कर्म पर एक बहस

पिछले दिनों कविता और कर्म के सम्बन्ध जुड़े हैं। कम से कम मेरे शहर में तो ऐसा हुआ है। जिन आलोचकों को लम्बे समय से यह शिकायत रही है कि आज कविता और कर्म एक-दूसरे से अलग जा पड़े हैं और कवि-व्यक्तित्व आम आदमी के रोजमर्रा के जीवन के समीप नहीं है, उनकी आशाओं, आकांक्षाओं से दूर है, उन्हें चाहिए कि एक चक्कर मेरे शहर का लगाएँ और कविता और कर्म के बीच घनिष्ठ लगाव को देखें, प्रेरणा लें। वीरगाथा काल में एक अदना कवि दोपहर को युद्ध लड़ता था और रात्रि को वीर रस की कविताएँ लिखता था। जैसा धन्धा, वैसी कविता, भोगा सो लिखा। कुछ मामले ऐसे भी हुए कि दोपहर के युद्ध में कवि महोदय मर गए और उनका वीर काव्य अधूरा रह गया। बाद में रिवाज बदला। युद्ध लड़ने का कामकाज करनेवालों ने प्रहार करते समय कवियों को कंसेशन देना आरम्भ कर दिया, जिससे साहित्य के नियमित विकास में बाधा न पहुँचे। कवि लोग रोज तलवारें लेकर युद्ध क्षेत्र में जाते और उसी मस्ती से घुमाया करते जैसे बच्चे लकड़ी की तलवार हवा में चलाते हैं। कोई शत्रु आ जाता तो वे तुरन्त कह देते कि भाई, मैं कवि हूँ। यहाँ सिर्फ अनुभव खसोटने आया हूँ, युद्ध मेरी रुचि नहीं है, मेरा क्षेत्र काव्य है। कहो तो एकाध सवैया सुनाऊँ? वीर को फुरसत होती तो भुजा फड़कवाने के उद्देश्य से सुनता, अन्यथा घोड़ा दौड़ाता आगे बढ़ जाता। कौन मारे कवि को। कुछ युद्ध ऐसे भी हुए, जिनमें दोनों पक्ष के सभी योद्धा मारे गए, सिर्फ कवि बच गए, जिन्होंने अपने घर लौटकर उस भीषण युद्ध का वर्णन लिखा, ताकि सनद रहे और वक्त पर कोर्स में लग जाए। भक्तिकाल में भी कविता और कर्म के सम्बन्ध मजबूत थे। सन्ताई और कविताई साथ-साथ चलती थी। और उस समय रीतिकाल का तो कहना ही क्या? शाम के बाद जो अनुभव हुए, सुबह के बाद लिख डाले। अब ऐसा नहीं रहा। कवि लोग कर्म से सम्पादक या शिक्षक का काम करते हैं और लिखते हैं कविताएँ, जिसका उनकी नौकरी से, कर्म से कोई सम्बन्ध नहीं। आलोचक की शिकायत वाजबी है।

मैं अपने शहर की बात कह रहा था। असली किस्म यानी इस सिलसिले की शुरुआत कैसे हुई, मुझे नहीं पता। या तो कुछ कवियों ने (शायर भी इसी अर्थ में

आते हैं) पान की दुकानें खोल लीं या कुछ पानवाले कविताएँ करने लगे। जो भी हो, पान पर कविता का और वहाँ प्राप्त कविताओं पर पानवालों का प्रभाव स्पष्ट दिखाई देने लगा। (यों कविता पर पानवालों का असर काफी पहले से रहा है। कवि लोग लाल होंठों की प्रशंसा में जब-तब लिखते रहे हैं पर इस प्रकार नहीं, जैसा इधर मेरे शहर में देखने में आया।)

उस दिन एक दुकान पर एक बोर्ड लगा देखा, जिस पर लिखा था :

गुलामी की जंजीरों से
स्वतन्त्रता की शान अच्छी है।
हजार रुपए की नौकरी से
पान की दुकान अच्छी है।

मैं ठिठक गया। स्पष्ट था कि जो सज्जन पान की दुकान खोलकर बैठे हैं, वे इसके पूर्व कहीं एक हजार रुपए मासिक पर नौकर थे। एक दिन उनका आत्मसम्मान भड़का और उन्होंने नौकरी पर लातनुमा त्यागपत्र या त्यागपत्रनुमा लात मार, पान की दुकान खोल ली। मेरी तबीयत हुई कि खाली जगह पर अप्लाई कर दूँ, हजार रुपए की नौकरी है, बार-बार चांस नहीं मिलता। मगर उपर्युक्त चार पंक्तियों ने लगे हाथ मुझे भी प्रेरित कर डाला कि वहाँ अप्लाई करने के बजाय क्यों न पान की दुकान खोल लूँ? मैंने दुकान से पान खाया और देखा कि पानवाले के चेहरे पर गहरा आत्मविश्वास है। ऐसा ही जैसा नौकरी छोड़नेवालों के चेहरों पर (मुझे छोड़कर) पाया जाता है।

कुछ दिनों बाद एक दूसरी पान की दुकान पर मुझे एक और बोर्ड दिखा। लिखा था :

निशि की शोभा दीप है,
दिन की शोभा भान।
कुल की शोभा पुत्र है,
मुख की शोभा पान।

मैं वहीं सड़क की शोभा बन आश्चर्य में टँगकर रह गया। काव्य का पान की दुकान पर ऐसा भारी आक्रमण और पान की कविता में ऐसी पैठ मेरी कल्पना के बाहर थी। कविता के विषय में मेरी समझ वहीं तक है, जहाँ तक नई कविता आन्दोलन वालों ने समझाया है। यानी अच्छा-खासा कन्फ्यूज हैं। मगर वह मेरे कन्फ्यूजन का नया आयाम था। पानेवाले की काव्य-प्रतिभा से मैं आश्चर्य से दंगित हुआ और विचारने लगा कि इस काव्य को किस श्रेणी, किस धारा में रखकर निर्णय दिए जाएँ।

समस्या यह थी कि जब तक काफी सारे उदाहरण न मिलें, साहित्य में प्रवृत्ति नहीं पकती। सो मैंने नियम बना लिया कि किसी भी पान की दुकान पर जाता हूँ,

तो ऊपर नीचे आसपास देख लेता हूँ कि कुछ लिखा तो नहीं? लिखा होता है। एक दुकान पर मैंने पढ़ा :

पान खाने से शान आती है
तुम्हें दिल्लगी सूझती है
यहाँ जान जाती है।

लगा कि बात विशेष रूप से मुझे सुनाकर कही जा रही है। यह गलत है कि पान के मामले में मुझे दिल्लगी सूझती है। मैं इस चर्चा को जितनी गम्भीरता से उठा रहा हूँ, उतनी गम्भीरता से मैं कविता की चर्चा प्रायः कम ही करता हूँ। मैं स्वयं पुराना पान खानेवाला रहा हूँ और मेरे व्यक्तित्व के निर्माण, सँवार और विकास में पानवालों के बड़े आइसों का जो योग रहा है, उसे मैं भुला नहीं सकता और न मैं उससे उऋण हो सकता हूँ। पान पूरी निष्ठा और ईमानदारी से खाता हूँ। एक मिशन-सा है। जहाँ पान मिलता है, खा लेता हूँ। पान की दुकान पर एक शेर पढ़ा था :

पान वो चीज है, जो एक पल में
आब करें, वाहवा।
लगाए दिल वही जिसको खुदा
खराब करे, वाहवा, वाहवा।

क्या लाजवाब शेर है! (शेर हमेशा लाजवाब होते हैं। मैंने अभी तक किसी ऐसे शेर के विषय में नहीं सुना जो लाजवाब नहीं हो। उनका शेर होना ही लाजवाब होना है।) मैंने मूल शेर में 'वाहवा' इसीलिए जोड़ दिया है कि जाने क्यों मुझे सदैव 'वाहवा' शेर का ही एक अंश लगता है।

पर इस शेर की साहित्यिक महत्ता निश्चित करने के लिए मुझे तुरन्त हिन्दी साहित्य से छलाँग मारकर उर्दू समीक्षा के क्षेत्र में जाना पड़ा। इस क्षेत्र में मेरी समझ उतनी भी नहीं है, जितनी हिन्दी समीक्षा में है। कोई बात नहीं। मैंने गुरु पकड़ा। शायर था। मैंने पूछा, "उर्दू शायरी में प्रमुख धाराएँ कौन-सी हैं यानी उर्दू में कितने किस्म की शायरी मिलती है?"

वे बोले, "जी उर्दू में, एक तो तरक्कीपसन्द यानी प्रोग्रेसिव, जिसे आप हिन्दी में कहते हैं परगतिशील।"

"हम उसे हिन्दी में परगतिशील नहीं, प्रगतिशील कहते हैं। और जब आप प्रोग्रेसिव बोल सकते हैं तो प्रगतिशील क्यों नहीं बोलते? 'प्र' दोनों में लगता है। या आप पोरोगरेसिव कहिए।"—मैंने गुरु की टाँग खींची। शिष्य धर्मानुगत।

"देखिए जुबान का मसला नाजुक है, आप इस पर न आइए।"

"खैर छोड़िए। आप शेर सुनाइए, ऐसा जो पान पर भी हो और तरक्कीपसन्द भी हो।"

"सुनिए।"

"इरशाद।"—मैं नियमानुसार तपाक से बोला।

"पान खाकर क्यों लबों को लाल करते हो?"—उन्होंने नौटंकी मुद्रा में मुझे मानो छेड़ते हुए पंक्ति कही।

"वाहवा!" मैंने अपने सिर को एक प्रशंसासूचक झटका दिया।

"पान खाकर क्यों लबों कों लाल करते हो?"—उन्होंने चौहराया और दूसरी पंक्ति सुनाई, "हम गरीबों का दिल हलाल करते हो!"

"वाहवा, वाहवा, क्या लाजवाब शेर है।"—कहकर मैंने श्रोताधर्म निभाया।

"हम गरीबों का दिल हलाल करते हो।"—वे फिर बोले।

"हम गरीबों का दिल हलाल करते हो।"—मैं अनुगूँजा।

उन्होंने झुककर आदाब किया। मैंने भी जवाब में झुककर आदाब किया।

मैं समझा वे कहीं जा रहे हैं। मगर वे आदाब करने के बाद वहीं खड़े रहे और मुझे तरक्की-पसन्द तहरीक और शहर के पानवालों की कमजोरियाँ बताने लगे।

मगर विषय है पान। पान भी नहीं, बल्कि कविता और कर्म। बल्कि कहा जाए कि पान के बहाने कविता और कर्म पर एक बातचीत। पर यह तो यूँ हुआ कि कॉफी के बहाने साहित्य पर एक चर्चा। जैसे लघुमानव के बहाने हिन्दी कविता पर एक बहस। कुल मिलाकर एक ठोस संगोष्ठी का मामला है। अगर आयोजित हो तो जोरदार वक्तव्य सुनने को मिलेंगे। मैं इस दिशा में गम्भीरतापूर्वक विचार करने लगा।

महानगर की प्रमुख पान की दुकान से लगा एक प्रकोष्ठ। पंखे चल रहे हैं, पान खाए जा रहे हैं, तकियों से साहित्यकार टिके गम्भीर हो रहे हैं, चर्चा चल रही है। विषय है 'पान और कविता'। भाग लेनेवाले साहित्यकार हैं—य, र, ल, व और श। गोष्ठी में क, ख, ग आदि को नहीं बुलाया गया, क्योंकि वे पुराने खूसट हो गए हैं और बौद्धिक चर्चा में फिट नहीं आते। च, छ, ज यद्यपि नए हैं, पर वे संगोष्ठी के खिलाफ हैं और बयान दे चुके हैं। ट, ठ, ड, ढ, ण उपस्थित हैं, पर उन्हें बोलने के लिए नहीं कहा जा रहा है। प, फ, ब, भ म, इस संगोष्ठी में भाग लेनेवाले य, र, ल, व, श के चमचे हैं। अतः वे गोष्ठी की सफलता के आकांक्षी बन रिपोर्टिंग के लिए नोट्स वगैरह ले रहे हैं। क्ष, त्र, ज्ञ पहले ही क्षमा माँग चुके हैं। त, थ, द, ध को न निमन्त्रण मिला और न उन्हें खबर लगी कि महानगर में ऐसी कोई गोष्ठी हो रही है। श्रोताओं में अ, आ से अं, अः तक सभी हैं, छोटी इ और बड़ी ई कोने में सिमटी बैठी शकल से पी-एच.डी. की छात्राएँ लग रही हैं। स और ह परिचर्चा न सुन इ, ई को घूर रहे हैं और सोच रहे हैं कि ये हमें मिल जाएँ तो हम सुख सि सी ही हो जाएँ! (इन सबके वास्तविक नाम न दे पाने के कारण मुझे क्षमा करें। कारण आप

समझते हैं)।

य ने चर्चा का आरम्भ किया।

य—पान! पान तो है! पान अपनी जगह है। परम्परा से चला आ रहा है और बदलते सन्दर्भ में उसे नकारा नहीं जा सकता। समय बदलता है, परिप्रेक्ष्य बदलता है, पर साहित्य के कुछ स्थायी तत्त्व हैं जैसे रस! सो तो है। पान रस का जनक है ना। जनक को नकारिएगा, तो रस कहाँ से पाइएगा। कहा है ना, वाक्यं रसात्मकं काव्यं। कोई वाक्य रस से कहिए तो वही काव्य है। पान खाकर, वाक्य कहिए। काव्य है। पान खानेवाला कवि बन जाए, सहज सम्भाव्य है। मैं कुछ नया नहीं कह रहा। पुरानी कसौटी की ही बात कह रहा हूँ।

र—मैं नहीं समझता कि पान का कविता से कुछ सम्बन्ध हो सकता है या उस माने में किसी भी बात का कविता से कुछ सम्बन्ध हो सकता है। पान पान है, कविता कविता। न कविता पान है और न पान कविता। जो लोग रसपान की बात कहते हैं या पान से रस को जोड़ते हैं, वे मैं नहीं समझता कि कविता को ठीक से समझते हैं। मैंने कई पान ऐसे खाए हैं, जिनमें रस नहीं था और कई कविताएँ ऐसी पढ़ी हैं जिनमें रस नहीं था। रस कविता की या उसी अर्थ में पान की अनिवार्य शर्त नहीं है। कविता पर किसी किस्म की शर्त नहीं लादी जा सकती। कविता इस प्रकार की डिक्टेटरशिप के खिलाफ विद्रोह है। आप उसे विद्रोह की कविता कह सकते हैं। मगर आप उसे पान की कविता नहीं कह सकते। हालाँकि पान खाना भी एक किस्म का विद्रोह है या हो सकता है। कविता न होने की होने में परिणति है, जबकि पान होने की न होने में। जो कवि हैं और पान खाने की स्थिति भोग रहे हैं, वे इस अन्तर को समझते हैं। आज का कवि पान खाने के लिए अभिशप्त है। अच्छा पान और अच्छी कविता सिर्फ महानगर में रह गई है। इसके लिए अफसोस किया जा सकता है, यद्यपि उसे रोका नहीं जा सकता। पिछले वर्षों में पान वाले और कवि कस्बा छोड़ महानगर में आए हैं। उसी के साथ कविता सिर्फ महानगर की कविता होकर रह गई है। मैं पान से कविता को श्रेष्ठ मानता हूँ।

ल—मुझसे कहा गया है कि मैं भी कुछ बोलूँ। मेरा ऐसा इरादा नहीं था। मैं यहाँ सिर्फ पान खाने के उद्देश्य से आया था और फँस गया। अभी य भाई और र भाई ने अपनी बात कही और विषय को काफी हद तक हमारे सामने स्पष्ट कर दिया है। पान और कविता पर पिछले दिनों हिन्दी में काफी चर्चा हुई है और यह विषय आज भी उतना ताजा है, जितना कल था। जहाँ तक मुझे याद आता है सबसे पहले 'धर्मयुग' में शरद जोशी ने एक विचारोत्तेजक लेख लिखकर, जिसका शीर्षक था 'पान के बहाने कविता और कर्म पर एक बहस' इस बात को उठाया था और पान और कविता के रिश्ते की पड़ताल की थी। उसके बाद और भी विचार सामने आए

और यह सचमुच हर्ष की बात है कि वर्षों बाद हिन्दी कविता की समीक्षा ने निर्णय की विदेशी कसौटियों से मुक्ति पाकर एक भारतीय कसौटी को चुना। पान पूर्णतः भारतीय है तथा हमारे लिए एक मजबूत आधार है जिससे हम काव्य की बुनावट को पकड़ सकें। पर एक खतरा है। कहीं यह सब एक फार्मूला बनकर न रह जाए या कल से यह भ्रम न फैल जाए कि जहाँ का पान अच्छा, उसी नगर की कविताएँ अच्छी। तब हमारे विरोधी मित्रों को पान की यह कसौटी साहित्य में इलाहाबाद और बनारस को पुनः स्थापित करने का षड्यन्त्र लगेगी और इसके पूर्व कि यह बात आगे बढ़े, तूतू-मैं-मैं में खो जाएगी। यह खतरा है। मैं अधिक कुछ न कहकर यह चाहूँगा कि पान का आकार हृदय की तरह है तथा उदारता हृदय का सबसे बड़ा गुण है। पान और कविता पर बातचीत उदारता से हो, तभी हम किसी निर्णय पर पहुँच सकेंगे।

व—मैं यहाँ यह उम्मीद लेकर आया था कि कुछ ठोस चर्चा होगी। चर्चा तो हो नहीं रही है, मगर नाम जरूर उछाले जा रहे हैं। अभी-अभी आपके सामने शरद जोशी का नाम उछाला गया और पान और कविता पर हिन्दी में चर्चा आरम्भ करने का श्रेय शरद जोशी को दिया गया। मैं ल महोदय को बता देना चाहता हूँ कि शरद जोशी के काफी पूर्व भारतेन्दु काल में यह चर्चा उठ चुकी है। और रहा सवाल बनारस और इलाहाबाद के पुनः स्थापित करने का, तो वे उखड़े कब थे, जो आप स्थापित करेंगे। अगर वहाँ का पान और कविता अच्छी है, तो मध्यप्रदेश वालों को जलने की कोई वजह नहीं। चर्चा को शुरू से गलत रुख दिया गया। हमें भूलना नहीं चाहिए कि पान और कविता सामन्तवादी युग की देन है और बिना सामन्तवाद को समझे इसे पूरी तरह नहीं समझा जा सकता। अध्ययन कीजिए और फिर बात कीजिए। मैं इस विषय पर एक लम्बा लेख लिखकर सारी स्थिति स्पष्ट कर दूँगा। हवा देखकर पान खानेवालों और असली पान खानेवालों का फर्क सामने आना चाहिए। अब वक्त आ गया है जब असली कविता की खोज शुरू की जाए। बस, मैं इतना ही कहना चाहता हूँ।

संगोष्ठी की सबसे बड़ी उपलब्धि रही श का समापन भाषण। उन्होंने मनुष्य के अकेलेपन से पान और कविता को जोड़ा और पान की बढ़ती खपत और कविता के विकास के आँकड़े प्रस्तुत किए। उन्होंने कहा कि आज की कविता उस मनुष्य के अकेलेपन की कविता है, जो पान खाता है। मनुष्य और मनुष्य के रिश्ते टूट रहे हैं, कोई बात करने को नहीं रहा। पर पान के बहाने अकेला मनुष्य मुँह तो चला सकता है। कविता भी इसी प्रकार मनुष्य को जोड़ती है। आज की कविता क्षण की कविता है। पान भी क्षण का पान है। अभी है, नहीं रहेगा। पान वर्तमान का प्रतीक है। मनुष्य वर्तमान में जीता है। कविता वर्तमान में जीती है। पान का सजाव, रचाव और बनाने

की प्रक्रिया किस कविता से कम है। आखिर दोनों मनुष्य की ही तो देन हैं। श लगातार पान खाए जा रहे थे और कह रहे थे।

गुंजाइश है। पूरी संगोष्ठी की गुंजाइश है। सतह चिकनी हो, न हो, पर आन्दोलन बहेगा। पान और कविता, कविता और पान। कुछ साहित्यिक मित्र मदद करें, राजी हो जाएँ तो मैं इस आन्दोलन के लिए जान की बाजी लगा हूँ। जैसा कि मेरे शहर की एक पान की दुकान पर लिखा है :

पान में गर जान की बाजी हो जाए,
कह दो उस प्यारी से कि राजी हो जाए।

मौन : एक रामबाण

अभी-अभी एक विद्वान से मिलकर चला आ रहा हूँ। मुझे जरा गौर से देखिए कि मेरा पूरा चेहरा पसीने से तर है। यह पसीना किसी शास्त्रार्थ के कारण नहीं है बल्कि बोरियत की उपज है। दो घंटे उसके समीप रहा, वह कुछ नहीं बोला। कुछ भी नहीं बोला और मुझे मात्र अपने दर्शन देता रहा। मैं उसकी मोटी, सुघड़, चश्मा-कुरता-धोती छवि खाता रहा और निहाल होता रहा। अन्त में मैंने उसे प्रणाम किया और चला आया। अतीत के बैंक में दो घंटे का शुद्ध समय–चेक जमा करके–लूटा हुआ, वापिस।

वह विद्वान था चूँकि वह चुप था। मौन ही ज्ञान का असली परिचायक है। मूर्ख हूँ मैं, चूँकि बोलता हूँ, हँसता हूँ और खुले दाँतों अपनी इज्जत खोता हूँ। बिगड़ा रेडियो दुरुस्त करना सरल है पर विद्वान की चुप्पी तोड़ना मुश्किल। मुझे गौर से देखें मैं पसीने से तर हूँ। मैंने कोशिश की और असफल रहा।

आज नई बातें सीखी हैं। चार किताबें पढ़ो और जीवन भर के लिए चुप हो जाओ। भारत की जनता आपको यकायक परम चिन्तक, विद्वान, ज्ञाता, मनीषी इत्यादि मान लेगी। यदि सिन्दूर चढ़वाना है तो पत्थर बनिये, मेरे एक परिचित हैं उन्होंने चार किताबें पढ़ी हैं। डिस्कवरी ऑफ इंडिया, बर्टेन्ड रसेल की एक पुस्तक, दो लेख अरविन्द पर और एक मित्र का कविता-संग्रह। रोज साँझ वे ज्ञानियों की बैठक में पाए जाते हैं। वे चुप रहते हैं और प्रतीक्षा करते हैं। चर्चा साहित्य से आरम्भ होती है और नगरपालिका, समाजवाद, जंगल, दफ्तर, कोर्ट के मुंशी जी के किस्से, पाकिस्तान से होती हुई जाने कैसे बर्टेन्ड रसेल या डिस्कवरी ऑफ इंडिया तक पहुँच जाती है। मेरे मित्र उस क्षण की प्रतीक्षा करते हैं जब बात गली-दर-गली भटकती वहाँ पहुँचे तब मौन तोड़ वे बोलते हैं, भाषण-बैल जोतते हैं और सरपट भागते हैं और उस ठौर ठहरते हैं जहाँ उनके रौब का झंडा लहरा रहा होता है। वे अपनी मंडली में परम चिन्तक एवं विद्वान हैं। कोई नहीं जानता कि उनके ज्ञानकोष में केवल चार पोथियों का अर्क है।

बचपन में पढ़ा था, "साइलेंस इज गोल्ड" और "बँधी मुट्ठी लाख की" पर

सिर्फ वाद-विवाद में पुरुस्कार पाने के लालच में उस पर अमल नहीं कर सका था। करता तो आज मेरी देश में इज्जत होती। मैं चुप होता और मेरा कमरा श्रोताओं से घिरा रहता। सारे कमरे में खामोशी की खुशबू फैल रही होती।

मौन एक शस्त्र है, एक नुस्खा है, उस्तादों द्वारा छुपाया या आखिरी गुर है। यह एक ऐसा तत्व है जो कई पीढ़ियाँ पढ़कर न समझ पाने के बाद प्राप्त होता है। मौन सबसे बड़ी अभिव्यक्ति है जो प्रायः टेलिफोन पर भी उपयोगी सिद्ध हो जाती है। मौन आधी स्वीकृति है और आधी अस्वीकृति जो दी नहीं जाती। मौन एक घोषणा है, एक मैनिफेस्टो है। चुप्पी एक रामबाण है जो राम ने न छोड़ा। मौन व्यक्ति से सत्संग सर्वाधिक सुखकर है जो केवल एक एस्परीन का पैकेट जेब में रखकर किया जा सकता है। चुप रहनेवालों को अनहद की झंकार सुनाई देती है और ब्रह्म स्क्रीन पर नजर आने लगता है ढाई घंटे के लिए। मौन ही देवत्व है। फरिश्ता वह जो खुदा की तरह खामोश रहे। यह एक ऐसा गुण है साधुओं को एकान्तवास के बाद तथा गृहस्थों को लम्बे समय तक विदेश विभाग में नौकरी करने के बाद प्राप्त होता है। मौन मंगलकारक है और बोलना दंगलकारक। अनुशासन और शान्ति का सर्वश्रेष्ठ रूप कब्रिस्तान में देखने को मिलता है, या परम विद्वानों की सभा में। ज्ञान-गंगा में गोते लगाने वाला मुँह नहीं खोलता, नहीं मर जाए। वह साँस बन्द रखता है, आँख बन्द रखता है, और दूर से भीगा-भीगा पवित्र दिखता है। हम जैसे किनारे बैठे बोलनेवाले उसके सामने थर-थर काँपते हैं। कहाँ डिपाजिट करें यह जुबान–समझ नहीं आता। खुद से घृणा करने लगते हैं। बाल नोचते हैं पर मजबूर हैं और निर्णय तोड़ फिर बोलने लग जाते हैं। जुबान इज्जत की दुश्मन है यह नहीं जानते। मौन के माइक्रोफोन ऊँचाइयों पर लगे हैं, तालियाँ बज रही हैं और हम, ध्वनि के माध्यम से सम्मान खो रहे हैं। खामोश रहना खानदानी गुण है। किसी पुरखे को अंग्रेज बहादुर ने "शटप यू ब्लडी फूल" कहा था और उसके बाद से पीढ़ियाँ खामोश हो गईं। चुप्पी की विरासत बाप बेटे को सौंपकर देता गया जो आज बोरियत के वटवृक्ष के रूप में फैल गई है और इज्जत बढ़ा रही है।

मौन पर पुस्तक लिखी जा सकती है। यदि कोई प्रकाशक तैयार हो तो मैं तुरन्त "मौन" शीर्षक दे कोरे पृष्ठों की एक पांडुलिपि–वह जितने भी पृष्ठों की चाहे, तैयार कर दे सकता हूँ। यह निरक्षरों में धर्म ग्रन्थ की तरह पूजी जाएगी और ज्ञानी उसका अर्थ समझने को सिर धुनेंगे। संसार के हर विषय पर वह सर्वश्रेष्ठ गाइड साबित होगी। ज्ञान के अन्तिम चौराहे पर यह शब्दविहीन पुस्तक ही पहुँच सकेगी और शेष जिसमें वाक्यों का असभ्य सिलसिला है, समाप्त हो जाएगी। केवल बीस प्रतिशत रायल्टी पर उपलब्ध इस पुस्तक में प्रकाशक को कम्पोजिंग-प्रिंटिंग का व्यय नहीं लगेगा। कागज का कोटा निरन्तर मिलने पर इसके नए संस्करण तैयार किए जा

सकेंगे। सर्वाधिकार लेखक के अधीन होगा और नकल करनेवाले को दंड भुगतना पड़ेगा। जो प्रकाशक चाहे सम्पर्क करें। अभिव्यंजना के क्षेत्र में नया माइलस्टोन है।

मैंने ऐसी अनेक लम्बी कहानियाँ और मोटे उपन्यास पढ़े हैं जिनमें पात्रों की सबसे बड़ी विशेषता या विवशता होती है कि वे कुछ नहीं बोलते, किसी प्रश्न का उत्तर नहीं देते। वातावरण सदैव निर्जन खामोश रहता है। समस्या नहीं सुलझती और पृष्ठ बढ़ते जाते हैं। जैसे–

1. मैंने उससे पूछा–"क्या तुम सचमुच मुझसे प्रेम करती हो?"

वह चुप रही।

2. "कितनी मनोरम है ना चाँदनी, कितना शीतल है यहाँ। मुझे अच्छा लग रहा है।" मैंने कहा।

वह खामोश था।

3. "आखिर बताओ मैं क्या करूँ, कहाँ जाऊँ? क्या है मेरा वर्तमान, क्या होगा मेरा भविष्य?"

उसने कोई उत्तर नहीं दिया। चुपचाप तालाब की ओर देखता रहा।

4. कॉफी हाउस में वह मेरे सामने बैठी है। वह चुप है। वह बहुत देर से चुप है। लगता है खो गई है कहीं। वह आज विशेष सुन्दर लग रही है।

"तुम आज बहुत खामोश हो।" मैं पूछता हूँ।

वह कुछ नहीं बोलती। सिर्फ, मुस्कुरा भर देती है। वह कितनी सुन्दर लगती है जब मुस्कुराती है।

मैं मौन उसकी रूपराशि पी रहा हूँ।

मौन एक खंजर है जो जब चाहे एक पात्र दूसरे पात्र पर चला देता है। सारे उपन्यास या कहानी में ऐसा अनेक दुर्घटनाओं से लहूलुहान वातावरण बन जाता है। यही साहित्य की उपलब्धि है–साँप सूँघे पात्रों की परम्परा।

कोई है कि मौन का भौतिक विश्लेषण करे तो उसमें वे सब तत्व मिलेंगे जो शुद्ध वायु में पाए जाते हैं। उसका रासायनिक-विश्लेषण करें तो पोटेशियम साइनाइट में जो है वह मौन में है। उसका मनोवैज्ञानिक विश्लेषण करें तो निस्पन्दता के सभी गुण वहाँ पाए जाएँगे। बेहतर है कि हम न करें और चुप रहें इस विश्वास के साथ कि हमें 'जीनियस' करार दिया जाएगा। उस आखिरी मंजिल पर जहाँ ज्ञान और व्यंजना के छोर मिलते हैं हमारी प्रतिभा की कब्र बनेगी जिस पर यह लिखे रहेंगे–

'वह चुप चला गया।'

जन्म–मई 1931

मृत्यु–दिसम्बर 1993

जुबान की मृत्यु–जुलाई 1963

रचनाओं की संख्या–खोज जारी है।

कब्र की दूसरी ओर मेरे प्रकाशक का विज्ञापन–जिन महान लेखक की यह कब्र है उनकी सभी पुस्तकें हमारे यहाँ उपलब्ध हैं। कृपया एक बार दूकान पर अवश्य पधारें। लेखक की अन्तिम इच्छा के अनुसार हम रिसर्च के छात्रों को विशेष कमीशन देते हैं।

नोटिस–विद्वान की कब्र पर मात्र दो क्षण का मौन रखें।

कॉफी-हाउस में बैठे चार व्यक्ति

उन तीनों को बैठे हुए एक घंटे से ऊपर हो चुका था। वे दो बार कॉफी मँगवाकर पी चुके थे।

"हूँ" किसी ने सहसा कहा।

"आँ" दूसरे ने कहा।

"एह" तीसरा हँसा।

फिर तीनों ने एक-दूसरे को देखा।

"शू उ उ उ" एक ने सीटी-सी बजाई। फिर चुप्पी हो गई। यकायक तीनों ने अपने को जीवित अनुभव किया।

"हम अपने को अजीब बेचैनी से घिरा पाते हैं।" उनमें से एक ने कहा, जिसका चश्मा गोल था।

"एक धुँधलका है, हमने अपनी आँखें खो दी हैं।" दूसरे ने कहा, जिसकी दाढ़ी काली घनी थी और जिसके दाँत साफ चमकते थे।

"मेरे अन्दर एक लावा कसमसा रहा है," तीसरा बोला, जिसकी नाक बह रही थी।

"हम जकड़े हुए लोग हैं।"

"हम अलग-अलग हैं।"

"हमारा आत्मबोध लुप्त हो रहा है। सचमुच।"

"हम क्या कर सकते हैं?"

"हम और कॉफी लेंगे।"

दाढ़ीवाले लड़के ने बैरा को बुलाया और उससे कहा, "देखो, हम अपने को अजीब बेचैनी से घिरा पाते हैं, यह धुँधलके में है और इसने अपनी आँखें खो दी हैं और इस तीसरे शख्स के अन्दर एक लावा कसमसा रहा है। हम जकड़े हुए लोग हैं। अलग-अलग हैं और हमारा आत्मबोध लुप्त हो रहा है। क्या तुम हमें कॉफी पिला सकते हो?"

"कॉफी और ढेर-सा पानी, ढेर-सा पानी। मुझे एक समुद्र चाहिए ईमान से," उस लड़के ने कहा, जिसके अन्दर लावा कसमसा रहा था।

"बैरा, तीन कॉफी और एक समुद्र, जल्दी। हमारा आत्मबोध लुप्त हो रहा है।"

फिर चुप्पी हो गई। दाढ़ीवाला अपना सिर खुजाने लगा और गोल बड़े चश्मेवाला अपनी आस्तीन खींचने लगा। इतने में कॉफी-हाउस का दरवाजा खुला और तीनों ने उस ओर देखा।

"गुरु आ गए।"

"हाँ, गुरु आ गए, वाकई में।"

एक भरे-पूरे बदन का साँवला व्यक्ति अन्दर प्रविष्ट हुआ। वह काला, सँकरी मोहरी का पैंट और चौखाने की कमीज पहने हुए था। उसकी कमीज और पैंट के बटन खुले हुए थे। उसकी बड़ी-बड़ी आँखें लाल थीं और चढ़ी हुई थीं। वह बार-बार अपने दाहिने हाथ से बाल सँवारता था और बाएँ हाथ से पैंट कमर के पास से ऊपर खींचता था। वह सीधा आया और उन तीनों के पास, जो चौथी खाली कुर्सी थी, उस पर बैठ गया। उसने इन तीनों की ओर नहीं देखा। उसने टेबल की ओर देखा, जो खाली थी। और फिर कॉफी-हाउस की पुरानी छत की ओर देखने लगा। तीनों लड़कों ने मार्क कर लिया कि गुरु अपने निकट से एक अलगाव रख व्यापक परिवेश से अपने को बाँधने का प्रयास कर रहे हैं।

'सिगरेटें,' गुरु ने कहा।

तीनों लड़कों ने जेब से सिगरेट की डिबिया निकालीं और गुरु की ओर बढ़ाईं। गुरु ने एक सिगरेट ले ली।

'आग।'

जिस लड़के के अन्दर लावा कसमसा रहा था, उसने माचिस निकाल कर दी।

गुरु छत की ओर देखने लगे। गोल बड़े चश्मेवाले ने बैरा को बुलाकर कहा कि गुरु आ गए हैं, इसलिए एक कप कॉफी की और जरूरत होगी।

फिर कुछ देर चुप्पी रही। तीनों लड़के गुरु के चेहरे की ओर देखते रहे। यकायक गुरु ने उसी तरह ऊपर छत की ओर देखते हुए कहना शुरू कर दिया, "मैं घिरा हुआ लगता हूँ। मेरे चारों ओर अनेक बन्द दरवाजे हैं, जो लगातार थपथपाए जा रहे हैं। निरन्तर सुनाई देनेवाली कई आवाजें मुझे बेचैन किए हैं। मैं नहीं जानता मेरे आसपास क्या है?"

"हम हैं गुरु, हम तीनों आपके आसपास हैं," दाढ़ीवाले लड़के ने कहा।

गुरु ने जैसे नहीं सुना, वह बोलते रहे, "मेरे आसपास है मेरा वायवी अतीत। मेरा पिता मेरा शत्रु है। उसे देख मुझे लगता है कि मेरी हड्डियों का फॉसफोरस चुक गया है। तुम मुझे कॉफी देते हो, मुझे फॉसफोरस चाहिए।"

गोल बड़े चश्मेवाले ने बैरे को बुलाया और धीरे से कहा, "देखो, हमारे गुरु का फॉसफोरस चुक गया है। क्या तुम गुरु के लिए एक प्लेट फॉसफोरस ला सकते हो?"

बैरा ने कहा कि फासफोरस नहीं है और वह मेनू रखकर चला गया। गुरु ने यह सब नहीं देखा। वह बोलते रहे, ''यह मुर्दा शहर है, यहाँ की सारी इमारतें कंकाल हैं और मेरा शरीर पारदर्शी है। मुझे शब्दों के अर्थ और बदन पर लिपटे कपड़े व्यर्थ लगते हैं। मैं इन्हें उतारना चाहता हूँ और इस मुर्दा शहर की कंकाल इमारतों के बीच से गुजर जाना चाहता हूँ।''

तीनों लड़कों ने परस्पर एक-दूसरे को देखा और बाद में दाढ़ीवाले ने कहा, ''गुरु, आपके बटन खुले हैं।''

''मैं इसी तरह अँधेरी घाटियों में उतर जाना चाहता हूँ। मैं भटकना चाहता हूँ एक प्रकाश हीनता की ओर।''

''गुरु, हम आपके साथ हैं,'' उस लड़के ने, जिसके अन्तर में लावा कसमसा रहा था, नाक सुड़कते हुए कहा।

''शटप।'' गुरु ने कहा, ''कम्बख्तो, तुम मेरे साथ क्या चलोगे? तुम? तुम में अभी बिना बनियान के बुश्शर्ट पहनने का तो साहस नहीं है। तुम क्या निर्वस्त्र होगे?''

बैरा आकर पानी का जग और चार कॉफी रख गया।

''इतना पानी किसने मँगाया?'' गुरु ने पूछा।

''इसने,'' गोल चश्मेवाले ने उस लड़के की तरफ इशारा किया, जिसकी नाक बह रही थी, ''इसके अन्तर में लावा कसमसा रहा है। इसे समुद्र चाहिए।''

"वेरी गुड," गुरु ने कहा।

लड़के ने अहं से नाक सुड़की और पानी पीने लगा।

''पी जाओ। तुम समुद्र पी जाओ। वह कौन-सा ऋषि था, जिसने समुद्र पीया था?'' गुरु प्रसन्न हो बोले।

''हाँ, कोई जरूर था। ईमान से, कोई जरूर था।''

गुरु ने टेबल की ओर गरदन झुकाई, होंठ आगे खींचे और बिना कप पकड़े कॉफी का सिप लिया। फिर तीनों ने ऐसा किया।

एक-एक सिप लेकर सबने अपने को जीवन्त अनुभव किया।

''तुम लोगों की क्या स्थितियाँ हैं? आजकल क्या-कैसा भोग रहे हो?''—गुरु ने तीनों से पूछा।

''ठीक है, हम कुछ भोगने की कोशिश में लगे हैं!'' दाढ़ीवाले ने जवाब दिया।

''अलग-अलग बताओ। एक-एक विषय में मैं अलग-अलग पूछूँगा। "गुरु ने कहा, ''सबसे पहले अपरिचय, क्या स्थिति है?''

''मुझे लगता है, मैं अपरिचय का मारा हुआ हूँ। मैं अपने को निरन्तर अकेला अनुभव करता हूँ।''

''मैं खुद से अपरिचित हो गया हूँ।''

"कॉफी-हाउस की इस टेबल और पड़ोस की लड़की की खिड़की के अलावा मैं अपने को कहीं भी जुड़ा हुआ नहीं पाता। मैं आपको विश्वास दिलाता हूँ कि मैं अकेला हूँ। बिलीव मी।"

"ठीक है।" गुरु ने अपने बालों पर हाथ फेरते हुए कहा, "भय, भय के क्षेत्र में तुम लोगों की स्थिति क्या है? किसी को मृत्युबोध हुआ?"

"मुझे लगता है, मृत्यु मेरे पीछे जेब में हाथ डाले आ रही है। हर इमारत जबड़े फाड़े मुझे देखती है। मुझे आश्चर्य है, कारें मुझ पर से क्यों नहीं गुजरतीं?" मोटे चश्मेवाले ने कहा।

"जीवन भी उतना ही भयानक है जितनी मृत्यु। मुझे दोनों में अन्तर नहीं लगता।"

"भय और मृत्युबोध मुझे भी होता है। पड़ोस की लड़की का बाप जब मुझे देखता है, मुझे ऐसी ही अनुभूति होती है। मुझे लगता है, किसी दिन वह मुझे मार डालेगा।"

"वेरी गुड।" गुरु ने प्रसन्न हो उन्हें देखा, "घृणा, तुम लोग घृणा करते हो या नहीं?"

"करते हैं, हम सबसे घृणा करते हैं," मोटे चश्मेवाले ने कहा।

"पड़ोस की लड़की को छोड़ मैं सबसे घृणा करता हूँ।"

"उससे भी क्यों नहीं करते?" गुरु ने पूछा।

"वह मुझे मिली नहीं। एक बार वह मेरे पास आ जाए तो मैं उससे भी घृणा करने लगूँ।"

"ठीक है। तुम तीनों लोग ठीक चल रहे हो। तुम्हें कुछ साहसी होना चाहिए। मैं देखता हूँ कि नंगापन और योनि आदि शब्दों के प्रयोग में तुम संकोच करते हो। पर जल्दी ही तुम इन कमजोरियों से उबर जाओगे। अन्दर लावा कसमसाने लगा है, यह अच्छी बात है। सिगरेट, मुझे सिगरेट चाहिए।"

तीनों लड़कों ने गुरु की ओर सिगरेट बढ़ाई। माचिस दी। गुरु ने सिगरेट सुलगाकर एक कश खींचा और कहा, "किसी ने सिगरेट का एक अनबुझा टुकड़ा मेरी अँतड़ियों में फेंक दिया है। मैं जलन और धुएँ के लिए आभारी हूँ उस अनजान आदमी का, जो मुझे अकेला छोड़ क्रोधित बिल्लियों के द्वीप पर चला गया है। मेरी पीठ पर एक गिरगिट रेंगता है, जो मेरा शहर है।"

गुरु की पंक्तियाँ सुन तीनों ने अपने को जीवन्त अनुभव किया।

"तुम लोग कोई ऐसी बात नहीं सोचते?" गुरु ने पूछा।

"हम निरन्तर सोचते हैं।"

"मुझे सुनाओ।" गुरु ने आँखें बन्द कर एक कश लिया, "मेरे कान पिघले हुए सीसे का इन्तजार कर रहे हैं।"

"एक अधमरे साँप-सी छपटाती है शहर की सड़क। जूतों के तलों में छुपाये

अपनी आत्मा, चुपके से लौटता है बाबू अपने घर, सड़ी मछली चूसने की आदत से परेशान," एक ने कहा और प्रशंसा पाने के लिए गुरु की ओर देखा।

गुरु ने कुछ नहीं कहा। वह बालों पर हाथ फेरते रहे।

दूसरा लड़का सुनाने के पहले डर-सा गया पर बाद में बोला, "सड़क चाटती है कुतिया की जीभ, आदमी करता है पेशाब। एक गन्ध में डूबी आत्मा कोठे से बुलाती है इस घिनौने बाजार में।"

"हूँ," गुरु ने सिर्फ इतना कहा।

तीसरे ने कहा, "पड़ोस की बिल्ली, चूहे समझकर खा रही है मोहल्ले के लड़कों का प्रेम। उसकी चौखट पर एक चौकोर आकाश में सलीब पर लटका है मेरा नाम।"

"हूँ।" गुरु ने कहा और कॉफी-हाउस की छत देखने लगे। फिर बोले, "मित्रो, नंगा होना पड़ेगा। बिना इसके काम नहीं चलेगा। मैंने तुम्हें सुना और मेरा यह मत दृढ़ हुआ कि नंगा होना पड़ेगा।"

"हम होंगे।"

"हम जरूर होंगे।"

"देन डैम दिस प्लेस!" गुरु चीखे, "उठो यहाँ से। हम सड़क पर चलेंगे। हम उनमें अपने को मिला देंगे।"

प्रेमचन्द के बासी आलोचक

हिन्दी में केवल सृजनशील लेखक भर बन जाने से काम नहीं चलता, साथ-ही-साथ लेखक को महापुरुष भी बनना पड़ता है। पूँजीयुग की जिन थोथी नैतिकताओं में हम रहते हैं वहाँ व्यक्तित्व प्रदर्शन का विशेष महत्त्व है। प्रायः हम लेखक अथवा कवि की कला के विषय में निर्णय उसके व्यक्तित्व से बनाते हैं। अमुक व्यक्ति बड़े सीधे, सरल, मिलनसार और भावुक हृदय हैं तो निश्चित ही साहित्यिक भी बड़े ऊँचे ही होंगे या अमुक व्यक्ति बड़ा गुस्सैल, मुँहफट, स्पष्टवादी है तो निश्चित ही उनकी रचनाएँ भी बड़ी तीखी और असरकारक होती होगीं। प्रायः हिन्दी का लेखक या कवि अपनी कला के बजाय अपने निजी व्यक्तित्व को सँवारने-सुधारने में ज्यादा ध्यान देता है। छैला अपने स्वभाव के बावजूद सरल बनता रहता है और हीनभाव से पीड़ित व्यक्ति रंगीन बुश्शर्ट में रमता है। रवीन्द्रनाथ-सी प्रतिभा कोई न हुई पर शॉल सबने लपेटी। शहर से दूर मकान रखा और बाल बढ़ाए, दाढ़ियाँ बढ़ाईं।

खैर! इसी सम्बन्ध में हमने प्रेमचन्द पर भी अत्याचार किए हैं। प्रेमचन्द की कला पर लिखे जानेवाले नब्बे प्रतिशत लेख, जो प्रेमचन्द-कालीन तरुणों ने लिखे हैं, सदैव कला की चर्चा छोड़ व्यक्तित्व की ओर झुक जाते हैं। जैसे यही कि उनका प्रेमचन्द से पत्र-व्यवहार कब हुआ, कब-कब वे मिले तो क्या-क्या चर्चाएँ हुईं और उनके कितने लेख उन दिनों 'हंस' में छपे। अथवा लेख में यह रहता है कि प्रेमचन्द की पहली रचना पढ़ी तो मेरे मन में कैसी हलचल हुई अथवा जब गोदान छपकर आया तो हिन्दी-जगत् में कैसी धूम मची। हम लोग स्वभाव से चोला-पूजक हैं। मैं यह नहीं कहता कि प्रेमचन्द कोई दिखावा करते होंगे अथवा बनते होंगे मगर वे लोग जिनसे आशा की जाती है कि प्रेमचन्द के विचार और कला पर उनके युग की परिस्थिति पर चर्चा करेंगे, सदैव बहककर कुछ और तरफ गुड़क जाते हैं। यही बात जैनेन्द्र, उग्र और निराला को लेकर होती है। शायद यह सारी पीढ़ी ही व्यक्तिगत सम्बन्धों, व्यवहारों और अर्जित यश के आधार पर निर्णय लेती थी। अब जो नई पीढ़ी आई है उसने तो प्रेमचन्द को देखा नहीं है, 'हंस' में उनके लेख नहीं छपे हैं। फिर क्या होगा? प्रेमचन्द पर चर्चा बन्द हो जाएगी। मेरे ख्याल से प्रेमचन्द के साहित्य के

वास्तविक और नए मूल्यांकन का नया दौर प्रारम्भ होना चाहिए जिसमें हम अधिक तटस्थ, अधिक गहन दृष्टि से उनकी समस्या रचनाओं पर सोचें-विचारें। प्रेमचन्द आदर्शवादी थे, यथार्थवादी थे, आदर्शोन्मुख यथार्थवादी थे, वे ग्राम-जीवन के चतुर चितेरे थे, गोर्की थे, टाल्सटॉय थे, ऐसे नारों से काम नहीं चलेगा।

हिन्दी में प्रेमचन्द पर दूसरा अत्याचार यह हुआ कि हमने उनसे अधिक अपेक्षाएँ कीं। उसमें चेखव, टाल्सटॉय, गोर्की, शरत्‌चन्द्र आदि को तलाशा। प्रसाद-सी प्रांजल भाषा चाही, यानी उनकी साहित्यिक ईमानदारी से हमें सन्तोष नहीं हुआ। कोई लिखता है कि नारी-जीवन का जो गहन अध्ययन शरत्‌चन्द्र का था वह प्रेमचन्द के किसी पात्र में नहीं है। गोर्की ने समाज के लुच्चों-लफंगों का जो यथार्थ चित्रण किया है वह प्रेमचन्द में नहीं है। प्रेमचन्द में गहराई नहीं, विस्तार है।

मैं सोचता हूँ कि यह प्रेमचन्द की विशेषता है कि उनमें टाल्सटॉय की अन्ना नहीं है। शरत्‌चन्द्र बनने के प्रयास उन्होंने नहीं किए। हर लेखक का साहित्य उसके निजी अध्ययन और अनुभूतियों का परिणाम ही होता है। दूसरे को अपने में इम्पोर्ट करने की वह सोचने क्यों लगा, जो स्वयं अपने में भरा-पूरा है। किसानों और शहरी मध्यवर्ग के जीवन का व्यापक कथानक जिसके पास है वह नारी-मन की छिपी भावना का क्रोशिया क्यों करे? मगर हम जैसे चोलापूजक हैं, वैसे ही पुस्तक-पूजक भी तो हैं। कहते हैं न कि संसार का सारा ज्ञान गीता में है, सारा शृंगार और रस शाकुन्तल में है, सर्वोच्च भावनाएँ रामायण में हैं, उसी प्रकार हम चाहते हैं कि संसार की समस्त अच्छी रचनाएँ प्रेमचन्द में दिख जाएँ। चेखव की कहानी-कला उनमें हो, टाल्सटॉय की 'वार एंड पीस' उनमें हो, शरत् के नारी पात्र उनमें हों, गोर्की का व्यंग्य उनमें हो, तुर्गनेव की कलात्मक अभिरुचियाँ वहाँ दिखाई दें, यानी कुछ ऐसा हो कि हम प्रेमचन्द की किताब उठाकर संसार के साहित्यकारों के सिर पर मार सकें, कि लो, जगद्‌गुरु जम्बूद्वीप भारत की नई देन है। है तुम्हारे पास इसका जवाब? हम शेक्सपियर का उत्तर कालिदास से देने में व्यस्त रहे हैं। हम क्यों नहीं चाहेंगे कि टाल्सटॉय का जवाब प्रेमचन्द दें।

यह भी हमारा प्रेमचन्द पर अत्याचार है। जो बेचारा उर्दू के किस्से-कहानी से लिखना सीखा हो, जिसने बहुत कष्टमय जीवन जिया हो और अपनी आँखों से देखी सच्चाई को लिखने में भी सहज भाव से सदा व्यस्त रहा हो, वह आपकी हर सनक निभाए, ऐसी दुकानदारी वृत्ति की अपेक्षा उससे क्यों की जाती है? और माना कि नहीं कर सका तो हजरत आप कीजिए। आपने क्या हिन्दी में भुट्टे सेंके हैं। गोदान के आकार के उपन्यास जरूर लिखे हैं, गोदान का प्रकार तो नहीं लिखा।

प्रेमचन्द की परम्परा को लेकर भी बड़ी बातें हैं। पिछले दस सालों में हमने प्रेमचन्द के बजाय परम्परा पर अधिक चर्चा की है। उसके अनेक भाष्य किए हैं और

हर किसी को पकड़कर वहाँ बैठाया है। सबने अपने को प्रेमचन्द से तौला है और कुछ आगे बढ़ा हुआ मन में मान अहं की तुष्टि की है। प्रेमचन्द की कमियों से अपनी उपलब्धियों को तौला है। प्रेमचन्द की उपलब्धियों से अपनी कमियों को नहीं देखा।

अजीब बात है कि हम प्रेमचन्द के कारण सदैव हीन भाव से पीड़ित रहें और दिवालियों की तरह बैठे हुए मन-ही-मन हिसाब लगाते रहें। हम क्यों नहीं अधिक विश्लेषणात्मक और वैज्ञानिक दृष्टिकोण अपनाएँ। उसे तराजू का पलड़ा नहीं बनाकर अपने दिल का हिस्सा बनाएँ। उसे प्रेम करें और पढ़कर प्रेरणा लें। यदि प्रेमचन्दोत्तर उपन्यास पर दस लेख लिखकर यह साबित भी हो जाता है कि फणीश्वरनाथ रेणु प्रेमचन्द से आगे हैं तो इससे क्या होता है? आगे तो वे हैं ही। प्रेमचन्द बिचारे फिल्म में इतने प्रसिद्ध होने पर भी नहीं जमे। रेणु की कहानी पर फिल्म बन रही है। उससे क्या सिद्ध कीजिएगा। वे दो बैलों की कहानी को 'हीरा-मोती' कर देने की कला नहीं जानते थे। अगर जानते होते तो सोना-चाँदी में तुलते।

पुरानी पीढ़ी प्रेमचन्द पर अपनी राय जाहिर कर चुकी। अब वह बदलेगी नहीं, बल्कि उसे ही बार-बार सिद्ध करने और मनवाने की जिद में लगी रहेगी। उनसे उम्मीद बेकार है। प्रकाशकीय व्यवसाय के झमेले दूसरे हैं। एक प्रकाशक ने मुझसे कहा कि साहब प्रेमचन्द साहित्य पर ज्यादा चर्चा करने से क्या लाभ? प्रेमचन्द की बात होती है तो उनकी बिक्री बढ़ती है और फायदा जाता है अमृतराय और श्रीपतराय को। यह शुद्ध कमीनापन है, इस प्रकार सोचना। प्रेमचन्द साहित्य का व्यावसायिक पक्ष है अवश्य, पर सिर्फ इसी कारण हम अपनी ईमानदारी नहीं खो सकते।

हमारी प्रेमचन्द से समय की दूरी बढ़ रही है, और यही मौका है मानसिक सामीप्य का जब उन पर विचार हो, और लगातार हो। जितनी आलोचना होगी उतना ही प्रेमचन्द निखरेंगे। शेक्सपियर की चर्चा कहाँ समाप्त होती है। यों यह भी है कि कहाँ कल के प्रेमचन्द और कहाँ आज की नई कहानी। जो गहराई, जो ऊपर-उठाई, जो आगे-बढ़ाई, जो फैलाव, जो सीढ़ी-चढ़ाई नई कहानी में की गई है वह उस प्रेमचन्द में कहाँ। बाजार हुस्न और प्रेम बतीसी जैसे शीर्षक अब हिन्दी में कहाँ रहे। उनकी बात करना इंटलेक्च्युअलिज्म नहीं है। कैथरीन मैक्सफील्ड, आन्द्रेजींद और निर्मल वर्मा की बातें कीजिए। साहब, कभी देखा है आपने 'कल्पना' में प्रेमचन्द पर लेख छपा हुआ!

समीक्षा की 'छेड़खानी शैली' के समर्थन में

अगर कोई दूध-का-दूध और पानी-का-पानी करे भी तो उससे कोई खास मतलब नहीं निकलता क्योंकि हम दूध भी जानते हैं, पानी भी जानते हैं और यह भी जानते हैं कि दोनों मिले हुए हैं। जिसने दोनों को अलग करने का कष्ट किया है उसकी 'हँसाई' की हम दाद दे सकते हैं जो समीक्षा के क्षेत्र में आगे जाकर 'कौवा महन्ती' बन जाती है। उदीयमान समीक्षकों में यही विश्लेषण वाला अन्दाज रहता है। अपनी प्रतिभा की लेबोरेटरी में छोटे-मोटे टेस्ट कर नमूनों से वे यह साबित कर देते हैं कि फलाँ कविता में गड़बड़ का कारण वह छायावादी लट्टू है जो ड्राइंगरूम में कवि के सिर पर लटका हुआ है या प्रेमगीतों के सतही होने का कारण रूमानियत का यह सस्ता नुस्खा है जो पंजाबी स्टोरों पर मिलता है वगैरह, इससे सिवा विश्लेषण के कुछ नहीं होता। दूध-पानी की तरह एक जाना-माना तथ्य बताकर एक शरीफ आदमी गिरकर समीक्षक हो जाता है। दूधवाला उससे बार-बार पूछता है कि आलोचक मालिक, मानता हूँ कि दूध और पानी मिले हुए हैं पर स्वाद कैसा है? पर अपनी 'हंस-वृत्ति' में मुग्ध समीक्षक इसका कोई उत्तर नहीं देता। साहित्य में ऐसी विभिन्न परिस्थितियों से गुजरने के बाद अन्ततोगत्वा वह एक स्थायी कार्टूनी मुद्रा अख्तियार कर लेता है। जब देखो यह मुद्रा नए ढंग से मजा देती है।

सभी साहित्यों में समीक्षा एक अनिवार्य बोरियत है जिससे कवियों को कभी मुक्ति नहीं। साहित्य पढ़ने और समीक्षा करने का नाता खाने और जुगाली करने का-सा है। होता रहता है। चलता रहता है। स्वाद भाँपनेवाली कानी आँख से लेकर, जिसे दृष्टि कहते हैं, रस-बोध का पुराना सलाइवा तक सभी इसमें अपना काम करते हैं। एक प्रवृत्ति के समाप्त होने के बाद जब समीक्षक डकार लेता है वह साहित्य की उपलब्धि बन जाती है। हिन्दी में इस मामले में जल्दबाजी ज्यादा है। फलस्वरूप ज्ञान के अपच के मारे समीक्षक कम नहीं। इनके चेहरों का संत्रास देखते ही बनता है। रस-प्रक्रिया से जन्य 'ग्रेस्ट्रिक ट्रबल' का सीने पर दबाव रहता है जो चेहरे को गम्भीर बना देता है। बेचारे नम्रभावी कवि इस गम्भीर मूरत को देख झुके-झुके जाते हैं। इसी कारण साहित्य में समीक्षक को जरूरत से ज्यादा सम्मान प्राप्त है। वह अनजाने ही

हमारा अध्यक्ष, मुख्य अतिथि, रेफरी, न्यायाधीश और रिंग मास्टर हो गया है। इसमें गरीब समीक्षक की कोई हिकमत नहीं रही। असली असर उसके संत्रस्त चेहरे का रहा। संवेदनशील लेखकों और नाजुकमन कवियों में वह बड़ा बन गया। बेचारों के मन में एक अपराधी-भाव घर कर गया कि यह बेचारा समीक्षक हमारे किए का दंड भुगत रहा है, हमारे कसूरों के बावजूद पैरवी में व्यस्त है। सो चोरों में जो आदर वकील को मिलता है वही आदर सहज ही समीक्षक ने कवियों में प्राप्त कर लिया।

मुझे तो एक लपलपाती समीक्षा से व्यंग्य लेख की महक आती है। समझदारों में चूँकि बुद्धि-तत्त्व कोई अजूबा चीज नहीं होती अतः मैं उस अकल से नहीं डरता जो आलोचना में बघारी जाती है। चूँकि मनुष्य की अन्तिम परिणति उपदेशक होना है अतः मुझे समीक्षा का धीर-गम्भीर मार्गदर्शनी मर्ज सहज स्वाभाविक लगता है। इन दोनों तत्त्वों को छाँटने के बाद जो बच रहता है वह शुद्ध शिल्प है, निबन्ध-रस–जो अपने मजे अलग देता है। सफल समीक्षा से यही महक आती है जो सुख देती है। बेचारे समीक्षक के लिए पढ़ी हुई रचनाएँ ही उसका 'भोगा हुआ यथार्थ' हैं। पढ़ने के बाद वह तीव्रता से अपने को व्यक्त करता है। इसी स्तर पर वह मुझ-जैसा व्यंग्यकार है, बन्धु है और उसकी सहायता एवं प्रोत्साहन मेरा धर्म है। वह इस अवस्था को तुरन्त नहीं प्राप्त करता। इस शिल्प-साधना के उस लम्बे मार्ग पर घिसटते हुए मुझ तक पहुँचता है। सिर्फ इसी कारण या यों भी साहित्य में बड़े-छोटे को भेदकर उसे अपने से दूर बनाए रखना एक व्यंग्य लेखक की उदारता के प्रतिकूल होगा। यह सच है कि उसका क्षेत्र व्यापक नहीं, वह अपनी क्षमता का गुड़ साहित्य की कुलिया में ही फोड़ता रहता है, फिर भी एक समानता है जो हमें करीब रखती है। अधिक कहना बड़बोलापन होगा। (बड़बोलापन उसका शब्द है, जो मैंने उपयोगी समझ इधर ले लिया है)

इसी व्यंग्यधर्मिता के कारण समीक्षा की सर्वश्रेष्ठ शैली वह छेड़खानी शैली होती है जो विलासखानी तोड़ी की तरह विलम्बित और द्रुत दोनों में मजा देती है। व्यंग्य हो या समीक्षा, इसका आनन्द अलग ही है। यों समीक्षक वक्त-वक्त पर अपना रुख बदलता रहा है। कभी वह गाईडाना अन्दाज में साहित्य के टूरिस्टों को दर्शनीय अर्थात् पठनीय स्थलों की सैर कराने का धन्धा करता है, कभी वह सफल रचना की अँगुली पकड़ खुद खड़े होने की चेष्टा करता है और कभी नितान्त घसियारी वृत्ति अपना छोटे-मोटे झाड़-झंखाड़ उखाड़ फेंकने का जोखिम उठाता है। यह तीसरा अन्दाज इधर खासतौर से चर्चा का विषय रहा था। ऐसे समय आलोचक राममूर्ति पहलवान-सा बलशाली लगने लगता है और लेखन-सरकस के सारे दर्शक एक साथ वाह-वाह कर मारे खुशी के सीटी बजाने लगते हैं। हिन्दी में समीक्षक व्यक्तित्व का दबदबा ऐसी ही उखाड़ू समीक्षाओं के आधार पर फैला है जो समय-समय पर होती रही है। अब

यह साबित हो चुका है कि साहित्य में उखाड़ने से कोई नहीं उखड़ता बल्कि जम जाता है। बेशरमी साहित्य में संजीवनी का काम करती है। कटने पर सवाया बढ़ जाती है। सो उखाड़ू समीक्षा का दौर चला गया। सब जान गए कि ढोल-नगाड़ों के शोर में तलवार घुमाना वीरता नहीं मात्र एक प्रदर्शन-वृत्ति है जिसका जुलूस की उत्सवधर्मिता के निर्वाह के अतिरिक्त कोई उपयोग नहीं। सो अपने आधुनिक दौर में हिन्दी समीक्षा ने 'छेड़खानी' शैली अपना ली है। ताज्जुब यह है कि जो उखाड़ने से नहीं उखड़ते थे वे छेड़खानी से उखड़ने लगे हैं। नुस्खा कारगर साबित हो रहा है। समीक्षकों को इस सन्दर्भ में व्यंग्यकारों की जय बोलनी चाहिए।

हिन्दी में आचार्यत्व अपेक्षाकृत शीघ्र प्राप्त होता है। कठिन तो है उसे बनाए रखना। एक बार पहलवानी छोड़ दो तो तोंद बढ़ते और हँसनी आते देर नहीं लगती। ऐसे समय पुरानी लोकप्रियता और चेले-चपाटी काम आते हैं। नामी पहलवान को चुनौती दो तो बोलता है—"पहले मेरे चेलों से लड़ लो।" साहित्य में भी यही होता है। (साहित्य के सब्जी बाजार में तीन किस्म के आलू पाए जाते हैं—श्रद्धालु, कृपालु और ईर्ष्यालु) तर्कवालों से निपटने श्रद्धावाले आगे आते हैं। देशी कुश्ती और फ्री-स्टाइल का जोड़ नहीं बैठता और नतीजा सामने नहीं आता। पिछले वर्षों में यही हुआ है। विश्वविद्यालयों के हिन्दी विभागों की कृपा से ज्ञान, स्वार्थ और श्रद्धा बल्कि अक्सर ही मात्र स्वार्थ और श्रद्धा की मिली-जुली मूर्तियाँ हर मठ के बाहर घूमती मिलती हैं। इनके मारे स्वतन्त्र चलना-फिरना मुश्किल है। यों भी परम्परा से हिन्दी के साहित्य-प्रदेश पर हमेशा लामाओं का कब्जा रहा है जिनके क्षेत्र बँटे हुए हैं। किसी ने तुलसी दाब रखा है, किसी ने रस, किसी ने संस्कृति और किसी ने आधुनिकता। आप उनका कुछ नहीं बिगाड़ सकते। ऐसे में बेचारे शुद्ध समीक्षक की बड़ी मुसीबत है। या तो वह मठ की 'शरणं गच्छामि' हो जाए या दादा किसिम के शिष्यों से पिटे। उखाड़ू टाइप समीक्षा की इसी कारण हिन्दी में गुंजाइश कम है। आचार्य और समीक्षक की लड़ाई हो तो ज्यादा चांस आचार्य की विजय के हैं। देश के माहौल में श्रद्धा का तत्त्व यों भी जरूरत से ज्यादा है।

ऐसी हालत में छेड़खानी शैली ही एकमात्र मार्ग रह गई है। पिछले दिनों से इस अन्दाज ने जोर पकड़ा है। सन्दर्भ से हटकर भी पीट देने का जो स्कोप व्यंग्य ने बनाया है उसका उपयोग समीक्षक कर रहे हैं। इसकी बात करो और उस पर टिका दो। खुली लड़ाई की बजाय यह गुरिल्ला टेकनिक ऐसे मामलों में हमेशा बेहतर रहती है। सीधे लड़ने जाओ तो पूरी अमरीकी फौज से मुकाबला कौन करे? शत्रु पिटेगा कम मगर शहादत की क्रेडिट ज्यादा लेगा। सिर पर पट्टी बाँध मोहल्ले में घूमेगा और इतनी सहानुभूति बटोरेगा कि उसमें खुद के काले करम छिप जाएँगे। चेले उचकेंगे और ताल ठोंककर खड़े होंगे। लड़ाई हो-न-हो, गुरु के प्रति श्रद्धा प्रकट करने का

अवसर क्यों छोड़ें? बेचारे समीक्षक को लेने के देने पड़ जाएँगे 'प्रामाणिक अनुभूति' का गंडा बाँधे लोगों का यों भी साहित्य में कोई क्या बिगाड़ सका है?

हम क्या कर सकते हैं? हम सिवा हूटिंग करने के क्या कर सकते हैं? जो वक्ता बोल रहा है सो तो बोलेगा। जब उसे निमन्त्रित किया गया था, हमसे पूछा नहीं गया था। हम मंच के पीछे कार्यरत उस व्यवस्था के अंग नहीं जो वक्ता को निमन्त्रण देती है। हम तो सिर्फ हाल में गिरफ्तार भाषण सुनने को मजबूर हैं। हमारा असन्तोष सिर्फ सीटी, हूटिंग और अकारण बजाई गई तालियों में व्यक्त होता है। इसे कोई बदतमीजी कहे या व्यंग्य। यह एक सामान्य छेड़खानी है। इसका विश्लेषण करने से क्या होगा? इस पर वक्तव्य भी व्यर्थ है। आपकी सहमति-असहमति को कौन पूछता है? आप शोर मचाएँगे तो उसका व्यक्तित्व विवादास्पद होकर उभर आएगा और नए सिरे से कष्ट देगा। उपेक्षा आप कर नहीं सकते। वह अपनी मौत मरेगा और आपको हत्या का अपराधी बना देगा। अतः आप स्वीकारिए और जहाँ वह कमजोर हो वहाँ मारिए। व्यंग्य के इस धर्म को समीक्षा का धर्म बना लीजिए। व्यंग्य तो अनेक उपेक्षित सरहदों पर दुश्मन से जूझ रहा है। आप जाने-पहचाने क्षेत्र में अपनी सुरक्षा कर लें तो ये शस्त्र व्यर्थ नहीं होंगे।

किन्तु समीक्षक मित्र, छेड़खानी शैली और आचार्यत्व की मुद्रा साथ-साथ नहीं आती। हिन्दी में समीक्षक को आचार्य होने का मर्ज है और व्यंग्यकार वक्त-बे-वक्त पत्रकार तक लगने लगता है। आप सोच लीजिए। शैली से इमेज बनता है। आपका पुराना इमेज टूटेगा। क्या ख्याल है? टूट जाने दीजिए। अन्यथा यह काम कभी हमें हाथ में लेना पड़ेगा।

निर्माण और साहित्य

अभी एक ऐसी विचार गोष्ठी में जाने का सौभाग्य रहा कि जहाँ योजना और साहित्य के बारीक सम्बन्धों पर ऊपरी चर्चा हो रही थी। कहा कि निर्माण के कार्य को गति देने के लिए कला को योग देना चाहिए।

बात पुरानी है कुछ साल की पर फिर भी नए ढंग से सुनने को मिली।

कलाकार की अनुभूति बाद में सार्वजनिक अनुभूति हो जाती है सो आग्रह था कि यदि द्वितीय योजना की कथात्मक, कलात्मक तथा काव्यात्मक अभिव्यक्ति हो और आँकड़ों की रुखाई पर प्रतिमाएँ सारल्य ला दें तो जनसाधारण के गले में सरलता से उतरेगी और सबका हित होगा।

बात ठीक है कला कला के लिए मानने के जमाने गए जैसाकि अध्यक्ष ने कहा था। लक्ष्य होता है साहित्य सामने और वह यदि समाज के लक्ष्य से मेल खाता है तो उसमें कोई विरोधी बात नहीं।

पर जाने क्यों, जाने क्यों यह तथ्य है कि साहित्यिक प्रयोजन और सामाजिक प्रयोजन में एकात्मकता नहीं आ रही है और यह भय खाता है कि निर्माण के लिए रचना से सांस्कृतिक विरासत को धक्का लगेगा।

और आग्रह करने का प्रशासकीय मार्ग कि कला का उपयोग करिए योजना के प्रचार मात्र में, यह न भाषा और न ही संस्कृति को बढ़ाएगा पर लेखक भी कलात्मक रूपान्तर करनेवाला ही बनकर रह जाएगा।

निर्माण मनुष्य की एक प्रवृत्ति है यह एक सत्य है। सदियों से वह निर्माण कर रहा है, इसी कारण वह वैषम्य और युद्ध का विरोधी है। वह अपने जीवन को समाज को सुख की ओर उन्मुख करना चाहता है।

श्रम तो हम सदा करते हैं, रुचि से अथवा मजबूरी से। आज साहित्य से यह अपेक्षा है कि वह ऐसा कुछ लिखे कि जिससे मजदूर अधिक उत्पादन करें। अधिक काम करें।

यह कला से न तो ठीक अपेक्षा है और न ही बहुत ठीक इस्तेमाल है। इसका अर्थ विज्ञापनबाजी और साहित्य को एक ही रूप में मानता होगा। और यह हुआ भी

तो जो सांस्कृतिक धक्का आएगा उसका जिम्मेदार सिवाय रूस के साहित्यकारों की तरह आँसू बहाने के हमारे पास कुछ नहीं रहेगा।

पर फिर भी मनुष्य की निर्माण की ओर उन्मुख रुचि से तटस्थ रहकर तो साहित्य नहीं रह सकता? यह भी गलत है।

गुलामी और निराशा के काल में हमारे श्रम का लक्ष्य राष्ट्र निर्माण नहीं पर उदरपूर्ति ही रह गया था और श्रमिक यह जानता था कि अपनी धरती व मशीन पर किए काम का सुख व लाभ मुझे नहीं, मैं तो सिर्फ गुलाम हूँ।

प्रजातन्त्र ने परिस्थिति बदली है और श्रम का लक्ष्य हमारे अच्छे भविष्य को बनाना है। सदियों से पिस रहे किसान में अपनी धरती, अपने कार्य और अपने भविष्य के प्रति आशावादी दृष्टिकोण बनाना और साधन और श्रमिक के बीच स्नेह कायम करना और जीवन के व समाज के सुनहरे भविष्य के प्रति गहरा विश्वास कायम करने ही तक लेखनी कार्य कर सकती है।

यह कार्य बहुत बड़ा है क्योंकि सृजन की ओर रुचि व लगाव इससे हो ही जाएगा।

मनुष्य की कहानी विकास की रिपोर्ट में नहीं कही जाती पर बदलते दृष्टिकोण और नई मानसिक रूझानों की तस्वीर खींचने के लिए आँकड़ों को थोड़ा दूर रख देना पड़ता है।

लेखक वर्ग के सम्मुख रखा सरकारी शर्तनामे में और उसकी पूर्ति की अपीलों में थोड़ा कुछ परिवर्तन होगा।

कवि सम्मेलन

मुशायरों और कवि सम्मेलनों के अपने-अपने रंग होते हैं। समस्या पूर्ति का युग था तब नजारे कुछ और थे व आज नजारे कुछ और होते हैं।

छापखाने की वजह से अब लोगों में आदत पड़ गई है कि अपने कमरे में खामोश बैठकर रचना पढ़ लें और मन में सुखी हो जाएँ।

पर यदि वे उन्हीं रचनाओं को जाकर सम्मेलन में सुनें तो असर कुछ दूसरा होगा।

प्रायः जाने-पहचाने कविगण अपनी रचनाओं को दो भागों में बाँटते हैं। एक प्रकाशन के योग्य दूसरी सुनाने के योग्य। सुनाने योग्य रचना में भी कवि सम्मेलन की और गोष्ठियों की।

इसी कारण कई बार धोखा हो जाता है। अज्ञेयजी की रचना जो पढ़ने में कभी-कभी अच्छी लग जाती है यदि उनके मुँह से सुने तो आपको आश्चर्य होगा कि पाँच-छह फिट तक भी शब्दों का प्रसार नहीं हो पाता।

पहले वक्त में ऐसा था कि साहित्य प्रेमी जानते थे कि चौपाई; दोहे, कैसे पढ़े जाते थे और कवि लिख देता था और वे पढ़ लेते थे। आनन्दित हो जाया करते थे।

अब हर गीत की अपनी एक धुन होती है और उसे समझने के लिए मौका कवि सम्मेलनों में ही मिलता है।

अतः कवि सम्मेलन का इस जमाने की संस्कृति से बड़े करीब का सम्बन्ध है।

भवानी मिश्र की कविता कहने के लहजे में जो सरलता है वह हिन्दी के कवियों में नहीं नजर आती। जैसे कोई आदमी बैठकर बात समझ रहा हो ऐसा लगता है।

हल्दी घाटीवाले श्याम नारायणजी ऐसे चीखते हैं कि जंग का भान होता है, और डर लगता है, पीठ दिखाकर भाग जाने की इच्छा हो आती है।

नीरज के बोलने में वातावरण को बाँध लेने की जबर्दस्त शक्ति है, ऐसा लगता है जैसे किसी ने भैरवी छेड़ दी हो।

वीरेन्द्र मिश्र गीत को ऐसे श्रोता के मन में उतार देते हैं जैसे मीठे पानी के घूँट पिला रहे हों बाद में भी गुनगुनाहट बनी रहती है।

विश्व के गीतों में बीन की तरह एक मीठा प्रवाह होता है; जिसकी लय में हम मुग्ध हो जाते हैं।

और एक सफल कवि सम्मेलन गीतकारों पर आधारित होता है।

बलवीरसिंह 'रंग' के स्वरों में बड़ी मस्ती है, वह खुद को और श्रोताओं को झुमा देता है।

अतः यदि आज के नौजवान कवियों को निमन्त्रण दिया जावे तो ही सांस्कृतिक आयोजन कसौटी पर खरा उतरता है, वृद्धों को तो जनता श्रद्धा भाव से सुनती है।

अभी कुछ वर्षों से मध्यभारत में ही सौभाग्य से इतने अच्छे कवि हैं कि पूरब और उत्तर को देखने की जरूरत नहीं है।

एक ऐसे सम्मेलन के लिए जिसे रात्रि के 9 बजे प्रारम्भ करना हो और तीन बजे समाप्त करना हो तो आवश्यक है कि उनमें सुमन, वीरेन्द्र, पांडेजी, सरोज आनन्दराव दुबे, मानसिंह राही, उप्पल, भँवर, मोहन अम्बर, प्रदीप जोशी, मेघ, देवकी जोशी, चतुर्वेदी, त्यागी, सलिल आदि हों।

एकाध नाम छूटे की क्षमा।

ये देश किसी कोने में भी कवि सम्मेलन सफल कर सकते हैं।

पर इन्दौर में अखिल भारतीय कवि सम्मेलन बहुत ही कम आयोजित होते हैं पर जो कि नगर की सांस्कृतिक परम्परा और वातावरण के लिए अत्यन्त आवश्यक हैं। प्रत्येक अच्छा कवि सम्मेलन स्थानीय कलाकारों में जीवन भर जाता है। और घर के लोग से आज गाँव के सिद्ध बनने की प्रेरणा पाते हैं।

चाकू-तरंग पर भीमपलासी ऐब्स्ट्रैक्ट

मौका मुनासिब देखकर हो जाना चाहिए था मुझे कवि। लिखने लगनी चाहिए थीं कविताएँ। मौका मुनासिब देखकर।

मजे में हैं वे लोग जो कविताएँ लिखते हैं और सीरीज में उनकी 'पहचान' होती है। उन पर कुछ नहीं व्यापता। वे किसी भी कतार में खड़े हो घरोपा महसूस करते हैं। उन्हें कतार से नहीं, घरोपे से मतलब है। एक खुशनुमा माहौल जो वे लपेटे रहते हैं एक शाल की तरह अपने आसपास। जुमलेबाजी का चक्रव्यूह छाया देता है उन्हें, जिसके तले बैठ वे गुजार लेते हैं मुसीबत की घड़ी। दूसरों की मुसीबत उनके लिए एक घड़ी होती है, लमहा या क्षण। 'क्षण का साक्षात्कार' कहते हैं इसे!

जो मैं कवि होता तो ऐसे दिनों में नन्ही चिड़िया पर कविता लिखता। या उस नंग-धड़ंग बच्चे पर जो घर के सामने माँ की आवाज को अनसुना कर तितली देखता खड़ा है। या मैं बेखौफ होकर अपने पिता पर कविता लिखता और उसकी खाँसी का जिक्र करता। मैं कुछ भी लिखता। नन्ही चिड़िया, नंग-धड़ंग बच्चे और बूढ़े पिता का एक ही अर्थ होता है। एक ही उपयोग कि उन पर लिखी जा सकती हैं कविताएँ। सब बड़े काम की चीजें हैं। समुद्र, सीपी, आँगन, पेड़, माँ, बाजार, नन्हे जूते, शाम या बुलाकी दास चमार। बड़े काम की चीजें हैं ये सब। कवि होता तो खेलता इन शब्दों के ढेर से और कहता कि मैं चाकुओं से खेल रहा हूँ। शब्द चाकू होते हैं। कवि होता मैं तो चाकू-तरंग का आविष्कार करता शब्दों को बजा-बजाकर। जैसे लकड़ी पीट काष्ठ-तरंग वैसे चाकू बजा चाकू-तरंग मानो कविता।

कवि गायक होता है। उसका शस्त्र है उसकी भीमपलासी। इतिहास के हर दौर में भीमपलासी भीमपलासी होती है। मियाँ की तोड़ी जो गाई थी अकबर की ड्योढ़ी पर तानसेन ने पहली बार; उसकी पवित्रता की रक्षा करनी होती है गायक को। बन्दिश सबके लिए जो भी अर्थ दे, जो भी घुटन लगे दूसरों को, गायक के लिए बन्दिश कृति का मात्र सम्बोधन है। कवि गायक होता है। उसे बन्दिश में भीमपलासी तलाशने का सुर आता है।

कवि चित्रकार होता है। उसे मतलब है अपने तिकोन, चौकोन, गणेश, न्यूड,

मरुस्थल की रेत, लम्बी गर्दनवाली औरतें, तश्तरी-सुराही-अंगूरवाली 'स्टिल लाइफ' या किसान के घर के पास रखे पहिए की गोलाई से। कवि चित्रकार होता है। उसे खेलना है उन रंगों से जो भगवान् (और केमलिन कम्पनी) ने दिए हैं। देश के इतिहास के हर दौर में उसे खेलना है रंगों से, रेखाओं से। वही उसकी भीमपलासी है।

कवि होता है चित्रकार और गायक। माध्यम के मजे लूटना, भीमपलासी शब्दों में तलाश सुर लगाना उसे आता है। मैं कवि हो जाता तो चाकू-तरंग पर बजाता सतरंगी भीमपलासी ऐब्स्ट्रैक्ट।

सीना तानकर घूमता जो कवि हो जाता। मेरा अपना एक जंगल होता महफिलों का। अतिवाद पर कड़ी नजर रखनेवाले आलोचक वेशधारी अफसर/अफसर वेशधारी कवि/ कवि वेशधारी नम्र महत्त्वाकांक्षी/वेतन को साहित्य से सुरक्षित रखनेवाले/साहित्य को वेतन से दार्शनिक आधार प्रदान करनेवाले/कविता के सहारे पदों पर लटके/ टिप्पणियों का टेका ले अपने तबादले रोके/इनाम-इकराम की सेंधें तलाशते/ घिघियाते/लपलपाते/लेखन के बीच से निजी विकास की पगडंडियाँ/तलाशते/अपनी बौद्धिक नपुंसकता को युवा शब्द से ढँके/पैने मुहावरों के गुलाबी धन्धे में व्यस्त सौदागर जिनके सपनों में समीक्षा से उभरता है निजी फ्लैट, कविताओं से निकलकर आती है कार, क्रान्ति से मिलती हैं ढेर सारी लड़कियाँ/मैं भी सीना तान कर घूमता उन सबके बीच उन सबकी तरह। इस महान् तथ्य से आतंकित करता सबको कि लिखी हैं मैंने कविताएँ। जवाब में वे मुझे आतंकित करते।

इस तरह परस्पर आतंकित, सीना फुलाए, मुस्कुराते हम अपनी कविताओं से स्वयं आतंकित भटकते आभिजात्य महफिलों के उस खुशनुमा जंगल में। हम सब प्यारे-प्यारे लोग, हम सब कवि, मतवैभिन्य, शैली वैभिन्य, कथ्य-वैभिन्य की रोचक नकली मुद्राएँ ले एक ही बैले में नर्तन करते। गोष्ठियों में एक ही कुतिया के पिल्लों की तरह प्यार-भरी फाइट करते एक-दूसरे से ऊपर-नीचे होते। हम सब कवि, सहमति और असहमति, स्वीकार और अस्वीकार, एकता और विरोध, नौकरी और क्रान्ति, संघर्ष और वजीफे को एक ही प्यार-भरा अर्थ देते खड़े हो जाते पकड़कर अपनी-अपनी कविता। कोई हमारा क्या बिगाड़ लेता! और वह हमारा क्यों बिगाड़ता? क्योंकि हम तो उसी के होते! किसे पसन्द नहीं होती है भीमपलासी या ऐब्स्ट्रैक्ट पेंटिंग या पाब्लो नेरुदा का सन्दर्भ। मैं कवि होता तो कितना कुछ कर गुजरता पिछले दिनों। कविता के अलावा भी कितना कुछ हो जाता है जीवन में कविता के साथ इसीलिए कहते हैं कविता जीवन है।

व्यर्थ बिताया जीवन मैंने कविता लिखे बिना। जीवन बिना कविता बीतता है, कविता बिन जीवन की तरह। यों बैठने को कॉफी हाउस है, खड़े रहने को फुटपाथ, लौट जाने को घर है पर कवि होता तो केवल इतना ही नहीं होता। मैं बजाय कॉफी

हाउस के किसी के बँगले में, दफ्तर में, सभा में घुस सकता था जेब में कविताएँ लिये। अपने अहं को सुरक्षित रख इन्कार कर सकता था सुनाने से और फिर उनको ही छापने को दे देता और डाँटता कि उन्हें समझ नहीं है जबकि मैंने कविता में उनका ही समर्थन किया है। उनके दफ्तर से क्रोध में वाकआउट कर मैं उनके बँगले पर चला जाता, कहता, "भाभी, चाय पिलाओ आज तुम्हारे पति से झगड़ा हो गया है, यों कोई खास बात नहीं।" मैं उसका विरोध करता जो मुझे कॉफी पिलाता। और उनके साथ खाना खाने जाता जिनसे बहस करनी होती मुझे कविता पर। गालियाँ देता उसे जो मेरा संकलन छापता और वह गालियों-भरी कविता भी उसी संकलन में होती। वह संकलन बिकता या नहीं बिकता, मेरी दाढ़ी पर इसका क्योंकर असर पड़ता? इसे खरीदते वे ही जिन्हें मैं मूर्ख मानता हूँ। और मुझे पुरुस्कार मिलता, उससे ही जिसे उखाड़ने का संकल्प मैंने अपनी कविताओं में लिया है, जो उसी संकलन में होतीं, जो पुरुस्कृत होता।

पुरुस्कार लेने के बाद मैं उस पर थूकता और बैंक में जमा कर व्हिस्की इशू करा दोस्तों से अफसोस से कहता कि मेरी कलम में ठहराव आ गया है। और वे इस समस्या का निदान खोजने मेरे पीछे मेरे घर तक आते। और उन्हें व्हिस्की पिलाता। मैं रोता कि मुझे व्यवस्था से बचाओ। वे मेरे खिलाफ पीने के बाद बयान देते, जिसे छापने के लिए मैं पुरुस्कार की रकम से चन्दा देता और बयान के खिलाफ लम्बी कविता लिखने की घोषणा कर मैं किसी डेलिगेशन का सदस्य हो जाता और विदेश जाकर कविता लिखता अपनी माँ पर, अपने गाँव पर। और लौटने पर मैं कह देता कि मैंने अभी तक जो लिखा उससे मैं इन्कार करता हूँ। जनाब, मैं कवि होता तो गालियाँ बकता, गालियाँ कविताएँ होतीं जिनकी शालीनता का जिक्र समीक्षाओं में होता, जिसे मैं नहीं मानता।

मौका मुनासिब देखकर हो जाना चाहिए था मुझे कवि। लिखने लग जानी चाहिए थीं कविताएँ। मौका मुनासिब देखकर।

कवि हो जाता तो मैं सब कुछ कर सकता था। देश की हालत पर अफसोस करता और उस हालत को जस की तस रखने की कोशिश करनेवाले सम्मेलनों में जाता और उनके भाषणों को चुपचाप सुन प्रस्तावों का समर्थन कर बाहर आ बड़बड़ाता हुआ प्राप्त लिफाफे के रुपए गिनता। उनके खिलाफ कविता लिखने की बात सोच फिर नहीं लिखता, बल्कि सम्मेलन का मजाक बनाते कॉफी पीता रहता। कवि होना निरन्तर कुछ होते रहना है। मैं होता तो कुछ होता रहता, फिर होते-होते जो भी होता जाता। या न होता कुछ कवि होने के अतिरिक्त।

कविता तांडव नृत्य है जिसकी मूल चिन्ताएँ तबले की थाप पर पैर पटकना और सामने की पंक्तियों में बैठे आभिजात्य दर्शकों की वाह-वाह सुनिश्चित करना है।

कविता युद्ध की तैयारी है जिसमें नियुक्तियाँ, प्रमोशन, वेतन वृद्धि, सप्लाई, स्टोर आदि लाभप्रद गतिविधियाँ चलती हैं और युद्ध को अन्ततः टालते रहना कविता का मुख्य कर्म है। कविता पुल है समाज का, जिसके निर्माण में ठेकेदार, इंजीनियर, अफसर मिलकर खाते हैं। कवि मानव आत्मा का इंजीनियर या ठेकेदार या मुकादम है जो हाजरी लगाता है रोज उनकी जो सिर्फ काम करते हैं।

मैं काम करते-करते थक गया हूँ। अब हराम की खाना चाहता हूँ। दूसरों के ईमान पर निरन्तर शक करना चाहता हूँ। मैं अब मानव आत्मा के इंजीनियर, ठेकेदार, अफसर या मुकादम से छोटे किसी पद को स्वीकार नहीं करूँगा। मौका मुनासिब है, कविताएँ लिखने में ही खैर है। खैर, जो भी है कविता-कविता है, कवि कवि है, आप क्या बिगाड़ लोगे। कोई मुझ पर समीक्षा लिखने, मुझे पुरुस्कृत करने, मेरी वाह-वाह करने के अतिरिक्त मेरा क्या बिगाड़ लेगा। मैं कवि हो जाऊँगा तो फिर सब ठीक-ठाक हो जाएगा, जिसे मैं क्रान्ति कहूँगा। मुझे इससे क्या मतलब कोई जेल गया, कोई मर गया। किसी ने रिश्वत ली। मुझे क्या करना अखबार बन्द हुआ, घर खाली हुआ, लोग छुप गए, कारें गुज़र गईं। मुझे इससे क्या करना! शब्द ब्रहा है। मैं वाक्यों को भी ब्रह्म, निराकार, निर्विकार, निरर्थक कर दूँगा। नन्ही चिड़िया, नंग-धड़ंग बच्चा या बूढ़ा पिता या बाजार या पेड़ या शाम या बुलाकी दास चमार सबका मतलब एक ही है, जो मेरी कविता है। वो देखो टहनी में कोपल फूटी या शाला से लड़कियाँ छूटीं, या जो भी हो। कोई मेरा क्या कर लेता जो मैं हो जाता कवि! मौका मुनासिब देखकर।

गुस्सैल कविताओं का डनलपिलो पर ताडंव

अभी फिर मैंने कुछ कविताएँ पढ़ीं, जिनमें गुस्सा भरा था। पढ़कर साफ लगा कि कवि बड़े गुस्से में है। कब से था और कितनी देर रहा, राम जाने, पर जिस समय वो कविता लिख रहा था, तब तो बड़े गुस्से में था। मन-ही-मन दाद भी दी कि यह कवि गुस्सा अच्छा करता है। उसका गुस्सा देखकर जो भाव मन में उपजे, वे गुस्से के नहीं थे। कवि के प्रति दया और सहानुभूति के थे। ध्यान उस मामले पर नहीं गया, जिस पर उसे गुस्सा आ रहा था। ध्यान कवि पर गया, जिस पर उसे गुस्सा आ रहा था। शायद यही कवि का मकसद भी हो। वह अपनी ओर ध्यान खींचना चाहता था कि मैं गुस्से में हूँ। मैं बड़ा गुस्सैल कवि हूँ। ऐसी उसकी काफी सारी कविताएँ लिखी हैं, जिनमें वह साफ गुस्से में नजर आता है। यह कहिए कि उसने एक किस्म की महारत हासिल कर ली है। या तो उसकी आदत है कि जब गुस्से में हो, तब एक-न-एक कविता जरूर लिखे या कि जब उसे लिखना हो, वह गुस्से में आ जाए। उसने गुस्सा साधा है। उसी से कविता साध ली है। साहित्य लेखन के इस जमाने में कुछ भी साध लो, तो कविता सध जाती है। आजकल कविता का साधना इतना जरूरी नहीं।

कविता का साधना क्या? कवि अपने व्यक्तित्व को साधता है। जैसे कि आप जानते हैं कि वो गुस्से में है। या वह प्रेम में डूबा है। या प्रकृति के बीच गहरा गचागच फँसा है। या उसका समूचा बौद्धिक झुकाव फलाँ राजनीतिक पार्टी की तरफ है। समीक्षक लोग धीरे-धीरे उसके बारे में यह जानकारी फैला देते हैं। अक्सर कवि को भी अपने बारे में समीक्षक से ही जानकारी मिलती है कि उसके व्यक्तित्व की यह बात खास है। यह गुस्सैल कवि है, आवेश में है, आक्रोश का मारा है वगैरह। अब कवि की मजबूरी हो जाती है कि वह अपने को ठंडा न होने दे। ठंडा होने से उसकी और उसकी कविता की बड़ी बदनामी होने का डर रहता है। सो वह अपने गुस्से को बनाए रखता है। अर्थात् जब कविता लिखता है, तब है, तब वह गुस्से में लिखता है। उसकी कविता से खूब गुस्सा टपकता है। यह अन्दाज लगाना मुश्किल हो जाता है कि वह कभी शान्त रहा होगा। जैसे प्रकृति पर कविताएँ लिखनेवाले कवि की

कविताएँ पढ़कर यह अन्दाज लगाना कठिन है, कि उसने शहर देखा होगा।

अक्सर ऐसी गुस्से से भरी कविताएँ पढ़ने को मिलती हैं। उस कवि की और दूसरे कवियों की। यह भी कहा जाता है कि यह गुस्सा उसका अकेले का नहीं है। पूरा समाज गुस्से में है और कवि जो गुस्से में है, पूरे समाज की तरफ से गुस्से में है। बात सच लगती है। उसका सच लगना जरूरी भी है। क्योंकि उससे कविता को ताकत मिलती है। कवि का नाम होता है।

पूरा समाज गुस्से में है और वह कविता भी गुस्से में है, पर जाने क्यों उस कविता को पढ़ समाज गुस्से में नहीं आता। या तो इसलिए कि समाज पहले से ही गुस्से में रहा आया है और उसे एक कविता पढ़कर नए सिरे से गुस्सा करने की जरूरत नहीं है; या दूसरी वजह यह हो सकती है कि सामनेवाले को गुस्से में या गुस्सा जाहिर करते देखकर कोई जरूरी नहीं कि समाज का कोई सदस्य गुस्से में आए। गुस्सा इसी बात पर किया जा सकता है कि भई तू गुस्से में क्यों है। या जब अच्छा खाता-पीता सुखी है, तो गुस्सा किस बात पर दिखाता है वगैरह। इसके अलावा भी एकाध वजह हो सकती है। कोई शायद यह भी कहे कि कौन कहता है कि गुस्सेबाजों की लिखी कविता पढ़ समाज गुस्से में नहीं आता? समाज बराबर गुस्से में आता है। आजकल जो समाज गुस्से में है, वह इन कविताओं की वजह से ही है। रोब गालिब करने या मन समझाने को ख्याल अच्छा है।

सच यह है कि ऐसी गुस्सैली लगनेवाली कविता कवि के गुस्से में होने की जानकारी भर देती रहती है और पिछले कुछ सालों से लगातार देती रही है। अब क्या करें? यही मना सकते हैं कि भगवान कवि का गुस्सा शान्त करे। एक क्रान्ति हो जाए और कवि का गुस्सा शान्त हो। और कुछ नहीं तो वर्तमान गवर्नमेंट ही ऐसा कुछ करे कि कवि का गुस्सा शान्त हो जाए। ऊपर की दोनों बातें तो सम्भव नहीं लगतीं। पर, हाँ गवर्नमेंट पिछले सालों से इन गुस्सैल कवियों को शान्ति देने की दिशा में कुछ कदम उठा रही है। कविताओं में जाहिर होनेवाला यह गुस्सा फिर भी शान्त नहीं हो रहा। इसकी दो वजहें हो सकती हैं। एक तो यह कि कवि चाहते हों कि सरकार उनके फायदे के कुछ और कदम उठाए। या यह कि गुस्सा नहीं करेंगे, तो फिर कविता में क्या करेंगे? सरकार एक अच्छा काम तो यह कर रही है कि इन गुस्सैले कवियों के लिए सरकार की तरफ से मंच का इन्तजाम कर रही है। लो, यहाँ खड़े होकर अपनी गुस्साभरी कविताएँ सुनाओ। कवि सुनाता है। उसके चारों ओर वे प्यारे-प्यारे लोग आ बैठ जाते हैं, जिन्हें गुस्सा करता कवि देखना अच्छा लगता है। वे बड़े मुग्धभाव से उसकी गुस्सेवाली कविताएँ सुनते हैं। सराहना करते हैं और आपस में बातचीत कर तुलना करते हैं कि इसके गुस्से से उसका गुस्सा जोरदार था। कवि जानता है कि गुस्सा बना रहा, तो कविताएँ भी बनती रहेंगी। वह दनादन

एक-के-बाद एक कविता उस पतलून की क्रीज सँभालते बैठे सभ्य समाज के सामने सुनाता रहता है। जैसे चिड़ियाघर का शेर दहाड़ रहा हो और सभ्य जन उस दहाड़ का मजा ले रहे हों। बच्चों को बता रहे हों कि यह शेर है, कैसा दहाड़ता है। यह कवि है, कैसा गुस्सा करता है। प्रजातंत्र के दरबारों में पूरा प्रजातंत्र रहता है। कवि जो चाहे कह सकता है, जैसा चाहे गुस्सा व्यक्त कर सकता है। उसकी दहाड़ चिड़ियाघर तक सीमित है। शेर का पिंजड़ा बड़ा है और उस पिंजड़े में एक गुफा, झाड़ी, पेड़-पौधे और इकट्ठा जल का इन्तजाम कर यह अहसास पैदा किया गया है शेर समझता है यह जंगल है। और वह मुक्त दहाड़ता है। दरबार में कवि को प्रजातंत्र का-सा खुला-खुला माहौल दिया जाता है कि, हाँ बेटा अब तबीयत से गुस्साभरी कविताएँ सुनाओ। कवि सुनाता है। वह समझता है पूरा देश सुन रहा है।

तो सरकार एक काम तो यह कर रही है कि ऐसे, कविता में गुस्सा जाहिर कर गुस्से में कविता लिखनेवालों के लिए मंच का इन्तजाम कर रही है। उनके लिए पत्रिका निकालती है। गोष्ठियाँ एकत्र करती है, उनके गुस्सा-भरे संकलन थोक के भाव खरीद अपनी अलमारियों में रख रही है। इसके लिए जितने भी लाख रुपयों की जरूरत हो, सरकार दिलदारी से देती है क्योंकि अभिव्यक्ति की आजादी को सजाए-सँवारे रखना सरकार की प्रजातान्त्रिक जिम्मेदारी है। कुछ साल पहले जो कवि साइक्लोस्टाइल से पत्रिका निकाल अपना गुस्सा जाहिर करते थे आज प्रकाशक उनके पीछे-पीछे दौड़ रहा है कि भैया दिसम्बर तक दे दो, तो फरवरी तक छाप दूँ क्योंकि मार्च तक सप्लाई कर देनी है। गुस्सैली कविताओं की सरकार सबसे बड़ी खरीदार है। और सरकार तो अभी भी कवियों से कहती है कि अगर साइक्लोस्टाइल से पत्रिका निकाल अपना गुस्सा बेहतर खूबसूरती से जाहिर होता हो, तो ऐसा कीजिए। सरकार इसके लिए अपनी साइक्लोस्टाइल मशीन और कागज देने को राजी है।

सरकार कविता और गुस्सैली कविता के इर्द-गिर्द एक बाड़ बना रही है। वातावरण दे रही है कि जी हल्का कर लो और फिर नए सिरे से नए गुस्से में लग जाओ। कल तक कलक्टर साहब जिन सिरफिरे कवियों को दफ्तर के आसपास नहीं फटकने देते थे और जिन्हें खतरनाक शख्स करार देकर कांस्टेबल से नजर रखने को बोलते थे, आज उन्हीं कवियों को गली-कूचे ढूँढ़-ढूँढ़ कर बुलाया जा रहा है कि कड़वे कवि मुक्तिबोध पर सप्ताह बिठाया है, जरूर आना। विचार गोष्ठी लगाई है दो रोज की, जरूर आना। कवियों को तोड़ा जाता है और वे जाते हैं। पोमाते, मदमाते। वे इसे अपनी पीढ़ी की सफलता मानते हैं, वे इसे अपनी गुस्सैली कविताओं और काफी हाउसी तेवर की सफलता मानते हैं। कितनी दिलचस्प बात है कि नीतियों में परिवर्तन करने पर चूहे अपने को गोदाम के प्रति जिम्मेदार महसूस करने लगे क्योंकि आज वे मुख्यद्वार से आमंत्रित हैं कि आओ और अपना परसेंटेज कुतर जाओ।

यह कवियों की नई पीढ़ी का कमाल है। कलक्टरों की नई पीढ़ी का कमाल है। कविता लिखने और समीक्षाएँ करने के अनुभवी लोग जब आइ. ए. एस. के लिए चयन किए जाने लगे, तो व्यवस्था का जरूर नजरिया रहा होगा कि आगे-पीछे इन साहित्यवालों पर भी थोड़ा नियंत्रण जरूरी है और इस काम के लिए प्रशासकों में साहित्य-कला क्षेत्र के थोड़े बहुत टेक्नीकल जानकार रहें, तो उचित होगा। इन प्रशासकों का काम है युवा नाम से बजनेवाले गुस्सैली कविताओं के गुस्सैले कवियों को अपनी पीढ़ी, अपने लोग, अपने समाज से काट एक ऐसी सम्मानमय खूबसूरत और व्यस्त घेराबन्दी में ले लेना। उनके लिए मकान, सम्मान, प्रकाशन का इन्तजाम कर उनकी बौद्धिक खुजली को शान्त करने के लिए बौद्धिक गोष्ठियाँ, बहसें, सेमिनार, भाषण-माला और कविता की शाम या सुबह किस्म के शीतोष्ण आयोजन करना। आप क्रान्ति की कविताएँ पढ़ना चाहते हैं; व्यवस्था पर प्रहार कर व्यवस्था को बदलने की कविताएँ पढ़ना चाहते हैं? आइए, व्यवस्था स्वयं इसकी व्यवस्था अपने रुपए से किसी स्वतन्त्र शीर्षक के तत्वावधान में कर देगी। उन्हें अपनी पत्रिका में छाप देगी। आप संकलित कर लें, तो समूचा एडीशन खरीद लेगी। उस पर चर्चाएँ आयोजित करवा, आपकी कवि इमेज बित्ता भर उठा, आपकी आत्मा गद्‌गद कर देगी। इसके अलावा, सम्मान, यात्राएँ। सरकारी खर्च से सरकारी वाहन में बिठा आपको सामाजिक यथार्थ से साक्षात्कार करने भेजेगी। आप यथार्थ से साक्षात्कार कर गुस्सा कीजिए, तो लिखिए और उसे हमारे बीच पढ़िए। व्यवस्था आपके कविताई गुस्से के लिए वाह-वाह का इन्तजाम कर देगी। व्यवस्था सिर्फ चाहती है कि आप अपने गुस्से सहित आम लोगों से कट जाएँ। दस-बीस लाख का बजट अगर खर्च हो जाए तो मल्टीनेशनल कम्पनियाँ और अन्तरराष्ट्रीय पूँजीवाद की गिरफ्त में देश को सौंपने के इस प्रहर में यह बहुत बड़ा काम होगा।

अब वे दिन गए, जब सत्ताधारी इमरजेंसी लगा अखबार और बुद्धिजीवी पर नियंत्रण करने की सोचता था। ऐसा करने से जाने क्यों क्रोध साधारण जन तक उतर गया और लेने के देने पड़ गए। अब सत्ता की नीतियाँ बदल गई हैं। वह अखबार, पत्रिकाओं और किताबों को (सरकारी पत्रिकाएँ छोड़कर) दिन-पर-दिन महँगा करवा आम व्यक्ति की पहुँच से ऊपर उठा उसे आभिजात्य और बुद्धिजीवी वर्ग का निजी शगल बना देना चाहती है। वह चाहती है आप राष्ट्रीय सच्चाइयाँ केवल टी.वी., रेडियो, फिल्मों आदि के माध्यम से ही जानें। अन्य स्वतन्त्र माध्यमों से नहीं। स्वतन्त्र माध्यम भी सरकार पर निर्भर हो जाएँ। वो चाहती है कि हमारी मूल राष्ट्रीय समस्याएँ ग्लैमराइज हो जाएँ, ताकि उस पर मध्यम वर्ग का पूरा सोच भोथरा हो जाए। जैसे आदिवासियों को लगातार अधनंगा और नाचता-गाता दिखाकर पूरी आदिवासी समस्या पर हमारी सोच भोथरा हो गई है। हम एक व्यापक असन्तोष को महसूस

ही नहीं कर पाते। टी.वी. जैसे आभिजात्य माध्यम से लगातार आम आदमी को एक अजूबा और नमूने के रूप में पेश कर आम आदमी की समस्या को ग्लैमर का दर्जा बख्श देने से निश्चित ही व्यवस्था को लाभ हुआ है कि आम आदमी एक मुहावरा बनकर रह गया, समस्या नहीं। यथार्थ पर खूबसूरत जामा चढ़ जाए, तो व्यवस्था को सुविधा हो जाती है। गुस्सैला कवि चूँकि ग्लैमर से बिचकता है और उस पर शक करता है, इसलिए सरकारी तन्त्र उसे बाँधने के लिए रद्दी ब्राउन पेपर पर पत्रिका निकाल एब्सर्ड चित्रों से सज्जित करता है। जाल की रचना करते समय पशु-पक्षी की प्रकृति और आदतों का ध्यान रखा जाता है। उसी तरह नए तेवर के कवियों का गुस्सा बुझाने का यह तन्त्र उनके पसन्दीदा अन्दाज में काम करता है।

गुस्सैला कवि खुश सरकारी तामझाम का सुख भी पूरा और मन-ही-मन यह सन्तोष कि व्यवस्था में घुसकर अन्दर से प्रहार करेंगे। वह अपनी वैचारिक तलवार से लाल आँखें लिए तन्त्र के पंडाल में प्रवेश करता है। फँसा।

वह मन-ही-मन कहता है, मैं नहीं फँसा। मेरा सोच कायम है। हम सब गुस्सैले कवि जो यहाँ हैं, अपने में शक्ति हैं। इस मूर्ख सन्तोष के साथ वह पंक्ति में बैठ जाता है। और फँसा।

अब व्यवस्था के पंडे मधुरभाषी, साहित्य के ताजेतम मुहावरों में बातें करनेवाले, स्टील के फ्रेम के खैरख्वाह पुर्जे, गुस्सैले कवियों को बताते हैं कि आपको यहाँ गुस्सा करने की पूरी आजादी है। आप जैसा दिल करे वैसी शब्द और विचारों की तलवार चलाइए, हमें लहूलुहान होते खुशी होगी। आइए, शुरू कीजिए।

प्लेटफार्म तलाशता गुस्सैला कवि पूरे आक्रोश से विस्फोट करता है। तलवार चलता है और शत्रु के खेमे में शत्रु के बनाए नियमों में युद्ध लड़ता वह कब दिखनौटी लड़ाई लड़ने लगता है और जाने-अनजाने कब शत्रु का बिना वेतन का सिपाही हो जाता है, वह नहीं जानता। शासन की परम उपलब्धि यह कि गुस्सैले कवि की स्टीम फू हो गई। न भी हुई तो कोई बात नहीं, जब भी छोड़ेगा हमारे हलके में छोड़ेगा। वह तो चाहता है कि शेर दहाड़े और आभिजात्य वर्ग के सामने चिड़ियाघर में दहाड़े, ताकि सिहरन का मजा लिया जाए।

गुस्सा जवानी की शोभा और जवानी के दिन चार। यों ही आजकल कवि दर्शकों में जाता है और प्रवृत्तियों के मरते खुद बुझ जाता है। अब अगर सरकार एक कवि के पीछे दो हजार रुपए माह अर्थात् कोई बीस हजार रुपए साल का खर्चा खान, पान, मकान, सम्मान, दान, अवदान में खर्च करे, तो पूरे दशक में हुए दो लाख। अब एक प्रान्त में ऐसे कुल दमदार गुस्सैल कवि होंगे दस या बीस। अर्थात् एक दशक में कुल खर्च बीस से चालीस लाख। व्यवस्था के लिए यह मुरसी दक्खना के बराबर भी नहीं। पूरा तामझाम रचाने। साहित्य को संगीत, नृत्य आदि बाजा-पेटी से जोड़ने के करोड़

रुपया साल भी लग जाएँ, तो क्या है? इससे ज्यादा रिश्वत तो जिले के ठेकेदारगण साल भर में अफसरों और मंत्रियों को दे देते हैं। अगर बुद्धिजीवी इस भाव पर समाज से कटता है, तो सत्ता को कदापि भारी नहीं लगता। फिर आपस में लड़ा देने की सुविधा भी है। बुद्धिजीवियों का एक ग्रुप दूसरे से लड़ता-भिड़ता रहे, तो इसी प्रक्रिया में वह समाज से अलग हो जाएगा। इस पैसा फेंक तमाशे से सत्ता क्यों मुकरने लगी?

इतिहास में यह पहली बार नहीं है कि कवि उल्लू बना हो, बनानेवालों के बनाए। पहले भी कवि दिग्भ्रमित हुए हैं, चक्कर में फँसे हैं। कुछ किश्तों में फँसे, कुछ थोक में फँसे। कुछ पूरे फँस गए। दिनकर खुद होकर गौरव पाने के चक्कर में फँसे और बाद में छटपटाए। महादेवी कुछ बरसों स्वयं ही फँसने के सहज सरंजाम में लगी रहीं और बाद में अलग-थलग हुईं। राख ढँके अंगारे होने का भ्रम जीता गिरजाकुमार का कवि गुदगुदी कुर्सी पर बुझा अंगारा होकर रह गया। मुक्तिबोध अच्छा-खासा उपेक्षित और जीवन्त था पर मरने के दिनों में चन्द कैरियर-धर्मी मित्रों की चाल में फँसकर उसी वर्ग की महत्त्वाकांक्षाओं को पूर्ण करने के इस्तेमाल में आ गया, जिनके कारण वह उपेक्षित था और जिनका वह विरोधी था। एक चाकू, जो अन्ततः अपने आजीवन शत्रुओं के हाथ की शोभा बन गया। अज्ञेय अपनी इमेज को बरकरार रखने की कोशिशों के बावजूद छोटे-बड़े समझौते कर जमते, उखड़ते सुविधाओं भरे आभिजात्य जाल में उलझे रहे। शमशेर बहादुर अपने लिए किसी सही दुकान की तलाश में परेशान भटकते, जमते रहे। राकेश अपने आभिजात्य के अनुरूप संसार बनाने के प्रयत्नों की निराशाओं को छुपाता-छुपाता चला ही गया। भारती अपनी ही रची कविताओं की सौन्दर्य दृष्टि का शिकार हो एक उपलब्ध रसवन्ती डाल से स्थायी रूप से झूल गया, यह भूलकर कि डाल सूख भी सकती है और जमीन को विकल्प के रूप में पैर तले बनाए रखना जरूरी है। शिव-विकल्प के रूप में पैर तले बनाए रखना जरूरी है। शिवमंगलसिंह सुमन सरकारी तम्बुओं में हिमाचल तलाशते रहे। कमलेश्वर सही ऊँचाइयों की खोज में नकली ऊँचाई पर जा बैठा। आवेश बेच कर यह मसीहा, जो कुछ खरीदना चाहता था, वह छोटी दुकानों पर उपलब्ध नहीं था, इसलिए वह निरन्तर बड़े दरवाजों के सामने क्रोध 'परफार्म' करता रहा और अन्ततः देवी माँ के हाथों का शंख बन अपने में से सरकारी फूँक के गुजरने का गौरव और सुख से जी रहा है। राजेन्द्र यादव अपने स्वतन्त्र अस्तित्व की सही कोशिश में लगा, पर कुछ अन्य हितों को प्राथमिकता देने के कारण अपने इर्द-गिर्द एक खालीपन समेट लिया। जाने कैसे व्यावसायिकता और गैर-व्यावसायिकता की सीमा रेखा पर डगमगाता सन्तुलन खो बैठा और तब तक आकाश का सूनापन तोड़ने की उसकी क्षमताएँ कमजोर होने लगीं। निर्मल वर्मा एक सुहानी, सार्थक और लयात्मक शाम की गारंटी मिलने पर कहीं भी तपते सूरजवाला दिन गिरवी रखने के प्रस्ताव को स्वीकार कर लेता है।

ऊपर लिखी बातें सरसरी तौर पर दिए फतवे करार दिए जा सकते हैं और वे यहाँ-वहाँ पर शायद पूर्ण सत्य न भी हों पर आजादी के बाद हमारा अधिकांश कवि-लेखक अपनी एक अलग डिजाइन की ट्रेजेडी का शिकार हुआ है, इसमें शक नहीं।

तो बात यह नहीं है कि ये गुस्सैले कवि ही पहली बार दिग्भ्रम के शिकार हुए हैं। अफसोस तो इस बात का है कि ये कवि अपनी स्थिति में खुश हैं और उसे अपनी और अपनी पीढ़ी की सफलता मानते हैं।

प्रश्नचिह्न इन पर नहीं लगता। प्रश्नचिह्न उस समूची गुस्साभरी कविताओं पर लगता है, जो विगत दशकों आकाश में छाई रहीं और व्यवस्था के विरुद्ध एक छटपटाहट हमारे मनों में बुनती रहीं। गुस्साभरी कविताएँ–पूरी भाषा और देश ने एक बोझ लाद सरकारी भवनों तक पहुँचाया। जिनके गुस्से मूलतः नकली थे, वे तो मोहरे बन गए या आजकल में हो जाएँगे। पर जिनका गुस्सा जेनुइन था, वे भी साजिश के शिकार हुए। इस ट्रेजडी को आप दिलचस्प कहकर टाल नहीं सकते। और कुछ कर भी नहीं सकते क्योंकि जिनके लिए करना है, वे आपके विरुद्ध हैं, यों भी जूता खाए बिना साहित्य में वैचारिक मन्थन आरम्भ नहीं होता। अभी तो पड़ नहीं रहा सरकार की तरफ से। पड़ेगा तब तक कम-से-कम इन लोगों की जूते को महसूस करने की चेतना सुप्त हो जाएगी।

सत्ता प्रगतिशीलों की तरफ डनलपिलो के गोल तकिये गुड़काने लगी है गुस्सैला कवि उन तकियों को आवेश में रौंदता है। पर आह, धीरे-धीरे इन डनलपिलो को रौंदना भी कितनी सुखद अनुभूति लगने लगेगा। वे और डनलपिलो प्राप्त करने के लिए नारे लगाएँगे और माँग को पूरी करवाकर रहेंगे। धीरे-धीरे डनलपिलो रौंदने का तांडव एक आत्मिक सुख में बदल जाएगा। एक दर्शनीय परफॉर्मेंस, जिसे देखने का आनन्द 'जरूर आइए' के आग्रह के साथ निमन्त्रण प्राप्त आभिजात्य वर्ग और सीढ़ी पर ऊपर पैर रखने का महत्त्वाकांक्षी मध्यमवर्गीय सुसंस्कृत मिल-जुलकर करतल ध्वनियों के साथ लेगा।

गुस्साभरी कविता की अन्तिम शाम, शायद ऐसी होगी।

हिन्दी का नया वाद : अनुवाद

हिन्दी साहित्य से छायावाद, प्रगतिवाद और प्रयोगवाद सब टा टा कर चुके। अच्छे-खासे, लम्बे-चौड़े वाद थे पर हाय, काल के गाल में सब दब गए। पर अनुवाद की अमरबेल कभी सूखती नहीं, इधर नए पत्ते फूटते हैं उधर जड़ें गहरी होती हैं। थर्ड डिवीजन में एम.ए. करने के बाद किसी को पी-एच.डी. की सूझे तो यह अच्छा खासा विषय है। हमारे पुरखे, जो निश्चित ही चालू बोली बोलते होंगे, वेदों का अनुवाद किया करते थे, फिर अरबी फारसी का करते रहे और अब अंग्रेजी का करते हैं। अनुवाद हमारी परम्परा से जुड़ा है, हमारे रक्तमज्जा में है। हर भारतीय के अन्तर में सुप्त अनुवादक बैठा है, जो दूसरी भाषा सुनकर जाग जाता है। और कुछ नहीं तो हम हिन्दी से हिन्दी में अनुवाद करते रहते हैं।

महान विदेशी ग्रन्थों से लेकर अंग्रेजी में आए टेलीग्राम तक का अनुवाद करवाने के चक्कर में भारतवासी घूमते रहते हैं। यह क्रम चलता रहेगा जब तक कि ट्रांजिस्टर के आकार-प्रकार की अनुवाद मशीनों का आविष्कार नहीं हो जाता। लोग दूसरी भाषा में बोलना बन्द नहीं करेंगे और हम अनुवाद करना बन्द नहीं करेंगे। कुछ लोगों में धैर्य नहीं होता। वे अनुवाद न मिलने पर दूसरी भाषा सीखने लग जाते हैं—जैसे मेरे एक परममित्र अभी धैर्य खोकर बंगला सीख बैठे। हमें अपनी अनुवाद प्रतिभा के प्रति आस्था रखनी चाहिए और मानना चाहिए कि कोई-न-कोई व्यक्ति, जो विशेष परिस्थितियों में बंगला-हिन्दी सीखे बैठा है जरूर इस काम में व्यस्त होगा और सभी श्रेष्ठ ग्रन्थ आज नहीं तो कल हिन्दी में आ जाएँगे।

कुछ लोगों का कहना है कि मूल भाषा में जो आनन्द आता है वह अनुवाद में नहीं आता। यह पुरानी बात हो गई। यह सच भी हो कि डाल से फल तोड़कर खाने में जो आनन्द आता है वह बाजार के खरीदे फलों में नहीं आता तो क्या आप रोज कोई बगीचा कूदेंगे, समय नष्ट करेंगे? बिलकुल नहीं।

इतिहास साक्षी है कि हमने भी कोई कम बढ़िया अनुवाद नहीं किए हैं। 'मैंने तेरे घर के तीन चक्कर काटे' के लिए 'आई कट थ्री सरकल्स ऑफ योर हाउस' लिखा है। 'पतंगें लड़ रही हैं' को 'काइट काइट फाइट' बोला है। और 'जहाँ-जहाँ राम गए

वहाँ-वहाँ सीता गईं' के लिए 'व्हेअर व्हेअर राम वेंट देअर देअर सीता वेंट' तो बहुत प्रसिद्ध पंक्ति है।

अंग्रेजी तो विश्वव्यापी भाषा है (और अमरीकनों के चाँद पर पहुँचते ही ब्रह्मांड-व्यापी हो जाएगी) लेकिन हिन्दी का ठीक अनुवाद उसमें नहीं हो सकता है। बड़े भाई अक्सर छोटे भाई को कहते हैं—"एक दूँगा चाँटा हेंच के!" इसका क्या अनुवाद? हेंचके या खेंचके आप अंग्रेजी में कैसे कहेंगे? अंग्रेजी मुहावरों और कहावतों का जिसे चस्का लग गया उन्हें हिन्दी पसन्द नहीं आती। हमारे साथ उलटा हुआ। 'सँभाल तेरी घोड़ी बन्दे ने नौकरी छोड़ी' इस कथन में जो थिरकन है वह अंग्रेजी में आ ही नहीं सकती। 'चिलमी भाई किसके, दम लगाई खिसके' इसमें जो चरित्र है वह कभी अंग्रेजी में उभर नहीं सकता। 'जिगर के छल्ले' को आप अंग्रेजी में क्या कहेंगे?' 'मानता हूँ प्यारे' या 'मानता हूँ सुलेमान' में जो झटका है वह आ ही नहीं सकता किसी और भाषा में।

मेरे एक दोस्त गालिब का अंग्रेजी अनुवाद करने बैठे। शेर था :

है खबर गर्म उनके आने की
आज ही घर में बोरिया न हुआ

इसका अनुवाद हुआ :

दि न्यूज ऑफ हर कमिंग इज वेरी हॉट
देअर इज नायदर बेड इन दि हाउस नार कॉट

यह अनुवाद कर लेने के बाद उसे सुधारने की उन्होंने लाख कोशिश की, वे कर नहीं सके।

अनुवाद हमेशा डिब्बों में बन्द फल का मजा देते हैं। आप यदि उसे स्वाद लेकर खाएँ तो गलती आपकी है, कारखाने की नहीं। अनुवादक की तुलना तो किसी रोबोट से की जा सकती है। उसे एक भाषा की पुस्तक दो वह कुछ समय में दूसरी भाषा में वही पुस्तक दे देगा। अब इसके आगे वह जिम्मेदार नहीं है। अर्थबोध तो पाठक में होता है। यदि आपमें वह बोध नहीं है तो आप निश्चित दुखी होंगे।

अंग्रेजी में एक नर्सरी राइम है—'लिटिल जेक हार्नर, सैट इन ए कार्नर'—पढ़ी होगी लोगों ने। पढ़ी हो, न हो—यह अनुवाद पढ़ें, जो किसी मिशन स्कूल की ऐंग्लो इंडियन शिक्षिका का किया लगता है :

छोटा-सा छोना
बैठा था कोना
खाता था दूध मलाय
अँगुठा डाला
मेवा निकाला

अम किला अच्चा बच्चा हाय

नर्सरी गीत की अन्तिम पंक्ति 'हाऊ आइ एम ए गुड बाय' का उसी वजन, उसी लहजे में सच्चा अनुवाद यही हो सकता था। यदि आप इसे गम्भीरता से ग्रहण न करें तो कुसूर कारखाने का नहीं है।

और अब तो अनुवाद की मशीनें बन जाएँगी। खन्ना जी मिस मुखर्जी से विवाह करने में घबराते थे, अब ऐसा नहीं होगा। बीच में मशीन रखे दोनों बैठे रहेंगे और इनके प्रेमालापों का बंगला से पंजाबी में और पंजाबी से बंगला में अनुवाद होता रहेगा। जब तक मशीन में गड़बड़ न हो जाए और वह गलत अनुवाद न करने लग जाए, दोनों के सम्बन्ध ठीक रहेंगे। पर दुख यह है कि कुटीर उद्योगों के रूप में पनप रही अनुवाद की यह कमनीय-कला भारी उद्योग में चली जाएगी। लोग चार मशीनें खरीद माल तैयार करने लग जाएँगे। तब अनुवादकों का क्या होगा? आज शान से लिखते हैं कहानी के नीचे अपना नाम और कल यों लिखा रहेगा—बंगला से अनुवाद द्वारा—'अन्तरभारती ट्रांसलेटिंग कम्पनी।' पर मेरा विश्वास है कि तब भी कुछ लोग, जैसे हाथ का कपड़ा, हाथ का कागज और हाथ की सिलाई के प्रेमी होते हैं, हाथ से किए अनुवाद के प्रेमी बने रहेंगे। यह आस्था रखते हुए कृपया एक कोश खरीद कर अनुवाद आरम्भ कर दीजिए।

वह भी आवश्यक नहीं। रवीन्द्रनाथ के हिन्दी अनुवाद की कोई प्रकाशित पुस्तक उठा लीजिए और उस अनुवाद को फिर लिखिए। शाम को सन्ध्या, दिवस के दिन, ट्रेन को रेल, मनोहर को मनोरम करते हुए पुस्तक अपनी बना किसी प्रकाशक को दे दीजिए बिना बंगला जाने, आप अनुवादक हो जाएँगे। आरम्भ में अनुवादक रहिए, बाद में स्वयं वादक हो जाइए और हिन्दी की महफिल में अपना ढोल पीटिए, मस्त!

दीर्घायु और पत्रकार की आत्मा

आत्मा को काँटे नहीं चुभते, आत्मा खट्टे बेर नहीं खाती, आत्मा के पास गुजारने को अपार वक्त है, अतः आत्मा बड़े मजे से बेर की कँटीली डाल पर बैठी सामनेवाले फ्लैट के बरामदे में बैठे दीर्घायु वृद्ध की ओर देख रही है।

दीर्घायु वृद्ध गिद्ध की तरह आँखें गड़ाए अखबार पढ़ रहा है। वह चश्मा नहीं लगाता, उसके दाँत नकली नहीं है, वह ठंडे पानी से नहाता है, वह रोज सुबह घूमने जाता है, बच्चों के साथ हँसी-मजाक करता है, लम्बे अरसे से पेंशन वसूल करता सरकार का नुकसान कर रहा है। कमबख्त दीर्घायु है, मर नहीं रहा, सौ से ऊपर हो गया और अभी भी प्रदर्शन के योग्य बना हुआ है।

कुछ माह हुए इस दीर्घायु व्यक्ति पर एक सचित्र लेख देश के प्रमुख पत्र में प्रकाशित हुआ है। पहले भी अनेक छुटपुट लेख और इंटरव्यू छप चुके हैं। दीर्घायु व्यक्ति प्रायः इंटरव्यू देता रहा है। शहर के लोग उसका आदर करते हैं और उसकी ओर आश्चर्य से देखते हैं। वह अनुभवों का चलता-फिरता भंडार है इसलिए उससे बातें करने की तबीयत होती है। उसे देखकर लोग सोचते हैं कि यह बुड्ढा इस उम्र में ऐसा है तो जवानी में कैसा रहा होगा!

वह पत्रकार अक्सर आकर दीर्घायु से विभिन्न प्रश्न करता और उससे प्राप्त उत्तरों पर लेख तैयार कर पत्र-पत्रिकाओं को भेजता। वह दीर्घायु से अक्सर ही प्रश्न करता कि इस लम्बे जीवन का रहस्य क्या है?

'नियमित जीवन।' दीर्घायु कहता।

'कैसे सम्भव है? बसें टाइम पर नहीं मिलतीं, रास्तों में भीड़, लम्बे क्यू और परेशानियाँ। फिर आप कोई भी काम नियमित रूप से कैसे कर सकते हैं?'

नियमित जीवन के लिए पहली जरूरत है—आत्मनिर्भरता। मैं जब युवक था तब इस शहर में सिटी-बसें नहीं चलती थीं। मैं पैदल दफ्तर जाता-आता था, दीर्घायु गर्व से कहता।

पत्रकार दीर्घायु के आँगन में खड़े अपने स्कूटर की ओर देखता और कुछ विचारने लगता।

'और क्या?' वह पूछता।

'संयम।' दीर्घायु बोलता।

पत्रकार के लिए संयम शब्द सदैव अस्पष्ट रहा है। 'आप सदैव संयम से रहे?' उसे मानो आश्चर्य होता।

'जी हाँ।'

'विवाह?'

मेरा पहला विवाह हुआ तब मैं बारह वर्ष का था। तीस वर्ष की उम्र में मैंने दूसरा विवाह किया। इधर पिछले पैंतीस वर्षों से मैं ब्रह्मचारी हूँ। मेरी दूसरी पत्नी की मृत्यु हुई तब मैं केवल सत्तर वर्ष का था।' यह कहकर दीर्घायु जोर से हँसा। उसके दाँत बाहर खिल आए।

'आप भोजन क्या करते हैं?'

'सादा भोजन। हरी सब्जी, फल। कोई विशेष नहीं।'

'घी?'

'पहले खाया था। आजकल कहाँ मिलता है?' दीर्घायु यह कह कर हँसा। पत्रकार भी हँस लेता।

'लम्बा दीर्घ जीवन बिताने पर आज आप कैसा अनुभव करते हैं?'

'अकेलापन अनुभव करता हूँ।' दीर्घायु ने कहा।

बुड्ढा मॉडर्न हो रहा है—पत्रकार ने सोचा।

'मेरे सभी समकालीन मर गए। मैं अकेला रह गया।'

'ओह, यह बात! आजकल के युवक भी अकेलापन अनुभव करते हैं।'

'उनके समकालीन जीवित होकर भी मृत हैं।' दीर्घायु ने कहा और जोर से हँसा।

अपने स्कूटर पर बैठकर कार्यालय लौटते समय पत्रकार मन-ही-मन सोच रहा था कि बुड्ढा दूसरों को और खासकर आज के युवकों को दुबला-पतला देखकर एक किस्म का क्रूर-सा आनन्द प्राप्त करता है। दीर्घ जीवन का रहस्य ठीक-ठीक नहीं बताता। किताबी बातें करता है। नियमित जीवन संयम, व्यायाम, सादा भोजन! सही नहीं कहता कि इतना स्वास्थ्य कैसे रहा। इन बुड्ढों में यही खराबी है कि रहस्य छिपाते हैं और साथ लिये मर जाते हैं। देश का पतन इसी कारण हुआ।

एक बार पत्रकार ने दीर्घायु के बड़े लड़के से पूछा—'तुम्हारे पिताजी किस चक्की का आटा खाते हैं?'

दीर्घायु के लड़के की मूँछें घनी थीं, कन्धे भरे हुए और कलाइयाँ मजबूत। वह भी लम्बा जीवन जीने का इरादा रखता था हालाँकि सिगरेट पीता था। वह गम्भीरता से बोला—'उनसे ही पूछिए। आप तो अक्सर मिलते रहते हैं।'

बताते नहीं दुष्ट—पत्रकार ने सोचा। पूरा खानदान ही रहस्य को छिपाता है।

'आप उनके समीप हैं, रोज उन्हें देखते हैं, विचार सुनते हैं। आप जानते हैं कि दीर्घ जीवन और उत्तम स्वास्थ्य का राज क्या है?' पत्रकार ने अपनी पत्रकारवाली मुस्कुराहट कायम रखते हुए पूछा।

'मैं इस सवाल को सुनते-सुनते तंग आ चुका हूँ। मुझे सख्त कोफ्त होती है जब कोई मुझसे पिताजी के विषय में प्रश्न करता है।' वह चिढ़कर बोला।

'इसमें नाराज होने की कोई बात नहीं।'

'अमृत पी रखा है उन्होंने।'

'मुझे भी यही लगता है।'

बाद में पत्रकार अफसोस करने लगा कि इस मूर्ख से उसने क्यों बातें कीं। अपने बाप को लम्बी उम्र जीते देख इन्हें खुशी थोड़े ही होती होगी! ये लोग तो सोचते होंगे कि कब मरे। बुड्ढा तो चैन मिले। वह मर नहीं रहा। शान से जी रहा है। कर लो क्या करते हो?

और दीर्घायु जीवित रहा। पत्रकार ने उस पर लेख लिखे, पैसा कमाया और उस पैसे से बजाय च्यवनप्राश खरीदने के पतलून सिलवाई, बुश्शर्ट ली और ठाठ से स्कूटर पर घूमता रहा।

पर पत्रकार के लिए लम्बे जीवन का सवाल मात्र एक लेख का विषय नहीं रह गया था। यह उसका व्यक्तिगत प्रश्न बनता जा रहा था। एक दिन उसने दीर्घायु से पूछा—'बाबा, मैं सिर्फ पत्रकार ही नहीं, एक साधारण मनुष्य भी हूँ। मैं भी लम्बी उम्र जीना चाहता हूँ और दुनिया में रहना चाहता हूँ। मेरी उम्र अभी चालीस के लगभग है। मेरे पेट में जलन रहती है, गेस्ट्रिक कष्ट होता है, डर लगता है हार्ट का मरीज न हो जाऊँ! आप मुझे बताइए कि मैं क्या करूँ! आप सच-सच बताइए।'

दीर्घायु ने उसे घूरकर देखा और बोला—'मुझे बाबा न कहा करो! मैं कोई बुड्ढा नहीं हो गया, अभी मेरी उम्र सिर्फ सौ से ऊपर सिर्फ छह वर्ष है।'

पत्रकार हँसने लगा। सोच रहा था कि बुड्ढा दो साल में मर जाएगा मगर किस रोब से बात करता है।

'आप एक शादी और कर लीजिए!' पत्रकार ने कहा।

दीर्घायु ने मुस्कुराकर पूछा—'हैं कोई! मेरी भी इच्छा है।'

दोनों जोर से हँसे। पत्रकार हँसते-हँसते खाँसने लगा। 'तुम्हें सीने में तकलीफ रहने लगी है। किसी वैद्य-हकीम को बताओ। सौ बार कह चुका हूँ कि जीवन को नियमित बनाओ, व्यायाम करो, मगर तुम नहीं सुनते।'

'आप मेरी उम्र के थे तब क्या करते थे?'

'मैं दस मील रोज पैदल चलता था।'

पत्रकार काफी देर व्यर्थ ही दीर्घायु के पास बैठा रहा। दीर्घायु ने उसे मालिश

के फायदे बताए। सुनने के बाद पत्रकार कमर पर हाथ रखकर खड़ा हो गया और बोला–'मैंने आप पर एक लेख तैयार कर फीचर-सिंडिकेट को दिया है, अगर स्वीकार हो गया तो देश के सभी प्रमुख पत्रों में छप जाएगा।'

दीर्घायु मुस्कुराया।

बुड्ढा इस उम्र में भी पब्लिसिटी-कांशस है–पत्रकार ने सोचा। ठीक है, जब यह मरेगा तब इसकी शवयात्रा धूमधाम से निकालेंगे। इसकी आत्मा प्रसन्न हो जाएगी।

पर शव-यात्रा दीर्घायु की नहीं, पत्रकार की निकली जिसमें ज्यादा लोग नहीं थे। रात को देर से दफ्तर से लौटने के बाद उसके सीने में कसकर दर्द उठा जो अस्पताल पहुँचने के पहले ही उसे ले डूबा।

इस समय पत्रकार की आत्मा बेर के पेड़ पर बैठी है। आत्मा को काँटे नहीं चुभते, आत्मा खट्टे बेर नहीं खाती। पत्रकार की आत्मा जो मरने के बाद सीधे इधर चली आई है कँटीले पेड़ पर, आराम से बैठी है। सामने दीर्घायु का फ्लैट है। बरामदे में बैठा दीर्घायु अखबार पढ़ रहा है। अखबार में पत्रकार की मृत्यु का समाचार है।

पेड़ पर बैठी आत्मा आश्चर्य से दीर्घायु की ओर देख रही है। आत्मा सोच रही है कि दीर्घायु क्या होता है। दीर्घायु होने की पहली शर्त है, उसका हमारे पहले मर जाना। बुड्ढे को पहले मरना चाहिए था। वह अखबार में खबर देता कि बुड्ढा दीर्घायु था। मगर ऐसा नहीं हो सका। उलटे, बुड्ढा उसकी मृत्यु के समाचार पढ़ रहा है। हम किसी को दीर्घायु कहते हैं आदर से पर मन-ही-मन आश्वस्त रहते हैं कि कितना ही दीर्घायु हो, हमारे तो पहले ही मरेगा। तभी तो वह दीर्घायु है कि हमारे पहले मरे। पेड़ पर बैठी आत्मा दीर्घायु की ओर आश्चर्य से देखकर विचार कर रही थी।

तभी दीर्घायु का घनी मूँछोंवाला लड़का बरामदे में आया और बुड्ढे से बोला–'च्यवनप्राश खा लो, वक्त हो गया है।'

दीर्घायु व्यवनप्राश चाटने लगा।

'आज रेडियोवाले आएँगे,' लड़के ने कहा–'इंटरव्यू लेना चाहते हैं। मैंने उन्हें आपकी उम्र एक सौ पाँच साल बताई है। हेरफेर मत करना।'

दीर्घायु ने च्यवनप्राश चाटना रोककर एक क्षण उसकी ओर देखा और फिर चाटने लगा।

बेर के वृक्ष पर बैठा पत्रकार का भूत खिलखिला कर हँस पड़ा।

तुम छले गए मुक्तिबोध

मरा हुआ कवि व्यवस्था के लिए बड़ा उपयोगी साबित होता है, जीते-जी वह जिस व्यवस्था को कोसता रहा, घुट-घुटकर जिसके खिलाफ उसने कविताएँ लिखीं, बयान दिए, उसके मरने के बाद वही व्यवस्था उसके नाम का सहारा ले बाजार में भीड़ का यश लूटती है। कवि मरने के बाद ऐसे सब लोगों के लिए बड़े काम की चीज बन जाता है। मरा हुआ हाथी सवा लाख का होता है। जीते-जी चाहे उसने आपके सम्मान में कभी सूँड़ न उठाई हो।

मरा हुआ मुक्तिबोध, नारकीय कष्टों से गुजरने के बाद अब स्वर्गीय मुक्तिबोध, मध्यप्रदेश सरकार के सांस्कृतिक झंडे पर लटका हुआ है और उस झंडे के तले नेता, अफसर, छुटभैये, तथाकथित बुद्धिजीवी, जनता के टैक्स पर पेरेसाइट का सुख भोगते साहित्यकार एक-दूसरे को मधुर-मधुर कोहनियाँ मारते, मुस्काते खड़े हैं। कितने काम की चीज है मुक्तिबोध। उसका नाम लेकर प्रतिभाहीन पिलपिले कवि लेफ्टिस्ट होने का ऐयाशी-भरा गौरव जीते हैं। उसकी समीक्षा कर, या अपनी समीक्षाओं में उसका जिक्र कर आलोचक, सतह से उठता हुआ आलोचक हो जाता है। उसकी रचनाओं का संकलन भर कर देने से सम्पादक कहाने का लाभकारी गौरव मिलता है। उस पर आयोजन कर देना यारों-रिश्तेदारों से मिलने-मिलाने, खाने-पिलाने का एक जोरदार बहाना। कितना आनन्द दे रहा है मरा हुआ मुक्तिबोध। उर्फ स्वर्गीय मुक्तिबोध। झंडे से लटका हुआ आज कितने स्वार्थों को सैद्धान्तिक रीढ़ प्रदान कर रहा है। बजट फूँकने का एक भावनात्मक बहाना देता है। आओ, श्राद्ध पक्ष के बामनो, हर लॉन पर दारू तुम्हारी प्रतीक्षा कर रही है। तर्पण करो यजमान, चुल्लू भर-भर के, जय बोलो उस गुजरे हुए कवि की। पैसा फूँकने का साहित्यिक अनुष्ठान जारी है। बँगले के बाहर तार पर बैठे स्थानीय कौवे लपलपाई निगाहों से देख रहे हैं। तुम्हें भी मिलेगा। अभयमुद्रा में हाथ उठाकर कहता है सरकारी अश्वमेध का वाजपेयी पुरोहित—सबको मिलेगा।

झंडे पर लटका मुक्तिबोध देख रहा है। पूरे जीवन चाय का कप, बीड़ी का बंडल और कविता पूरी कर पाने का मुन्तजिर मुक्तिबोध देख रहा है। अस्पताल में उसके

बिस्तर के पास कुछ देर खड़े हो जाने का कैसा दाम वसूल कर रहे हैं बाबू लोग। साहित्य, संस्कृति और सरकार के ये बाबू लोग। जीवन-भर वह समझता रहा कि स्वार्थ, शोषण और व्यवस्था के इन बड़े-बड़े भवनों के नीचे गलियारे हैं, जो आपस में जुड़े हुए हैं जिनसे लोग आते-जाते हैं और गुप्त सभाएँ कर षड्यन्त्रों की रूपरेखाएँ बनाते हैं। वह नहीं जानता था कि साहित्य और कला के भवन के नीचे भी वैसे गलियारे हैं जो उसी तन्त्र से जुड़े हुए हैं। उसके मरने के बाद ये गलियारे उसके नाम पर जीवन्त हो जाएँगे। व्यवस्था अपनी साख जमाने के लिए यश लूटने के लिए उसके ही नाम का इस्तेमाल कर लेगी। नहीं जानते थे बेचारे मुक्तिबोध कि एक दिन उसके ही खून से लिखी रचनाएँ उसकी ही पत्नी को भेंटकर व्यवस्था अखबारों में छापने के लिए अपने ताजे फोटू खिंचा लेगी। जिन्दगी-भर जो माध्यम बन न सका, वह कवि मरने के बाद कैसा माध्यम बन गया उन ही लोगों का। छला हुआ मुक्तिबोध बुरी तरह स्वार्थों से भरी इस नकली, नाटकीय दुनिया में। उस पर एक न समझ में आ पानेवाली अजीब फिल्म बनाकर जेब में रुपया डालकर लौट गया एक फिल्मवाला अपने शहर। अमूर्तता के अपने ही बनाए मकड़ीजाल में फँसे तथाकथित समझदार दर्शक उसे देख तालियाँ बजाने लगे, बिना यह जाने कि उनके हाथ भी कठपुतली के हाथों की तरह हैं जो ऊपर से बँधी डोर की मजबूरी में तालियाँ बजाती हैं। तुम छले गए मुक्तिबोध! और तुम किस तरह छले गए इसकी फिल्म कभी नहीं बनेगी। कोई कभी नहीं बनाएगा। सर्वहारा के कवि को आनेवाली पीढ़ियाँ नकली सरकारी आयोजनों और नासमझ फिल्मों में पहचानेंगी। कितनी ट्रेजेडी है नीच मुक्तिबोध तेरे साथ। तू दो पाटों के बीच खुद फँस गया जैसा कि तूने अपनी कविता में लिखा था। तेरे शव पर चढ़ बौने अपनी ऊँचाइयाँ बढ़ा गए। सब सतह से उठ गए तेरी मिट्टी के ढेर पर पैर रखकर। तेरे दुश्मन, तेरे दोस्त। तुझे पिलाई हर चाय की स्मृति को सरकारी काउंटर पर दारू की बोतल और क्रॉस्ड चेक में भुना लिया उन लोगों ने जिनके बारे में तुझे जिन्दगी-भर यह भ्रम रहा कि वे तेरी कविता को समझते और जीते हैं। तेरे जाने के बाद मेरे चाहनेवाले। तेरी कविताओं का समझदार सम्पादन करनेवाले उसी व्यवस्था में अफसर बने, नेता बने और वही सब करने लगे जिसके खौफ और आतंक में तूने कविताएँ लिखी थीं। उन्हें तेरा नाम और तेरी कविताओं का जिक्र बड़ा उपयोगी साबित हुआ तेरे मरने के बाद। दक्षिणपन्थी तेरा नाम लेकर वामपन्थी हो गए और वामपंथी तेरा नाम लेकर दूसरे वामपन्थी के सिर चढ़ गए। तूने किसकी साख बढ़ाई, तुझे नहीं पता। किसे फायदा पहुँचाया, तू नहीं जानता। वो तुझे जानते हैं या नहीं यह बात भी बेमानी है। मेला कमेटी का यह जानकर क्या करना कि समाधि किसकी है? उन्हें तो तम्बू और माइकवाले के बिल में अपने कमीशन से मतलब। हर कविता पूरी कर मुक्तिबोध तुम समझते थे कि एक अंकुर

फूटा है। वह अंकुर अब एक ध्वजा बन गया है, कवि, जिसे लेकर वे ही लोग शोभायात्रा निकाल रहे हैं जिन्होंने इस धरती को बंजर किया। वे पूरे तामझाम के साथ उन अंकुरों को सिर पर उठा बंजर जमीन पर उछल-नाच रहे हैं। वे जानते हैं कि अंकुर खतरा है बंजर के लिए, उसे उखाड़ने की बदमाशी पर लोग चौंक सकते हैं। वे समीक्षा की भाषा में मन्त्र बोलते हुए, पूरे गाजे-बाजे और शोर-शराबे से अंकुर को उखाड़ सिर पर उठा नाचते हैं। यह है वह अंकुर जो बंजर में क्रान्ति लाएगा। लोग हर्ष और भावुकता से देख रहे हैं। अंकुर का कैसा सम्मान हो रहा है।

तुम बुरे छले गए मुक्तिबोध। अगर इन सुनहरे और नाटकीय आयोजनों से तुम्हारी आत्मा प्रसन्न हो रही है तो मैं कहूँगा, तुम्हारी आत्मा मूर्ख है। ऐसा कहने के लिए मुझे क्षमा करना मुक्तिबोध!

मेघदूत

शहर उज्जैन मुलक मालवा के माय जन्मे भए लेखक के नाते अपन को कतई जरूरी है कि पोथी मेघदूत की जिसकू राजा बिकरम के राज में नवरतनों की लेन में बैठे कवि कालिदास ने लिखाय के रसिकजनों हेतु नकल करवाय के घर-घर बँटवाया था और जिसकू पश्चात में बढ़ की कान्का, छप्पन भेरू के भगत, महाकाल की संजा आरती में नेम से जानेवाले किशनलालजी वल्द राजालालजी नागनाथ की गलीवालों ने भाषा हिन्दी में करके सटिक बनाय के, बम्बई के स्टीम छापेखाने में छपाया था, सो अब साल उन्नीस सौ बासठ में समय की चाल देख के, नई फेसन के मुताबिक बिसूक फेर से लिखना एन जरूरी है कि नए जमाने की जनता भी देखे तो मार खुसी लकलक करने लगे और कविराजों के कुल में गुरु बने होय कालिदासजी की भी आत्मा खुसी हो। जनता जनार्दन की तबियत को पकड़ शहर उज्जैन में जन्मे भए का काम समझकर बीड़ा अपने हाथ लेते बेर में चारों दिशाओं में बैठे प्रकाशकों, सम्पादकों और मल्लिनाथ किसम के आलोचकों को परणाम करता हूँ और अफसोस के साथ देखता हूँ कि सिलोक सिलोक पर थैली लुटानेवाला बीर बिकरम तो मर गया और कालिदास की बड़े आनन्द से कटी पर अब देखें कि कौन मेरा यार सामने आता है कि वाह भई सरद जोसी तैने भारी करी कि क्या चीज लिखी के ले चाय पी।

—बाद इतनी भूमिका के रसिकजनों के सम्मुख मेघदूत 1962 का आरम्भ हुआ जो इस भाँति है।

मेघदूत 1962

एक तो साहब अष्टाग्रही का होना, दूसरे सरकारी नौकरी में ताबड़तोड़ तबादलों की चकल्लस और वह भी ऐसे जमाने में कि जब कुबेर साहब को हैड का चार्ज मिला हो, यह कैसे नहीं होता। बेचारा यक्ष बिना, ज्वाइनिंग पीरियड लिये बिना प्रमोशन के चला आया और रामटेक की कॉलोनी में बमुश्किल तमाम एक कमरा किराए पर लेकर रहने लगा। इस बार जल्दी में वह अपनी फैमिली को वहीं छोड़ आया था और जैसे-तैसे दफ्तर के पहले चार टिक्कड़ सेंककर खा लेता था। बरसात

के दिनों में जब कमरा टपटप चूने लगा और गीली लकड़ियाँ धुआँ मारने लगीं तो बेचारे को अपनी लुगाई की याद आ गई। बिरह में दुबले हो जाने के कारण ढीले हो गए कोट के बटन लगाते हुए उसने आसमान की तरफ देखा। कुछ मन की मौज और कुछ दुखी दिल की पीड़ा में तबीयत हुई कि कौन पोस्टकार्ड भेजे और लिफाफे का खर्च करे। बजाए इसके क्यों नहीं इसी बादल के साथ लगे हाथ लुगाई को भी सन्देशा भिजवा दें। यहाँ यह बताना गैरवाजिब नहीं होगा कि रामटेक की कॉलोनी पर बादल कभी नहीं रुकता पर चूँकि उस दिन किसी आउटडोर फिलिम की शूटिंग चल रही थी सो वह अटक गया।

तो यक्ष ने मेघ से कहा—यार प्यारे! जिगर के छल्ले। हम जानते हैं कि तुम कोई हमारे नौकर नहीं, न तुम्हारा किसी पोस्ट ऑफिस से वास्ता। पर भैया, तुझे देख- देखकर तो अच्छे-अच्छे कवियों और एक्टरों की आँख में आँसू आ जाते हैं, फिर मैं तो घर से अलग महँगाई का मारा एक नॉनगजटेड तीसरे दर्जे का कर्मचारी हूँ। दूर मुलक में अपनी फैमिली यानी खटला यानी बीवी से दूर पड़ा हूँ तो मेरी आँख में आँसू आना सही है। कुटज के फूल कहाँ से लाऊँ, ले तेरे लिए सुपारी कतरता हूँ। तू कहेगा मस्का लगा रहा है पर भैया, ऐसी बात नहीं है। बादल का काम इधर का पानी उधर करना है तो इन आँखों के आँसू की बेइज्जती क्यों? मेरे भाई जब तू अलकापुरी जा ही रहा है तो मेरी खबर भी घरवाली तक पहुँचा देना। बोलना कि तेरे बिरह ने मुझे फिर से कुँवारा कर दिया है और तुम खबर सुनते यहाँ आ जाओ। मुझसे यह रोज की रोटी नहीं सेंकी जाती। आगे तुम सब समझती हो।

मेघ, मैं तेरे लिए एक गाइड तैयार कर देता हूँ जिसके हिसाब से जाना और इधर-उधर के चक्कर में फँसना मत।

हे मेघ, जब तुम यहाँ से आगे बढ़ोगे तो लोग तुम्हें देखकर छाती तान लेंगे, तब ऐसा लगेगा मानो पृथ्वी पर भी आकाश के समान काले बादल घिर आए हों। तुम विशाल आकार-प्रकार के हो इस कारण पचास मेगाटन से प्रभावित तथा रेडियो ऐक्टिव लगते हो। तुम्हें देखकर लड़के स्कूल, बाबू दफ्तर और अफसर दौरे पर जाने का आइडिया त्याग देंगे। पत्रकारगण मौसम पर डिस्पैच बनाएँगे। जब तुम गर्जन करोगे, रेडियो में आ रहे कोकिलकंठी के स्वर खरखर करने लगेंगे। तुम नागपुर नगर बिना अटके हुए, महाविदर्भ आन्दोलन के चक्कर में पड़कर आगे बढ़ जाना। फिर भी मैं जानता हूँ कि यहाँ के सन्तरे का रसपान किए बगैर तुम्हारा मन नहीं मानेगा। जब तुम सन्तरा लेने के लिए मार्केट में झुकोगे तो चंचल चितवनवाली मालिनें अपने स्वभाव और प्रकृति के अनुकूल खट्टा सन्तरा तुम्हें पकड़ा देंगी और दाम पूरे ले लेंगी। इससे तुम्हें हमारी बाजार-व्यवस्था का आइडिया हो जाएगा कि

कैसे हम मौका देखकर खराब माल बेचने से नहीं चूकते। तुम सन्तरा खाकर और छिलके कस्टम नाके पर डालकर शीघ्र आगे बढ़ना क्योंकि इस बार पानी बरसाने जैसे घटिया काम के अलावा खबर पहुँचाने का पोर्टफोलियो भी तुम सँभाले हुए हो। एक अच्छे समाजसेवी को यही प्रदर्शन उचित लगता है कि मेरे पास फुरसत नहीं है।

हे मेघ, जब तुम पानी से भरे गर्जन करते यहाँ से ऊपर उठोगे तो लोगबाग तुम्हें आश्चर्य से देखकर सोचेंगे कि क्या तुम वही हवाई जहाज मिग 21 हो जो भारत रूस से मँगाने की सोच रहा है। तुम शान से भरे-पूरे ऊपर उठो क्योंकि तुम तीसरी पंचवर्षीय योजना के बादल हो और निश्चित ही तुम्हारा टारगेट पिछली योजना से ज्यादा होना चाहिए। तुम बिना प्राइवेट और पब्लिक सेक्टर का ध्यान करते बरसते चले जाओ और ध्यान रखो कि हम मिश्रित अर्थव्यवस्था पर विश्वास करते हैं।

फसल का होना न होना चूँकि आज भी तुम पर ही निर्भर है सो कृषि विभागवाले, बी.डी.ओ. आदि तुम्हें प्रेम से निहारेंगे और ठेकेदारगण तुम्हें गाली देंगे क्योंकि ज्यादा पानी से उनके कच्चे निर्माण-कार्य के खिसकने का खतरा है। यों तुम सभी विभागों के सच्चे सिरदर्द हो, क्योंकि तुम काम तो बिगड़वाते ही हो कई बार इंक्वायरी भी बिठा देते हो।

जब आम्रकूट पर्वत को पार कर तुम नर्मदा नदी का पानी पीओगे तो तुम अच्छी भारी पार्टी लगोगे और जब तुम सराफे पर से गुजरोगे, दलाल तुम्हें इस विचार से घेर लेंगे कि तुम कॉटन या सोना-चाँदी का सौदा करने के मूड में हो। हे मेघ, तुम उनके बहकावे में मत आना। यदि तुम्हें देख कुछ लोग सट्टा लगाने लगें तो आश्चर्य मत करना। मानव स्वभाव है कि वह प्राकृतिक दृश्य देखकर भी शर्त बदलता है।

हे मेघ, अब तुम ध्यान रखो कि यहाँ से तुम मध्यप्रदेश नामक राज्य में प्रवेश कर रहे हो। यहाँ जरूरी है कि तुम भूगोल समझने के पहले राजनीति समझो और उसे समझने का श्रेष्ठ मार्ग यही है कि कुछ भी न समझो। क्योंकि हे मेघ, यदि तुम समझना चाहोगे तो इस बरस तो क्या, दस बरस भी अलकापुरी नहीं पहुँच पाओगे। यहाँ लोग तुम्हें बाहर से आता देख कुछ माँगें करने लगेंगे। वे कच्चे कुएँ, पक्की नाली से लेकर विश्वविद्यालय तक कोई भी माँग कर सकते हैं। तुम भीगे-भीगे रहकर आश्वासन देते हुए गुजरना, नहीं तो तुम्हारी इज्जत बिखेर देंगे।

प्यारे, उज्जैन नगरी का रास्ता जरा टेढ़ा तो पड़ेगा पर जरूर जाना। चूँकि तुम विदिशा से आ रहे हो सो अच्छा हो तुम बस-रूट से भोपाल जाओ। यह राजधानी है और अगर यहाँ के तालाब तुम पानी से नहीं भरोगे तो सोचो कि बाबू लोग पीएँगे

क्या? हे मेघ, तुम भोपाल नगरी पर खूब बरसना ताकि पान खानेवाले रसिक-जनों के थूक-पीक के निशान धुल जाएँ, और फिर से थूकने के लिए जमीन साफ हो जाए। यहाँ से जब गुजरो तो वाह-वाह करते गुजरना ताकि शेर और नज्म पढ़ रहे शायरों के दिलों को सुकून पहुँचे। यहाँ पर लोग तुम्हें लतीफे सुनाने के लिए रोक लेंगे जिन्हें तुम मजे लेकर सुनना, मगर ज्यादा नहीं क्योंकि ये लोग सारी जिन्दगी लतीफे सुना सकते हैं। यह जर्दा-गर्दा-पर्दावाली नगरी है और तुम्हारी खैर इसी में है कि यहाँ से फौरन से पेश्तर 'हीट' जाओ, यानी आगे बढ़ जाओ।

हे मेघ, जब तुम उज्जैन नगरी में जाओ तो यह मत समझना कि ये लोग तुम्हारी प्रशंसा करेंगे और ऐसे भाव-विभोर होकर देखेंगे जैसे कालिदास के समय में देखते थे। नहीं, बल्कि तुम्हें इनकी प्रशंसा करनी पड़ेगी। उज्जैन नगरी के लिए तुम जितने अधिक विशेषण लगाकर भाषण दे सकोगे तुम उतने ही धीर, गम्भीर और विद्वान् कहलाओगे। तुम यहाँ की जनता को उदयन, विक्रम, कालिदास, भरथरी, वाराहमिहिर, अशोक आदि अनेक पुरातत्त्व-व्यक्तियों की नगरी का वासी कहो तो वे सम्मान अनुभव करेंगे। चाहे वे महापुरुष यहाँ रहे हों या न रहे हों। यहाँ कवि-कुलगुरु कालिदास का वंश आकासीसी की तरह फैला हुआ है और चार पंक्तियों की रुबाई से लेकर चार सौ पंक्तियों की लम्बी कविता सुनानेवाले भी यहाँ मिल जाएँगे। हे मेघ, जो यात्री भोपाल की शायरी, उज्जैन की कविता, जबलपुर की कहानियाँ, रीवाँ के इतिहास ग्रन्थ और इन्दौर की टीका-टिप्पणियों से मुक्त रहकर यात्रा कर सका है, वही अपनी मंजिल को पहुँच पाया है। हे सलोने, जय महाकाल का घोष करते हुए क्षिप्रा नदी के पास से जाते हुए यदि कोई पंडा गुरु एक लोटा भंग पीने को कहे तो इन्कार मत करना। उज्जैन की ठंडाई दिल को तरावट देती है और चाल सुधारती है।

और जब उज्जैन आए हो तो लगे-हाथ इन्दौर भी हो आना। इस मायानगरी पर जब तू जाएगा तो अनेक सुन्दरियों के चित्र तुझे अपनी ओर खींचेंगे पर तू फेर में मत पड़ना क्योंकि वे सब सिनेमा के पोस्टर हैं जो तेरी धारा से बहने लगेंगे। हे मेघ, यहाँ के निवासियों में आजकल प्लाट खरीदकर कर्ज से मकान बनाने की बीमारी बहुत फैली हुई है। कहीं तू भी किसी सोसायटी के मामले में मत पड़ना। यहाँ पोहे खाने, कॉफी पीने, दस रुपए जमा कर बैंक में खाता खोलने, मालवी पान चबाने, सायकिल पर चक्रवर्ती बनने, कमेटियों के सदस्य होने, तीन-चार अखबार एक साथ पढ़ने के रिवाज हैं, जो तुझे भी मानने पड़ेंगे। यहाँ के लड़के तुझे देखकर बोर हो जाएँगे, क्योंकि तुम उनके क्रिकेट का पिच बिगाड़ दोगे। तुम्हें देख 'नाली चूआ पतरा' आदि खाने का निर्णय सराफावासी करें तो आश्चर्य मत करना कि ये क्या बोल रहे हैं। हे मेघ, तेरे जितने नामकरण इन्दौर के सराफा में हुए हैं उतने कहाँ हुए होंगे। तू छोटा होगा

तो 'तीतर' और बड़ा होगा तो 'हनुमान' आदि नामों से वे तुझे पुकारेंगे। तुझे देख दंगल या संगीत के कार्यक्रम इन्दौरवासी बनाने लगेंगे। हे मेघ, तू यहाँ सुबई छावनी, शामे तोपखाना और मल्हारगंज का सुख लेकर प्रवास करना और यदि कोई चेहरा पसन्द आ जाए तो भी रुकना मत; क्योंकि ध्यान रख–तुझे मेरी फैमिली तक सन्देशा शीघ्र पहुँचाना है।

हे मेघ, जब कालिदास ने मेघदूत की रचना की थी तब उन नगरों, नदियों और पर्वतों का विस्तार से वर्णन किया था जो विक्रम के राज में पड़ते थे। भैया, जिसका खाना उसकी बजाना–यह प्रथा आज की तो नहीं, पुरानी है। अब गए भोज विक्रम और कालिदास, रह गए तू और मैं। दशपुर भी जाना और चम्बल के बाँध से पानी कम पड़े तो स्टाक कर लेना, आगे काम आएगा। रास्ते में जहाँ तू रुकेगा वहीं की खबरें अखबार में छपेंगी। और तू नहीं रुकेगा तो भी बदनाम होगा। जहाँ बाढ़ आएगी वहाँ नेतागण दौरा करेंगे, राजस्ववाले लगान-माफी सँभालते फिरेंगे, नगरपालिकाओं में बरसात के कारण हुई नगर की दुर्दशा के सन्दर्भ में गाली-गलौज और जूतम-पैजार होएगी, पी.डब्ल्यू.डी. वालों का एस्टीमेट बिगड़ जाएगा, कारीगरों के भाव चढ़ जाएँगे, मकान गिरेंगे, मवेशी बहेंगे। और भी जाने क्या-क्या होगा! इसलिए भैया तेरी इज्जत तेरे हाथ है। तेरे लिए सब समान हैं, कोई यह भाव तो नहीं कि भाई-भतीजों के गाँव में बरसूँ और कहीं नहीं बरसूँ। सो भैया, जल्दी ही तू अलकापुरी पहुँच, वहाँ मलका तेरी राह देखेगी।

अरे मेघ, जब तू अलकापुरी पहुँचेगा तो वहाँ मेरी खटला उर्फ बीवी को खोजने के लिए ज्यादा परेशान मत होना। जो सबसे मोटी हो और दोपहर को जेवर लादे खर्राटे की नींद सो रही हो, वही मेरी पत्नी है। तू जब गरज-गरजकर उसे जगाएगा तो वह बड़बड़ाती हुई उठेगी। यदि तू बाहर सूखते उसके कपड़े भिगो देगा तो वह बिना यह जाने कि तू उसके पति का मित्र है, 'सत्यानास जाय' की गाली तुझे देगी। यह भी हो सकता है कि जब तू वहाँ पहुँचे, वह पड़ोसन से या भाजीवाली से लड़ रही हो। वह एक आदर्श भारतीय नारी है और मोहल्ले की उन सारी गतिविधियों में भाग लेती है जो नारी-जागरण की सूचक हैं। उसे हे मेघ, मेरा यह सन्देश कहना–ओ परमेसरी, मैं यहाँ पड़ा अपने हाथ से रोटी सेंक रहा हूँ, तू आ क्यों नहीं जाती। ये मेरे साले-ससुर अच्छे-अच्छे ओहदों पर हैं। ये लोग बड़े साब से मिल-जुलकर मेरा तबादला क्यों नहीं करवा देते। उस कुबेर के बच्चे ने जिन्दगी तबाह कर दी। अरी मेरी आधी पगार तो तुझे खर्चे का मनीऑर्डर भेजने में चुक जाती है। बरसात में छाता और गरमी में कोर्ट बनवाने तक की बचत नहीं कर पाता। मगर अब बेफिकर रह, तुझे ज्यादा दिन अकेले नहीं रहना पड़ेगा। इस बार जज साहब दौरे पर आए थे, मैंने उन्हें वह मस्का लगाया है कि उन्होंने वादा किया–मेरा तबादला अलकापुरी

कर देंगे। बस धैर्य रख, सुख के दिन आए ही समझ! मुन्ना को प्यार और गुड्डो को आशीष।

हे मेघ, यह सुनकर यदि पूछे कि क्या मैंने सन्देश के साथ कुछ रुपए भी खर्च के लिए भिजवाए हैं तो तू कोई उत्तर मत देना। तू गरज पड़ना, तूफान ला देना, और क्रोध में आगे बढ़ जाना। हे मेघ, तुझे अन्त में क्या कहूँ, थैंक्यू वेरी मच एंड सॉरी फॉर...द ट्रबल!...

मेघदूत की पुस्तक-समीक्षा

वीर विक्रमादित्य के दरबार की शोभा बने नवरत्नों में क्रमांक तीन के रत्न अर्थात् कवि-कुल-गुरु कालिदास की नवरचित पोथी 'मेघदूत' जब सम्पूर्ण हुई तब राजाज्ञा से इक्कीस संस्कृतविद् ब्राह्मण बिठाय के ताड़-पत्रों पर उसकी शत-शत प्रतियाँ करने के आदेश दिए गए जो यथासमय पूरे हुए। सुन्दर शब्दों में ज्यों-का-त्यों उतार देने की कला में प्रवीण उन ब्राह्मण ठेकेदारों द्वारा लिखित पोथियाँ जो प्राप्त हुईं, उनमें से कतिपय श्रेष्ठ प्रतियाँ स्वयं कवि-कुल-गुरु कालिदास ने अपने करों से छाँटीं तथा तत्कालीन पत्र-पत्रिकाओं को सप्रेम सादर समीक्षार्थ भिजवाईं। वायु से वार्तालाप करनेवाले अश्वों पर बैठकर अश्व-सवार देश के विभिन्न भागों में दौड़ पड़े और पत्र-पत्रिकाओं के सम्पादक प्रवरों को दो-दो प्रतियाँ हस्तगत करवा लौट आए। कालिदास जी बैठ 'मेघदूत' पर पुस्तक-समीक्षा की प्रतीक्षा करने लगे। वे जानते थे कि जो आनन्द प्रतीक्षा में है सो प्रकाशन में नहीं, अतः समय को व्यर्थ न गँवा वे अपने आगामी काव्यों के लिए उपमाएँ भी एकत्रित करते रहे, जो उनका प्रिय कार्य था।

कवि कालिदास की काव्य-वाटिका के अद्वितीय कुसुम 'मेघदूत' के विषय में तत्कालीन पत्र-पत्रिकाओं ने जो मत व्यक्त किए, उन्हें हम यहाँ ज्यों-का-त्यों प्रस्तुत करते हैं तथा साथ ही पत्र-पत्रिकाओं का परिचय भी विस्तार से देते हैं, जिससे पाठकों को सुविधा रहे।

अवन्तिका अर्थात् उज्जयिनी नगरी से ही प्रति प्रातः प्रकाशित होनेवाले समाचार-पत्र 'विक्रम कीर्ति चन्द्रिका' ने 'मेघदूत' पोथी का विस्तार से विवेचन किया एवं प्रशंसा के सेतु बाँध दिए। 'विक्रम कीर्ति चन्द्रिका' दैनिक को राज्य शासन द्वारा नियमित विज्ञापन प्राप्त होता था एवं समय-समय पर दान आदि भी प्राप्त होता था। पत्र में पुस्तक-समीक्षा का एक नियमित स्तम्भ चलता था। सम्पादक ने समीक्षक को आदेश दिए कि पोथी की विस्तृत प्रशंसा की जाए। समीक्षक स्वामी के आदेश बजा लाया।

"वीरों में वीर विक्रमादित्य के नवरत्नों में एक, कवियों की पाँत में अग्रस्थान

में शोभित राज्य के सूचना एवं कीर्ति प्रकाशन संचालक कविवर कालिदास जी द्वारा रचित 'मेघदूत' काव्य विगत दिवसों में राज्य द्वारा प्रकाशित पोथियों में निश्चय ही अनूठा रत्न है, जिसका रस हृदय को उसी प्रकार तृप्त करता है जैसे ग्रीष्म ऋतु में ईख का रस। वीर विक्रमादित्य के राज्य के क्षेत्र में शोभित विभिन्न नगरों की मनोहारी शोभा का वर्णन करने की चेष्टाएँ अतीत में भी नाना प्रकार से राज्य सूचना विभाग द्वारा सम्पन्न हुई हैं पर इस लक्ष्य से जैसा रूपक कवि कालिदास ने बाँधा वैसा तो अभी तक दृष्टि में नहीं आया। क्यों न हो? जब कवि-कुल-गुरु कालिदास-सी प्रतिभाएँ शासकीय सेवा स्वीकार कर राज्य की शोभा बढ़ा रही हैं, तो 'मेघदूत' ग्रन्थ प्रसूत होंगे ही।

'मेघदूत' का बाह्य रूप एक काव्य का है। अलकापुरी से निष्कासित एक यक्ष ने अपनी प्रियतमा से सन्देश पठवाने हेतु मेघ को माध्यम चुना और दूत के रूप में जब मेघ चला तो मार्ग में हमारे राज्य के नगर आए, जिनकी शोभाश्री का वर्णन काव्य में भरा पड़ा है। अर्थात् दूत काव्य के मिस कालिदासजी ने महाराजाधिराज विक्रम के राज्य में सुख से जीवनयापन करनेवाले नागरिकों तथा विकासमान नगरों की शोभा वर्णित की है। इस प्रकार 'मेघदूत' काव्य तो है ही पर लगे हस्त एक प्रचार-पुस्तिका एवं यात्रियों हेतु मार्गदर्शिका भी बन गई है। कहिए स्वर्ण में सुहागा। पठन से राज्य के नगर, ग्राम, वन, पर्वत, सरिता, कृषि, उद्योग एवं धार्मिक स्थलों का समस्त अनिवार्य ज्ञान प्राप्त हो जाता है। कालिदास ने उपमाओंवाली शैली उपयोग करने के साथ यहाँ-वहाँ उपदेश भी जड़ दिए हैं तथा इस प्रकार ग्रन्थ का साहित्यिक स्तर उठाने का प्रयास किया गया है, जिसमें वे पर्याप्त सीमा तक सफल भी हुए हैं। कतिपय उपमाएँ तो अत्यन्त ही मौलिक बन पड़ी हैं। हमारे राज्य का अधिकांश क्षेत्र कृषि-प्रधान है, अतः मेघ को माध्यम चुनना उचित एवं राज्य की जनता की भावना के अनुकूल है।

उपर्युक्त काव्य की रचना कर हमारे राज्य के सूचना संचालक कविवर कालिदासजी ने बहुत काल से अनुभव किए जा रहे एक अभाव को दूर कर दिया है कि राज्य में यात्रियों के लिए उपयुक्त मार्गदर्शिका नहीं है। विगत दिवसों में महाराज वीर विक्रमादित्य द्वारा पर्यटन विकास हेतु अनेक कार्य राज्य में हुए हैं, जिनमें विदिशा उज्जयिनी मार्ग का सुधार प्रमुख है। राजधानी नगर उज्जयिनी की शोभा बढ़ाई गई है, क्षिप्रा पर नए घाट बने हैं। निश्चय ही इससे पर्यटक आकर्षित होंगे एवं यह पोथी यात्रियों को उपयोगी होगी। अश्व-यात्री भी सुविधा से पढ़ सकें एवं यात्रा में साथ रखी जा सके, इस आशय से पोथी छोटी बनाई गई है, मूल्य भी चार दमड़ी रखा गया है जो अधिक नहीं है। प्रकाशन के लिए सूचना विभाग बधाई का पात्र हैं। इससे निश्चित ही अपरोक्ष रूप से महाराजा की कीर्ति दिग्-दिगन्त तक

फैलेगी। आशा है, राज्य के सभी पंडित इसका अध्ययन एवं प्रशंसा कर अपनी स्वामिभक्ति का परिचय देंगे।''

अवन्तिका से ही उस काल का 'काव्य चन्द्रोदय' नामक एक मासिक प्रति पूर्णिमा को प्रकाशित होता था। इसके सम्पादक स्वयं कवि थे, जिनके संकलन की भूमिका कालिदास ने लिखकर गौरव में चार चन्द्र लगाए थे। अवन्तिका में कालिदास गुट के सभी कवि, जो राज्य द्वारा आयोजित कवि-सम्मेलनों में भाग लेते थे, 'काव्य चन्द्रोदय' में लेखनी चालित करते थे। पत्र में 'मेघदूत' की समीक्षा में लिखा अंश यों है :

''कालिदास की सरस्वती-सेवा से तो बाल-वृद्ध सभी परिचित हैं। राज-सम्मान प्राप्त होने के उपरान्त से आपके परिश्रम में वृद्धि ही हुई है, जिसका सुपरिणाम है 'मेघदूत' काव्य। यह रचना मात्र एक मार्गदर्शिका न होकर एक साहित्यिक ग्रन्थ भी है। बल्कि कहा जाए कि काव्य-पथ के यात्रियों के लिए प्रकाश-स्तम्भ। काव्य की कथावस्तु अत्यन्त सरल, रोचक एवं हृदयस्पर्शी है। भाषा सरल, मुहावरेदार एवं नाना उपमाओं से सज्जित। पढ़ते समय विभिन्न स्थलों के दृश्य आँखों के सम्मुख उत्तिष्ठ हो जाते हैं। कवि ने भावों का संघर्ष भी खूब दर्शाया है।

''हम यह बल देकर कहेंगे कि 'मेघदूत' को मात्र काव्य समझना भूल होगी। वे कालिकादासजी जैसे विद्वान्, अनुभवी एवं विचारशील व्यक्ति के उद्‌गार ही हैं, स्फटिक-से उज्ज्वल। शैली मनोहर है, जिसमें कवि की आनन्दमयी आत्मा ही एक-एक श्लोक में प्रतिबिम्बित हुई है। ऐसे शताधिक श्लोक हैं। पठन करते समय एक-एक श्लोक पर पाठक प्रशंसा में 'वाह-वाह, किं वार्ता है' आदि वाक्य बोल उठता है। गम्भीरता के साथ सरसता, प्रसाद के साथ विनोद कालिदास की विशेषता है। पुस्तक संक्षिप्त एवं उपयोगी है, जो पुस्तकालयों की शोभा बढ़ाएगी। हम आशा करते हैं कि भविष्य में भी कालिदासजी ऐसे छोटे-छोटे ग्रन्थ रच माँ संस्कृत की झोली भरेंगे।''

उसी काल में विदिशा नामक नगरी से 'समाचार प्रभाकर' नामी एक पत्र दैनिक प्रस्फुटित होता था। साहित्य पृष्ठ का सम्पादन एक स्थानीय कवि करते थे। वे कालिदास की सफलता से हृदय ही हृदय में दग्ध थे। 'मेघदूत' पर आपने यों कृपा की :

''काव्य में उपमावाद की स्थापना में कवि कालिदास का विशेष योग है। प्रस्तुत पुस्तक 'मेघदूत' भी इसी वाद की पोषक है। जहाँ देखो वहाँ उपमाएँ। लगता है, कवि की सम्पूर्ण प्रतिभा उपमाएँ खोजने में व्यय होगी। कतिपय सुन्दर भी बन पड़ी हैं। कतिपय ऐसी कठिन कि रहस्य समझने हेतु बुद्धि रगड़नी पड़े। विवाद का विषय हो सकता है कि क्या उपमाओं का बाहुल्य ही साहित्य की श्रेष्ठता की कसौटी है?

आश्चर्य नहीं 'मेघदूत' काव्य के साथ यह विवाद बल पकड़े। सत्य तो यह है कि हमें शाकुन्तल जैसे नाटक के रचयिता से ऐसी पुस्तक पाकर निराशा ही हुई। भविष्य में वे संस्कृत साहित्य को क्या देंगे, इस विषय में भविष्यवाणी कोई ज्योतिषी ही कर सकता है; पर वर्तमान में लगता है कि कवि अब चुक-सा गया है, बार-बार वही शैली पिट रही है। कालिदास की प्रतिभा, लगता है, अपना श्रेष्ठ दे चुकी।

"यों तो आजकल कथा एवं काव्य में विभिन्न नगरों एवं क्षेत्रों के नाम देने की प्रवृत्ति-सी चल पड़ी है। शायद कृतिकार का लोभ होता है कि उसकी पुस्तक अन्य नगरों में भी क्रय की जाएगी एवं आदर पाएगी, अतएव इसी लक्ष्य से वे शोभा-वर्णन बढ़ा-चढ़ाकर करते हैं। परन्तु इस दृष्टि से भी 'मेघदूत' काव्य ने हमें निराश किया है। विदिशावासी होने के कारण हम नम्रता से कहना चाहेंगे कि यद्यपि कालिदासजी इस नगरी में आ चुके हैं, यहाँ के जीवन एवं नगरी के सौन्दर्य का परिचय उन्हें नहीं है। विदिशा नगरी के सौन्दर्य का जो वर्णन आपने किया है, उससे अनेक गुणित अधिक सौन्दर्य बिखरा रहे हैं इस नगरी में। कालिदासजी ने विदिशा की तुलना में उज्जयिनी को अधिक सुन्दर बताया। ग्रन्थ में प्रमुख पात्र यक्ष तो इसी प्रकार मेघ रूपी दूत से कहता लगता है। महाराजाधिराज वीर विक्रमादित्य ने राज्य में न्याय की स्थापना की। उनकी दृष्टि में जैसी प्रिय अवन्तिका है, वैसी ही विदिशा—सब समान हैं परन्तु उसी न्यासी दरबार के कवि कालिदास अपने काव्य में न्याय स्थापित नहीं कर पाए। क्या ही उपयुक्त होता है, कवि महोदय 'मेघदूत' लिखने के पूर्व इन स्थानों की यात्रा कर लेते और दूसरों से सुनी वार्ताओं पर अपना वर्णन आधारित नहीं करते।

"कवि कालिदासजी संस्कृत भाषा के अच्छे ज्ञाता हैं। यह अपेक्षा करना स्वाभाविक है कि उनकी रचना में भाषा और व्याकरण सम्बन्धी त्रुटियाँ न हों। पर हमें कहते हुए संकोच है कि इस ग्रन्थ में भयंकर भूलें रह गई हैं जिन पर पंडितों का ध्यान अवश्य जाएगा। आशा है, इन दोषों का मार्जन हो जाएगा। अन्त में हम इतना ही कहेंगे कि अभी संस्कृत साहित्य को कालिदासजी से अनेक आशाएँ हैं तथा जिस सम्माननीय पद पर वे विराजित हैं, उसकी अपेक्षाएँ उन्हें पूर्ण करनी हैं।"

तक्षशिला नामक नगरी से 'पद्य-प्रतिभा' नामक मासिक प्रकाशित होता था। तक्षशिला के एक शिक्षक महोदय इसमें पुस्तक-समीक्षा किया करते थे। 'मेघदूत' छोटा-सा काव्य था, अतः अधिक पंक्तियाँ व्यय करना उन्हें उचित नहीं लगा।

"उज्जयिनी-निवासी कालिदास नामी कवि रचित काव्य 'मेघदूत' की प्रति देखने को मिली है। छोटी-सी पुस्तक है। काव्य में एक विरही यक्ष ने मेघ को अपनी विरह की पीड़ा सुनाई है और उसे दूत बना निवेदन किया है कि अलकापुरी में प्रियतमा को सन्देश दे। यात्रा-हेतु मेघ को विस्तारपूर्वक निर्देश भी दिया है। हमें तो सम्पूर्ण रचना हास्यास्पद ही लगी। विरही द्वारा पक्षी, वायु आदि से सन्देश भिजवाने की बात

तो सुनी है एवं कविता की परम्परा के अनुसार है पर मेघ से सन्देश भिजवाने की सूझ विचित्र है। इसके लिए पृथ्वी पर खड़े विरही को बड़े ऊँचे स्वर में चिल्लाना पड़ता होगा। विरह में पीड़ित व्यक्ति की शारीरिक अवस्था देखते हुए यह सम्भव नहीं प्रतीत होता। फिर विरही महोदय, जो जाति से यक्ष हैं, (आश्चर्य है, कवि को कोई अन्य विरही न मिला) अपने सन्देश में विरहिणी को कोई खास बात भी नहीं कहते। वही घिसी-पिटी प्रेम की बातें, जो बीसियों बार कही जा चुकी हैं। यों काव्य ठीक है तथा कहीं-कहीं वास्तव में सुन्दर बन पड़ा है। उपमाओं का बाहुल्य खटकता है। मूल्य अधिक है चार दमड़ी।''

कलिंग देश से एक साप्ताहिक प्रकाशित होता था–'कलिंग गौरव' जिसका दक्षिण के बुद्धिवादियों में बड़ा आदर था। कालिदासजी ने समीक्षार्थ 'मेघदूत' की प्रति उसे भी भेजी। पत्र ने तुरन्त उसे सामयिक राजनीति से जोड़ा।

''उत्तरवासी शासक एवं विद्वान् विगत अनेक वर्षों से दक्षिण पर संस्कृत भाषा थोपने की चेष्टा कर रहे हैं तथा संस्कृत भाषा की श्रेष्ठता प्रमाणित करने के लिए कवियों, लेखकों एवं व्याकरणाचार्यों को धन देकर नित नए ग्रन्थ भी रचवा रहे हैं। एक ओर तो दक्षिण क्षेत्र से यह आशा की जाती है कि हम अपनी प्रिय मातृभाषा छोड़ संस्कृत जैसी क्लिष्ट एवं कटु भाषा स्वीकार करें तथा इधर संस्कृत पुस्तकों में दक्षिण भारत की लगातार उपेक्षा की जा रही है। अनेक कथन के प्रमाणस्वरूप हम 'मेघदूत' नामक एक सद्यःप्रकाशित काव्य प्रस्तुत करेंगे, जिसे उत्तर क्षेत्र के राजा विक्रमादित्य ने अपने दरबार के किन्हीं कवि कालिदास से रचवाया है। कवि महोदय ने यह बताने की चेष्टा की है कि आषाढ़ के मेघ उनके ही राज्य से उठकर राजधानी की ओर बढ़ते हैं, काव्य का नायक निर्वासित यक्ष उन मेघों से सन्देश भिजवाता है। क्या कवि महोदय नहीं जानते कि उत्तर भारत को सींचनेवाले बादल दक्षिण के समुद्र से उठते हैं? क्या वे अपने यक्ष को निर्वासित कर दक्षिण के समुद्र-तट पर नहीं बिठा सकते थे, जहाँ से वास्तव में मेघ उठते हैं और सन्देश भेजने में सुविधा होती? पर यह प्रश्न उत्तर के इन संस्कृत कवियों से करना व्यर्थ है। वह तो अपने ही क्षेत्र की सोचेगा, वहीं की शोभा का वर्णन करेगा। जिस भाषा में ऐसे संकीर्ण कवि हों जो 'मेघदूत'-सा काव्य रचें, वह भाषा किसी दक्षिणवासी को कैसे स्वीकार होगी?''

इसके अतिरिक्त अन्य पत्रों ने 'मेघदूत' का उल्लेख सिर्फ 'प्राप्ति स्वीकार' के अन्तर्गत ही किया। उत्तर भारत के हस्तिनापुर क्षेत्र से निकलनेवाले प्रसिद्ध पत्र 'संजय-सन्देश' में उस दिनांक को प्राप्त पुस्तकों में 'मेघदूत' का उल्लेख था।

'नीबू गुण विधान'; लेखक : कविराज वैद्याचार्य मार्तंड भास्कर शास्त्री; प्रकाशक : मार्तंड भास्कर प्रकाशन, अयोध्या; मूल्य : दस दमड़ी।

'मेघदूत काव्य'; रचयिता : कालिदास; प्रकाशक : विक्रम कीर्ति प्रकाशन,

उज्जयिनी; मूल्य : चार दमड़ी।

'सुहाग रात्रि प्रदीपिका'; लेखक : वंशीधर रसिकेश; प्रकाशक : रसिकेश पुस्तक माला, मथुरा।

अपने काव्य 'मेघदूत' की उपर्युक्त समीक्षाएँ पढ़कर कवि कालिदास ने आत्महत्या के उद्देश्य से उज्जयिनी के समीप बहनेवाली क्षिप्रा नदी में छलाँग लगा दी परन्तु साहित्य के सौभाग्य से क्षिप्रा उक्त काल में भी आज की तरह अधिक गहरी नहीं थी। कविवर तैरते हुए किनारे आ लगे। बाद में कालिदास ने और भी ग्रन्थ रचे और समीक्षार्थ भेज साहित्य के नियमों का निर्विकार भाव से पालन किया।

कहहुँ लिखि कागद कोरे!

जो मुझे आमन्त्रित करते हैं, मन-ही-मन आश्वस्त रहते हैं कि मैं क्यों आने लगा और आना चाहूँगा भी, तो कब आ सकूँगा? पर जब प्यारे बाबूलाल ने गाँव आने को कहा और मैं बोला कि अगले सप्ताह पहुँच रहा हूँ, तो उसे ही नहीं, सकल ग्राम-जगत् और साहित्य-जगत् को धक्का लगा। यह क्रिया अपनी जनमपत्री पर जूता मारने की-सी थी। मैंने घोषित किया कि मैं उधर कोई माह-भर ठहरूँगा और एक आंचलिक उपन्यास लिखूँगा, ताकि सनद रहे और वक्त पर काम आए कि हमारा भी भारतीय जीवन के यथार्थ से गहरा ताल्लुक रहा है। मैंने एक रिम बढ़िया क्वालिटी का फुलस्केप साइज में कटा कागज खरीदा, श्रेष्ठ कोटि की स्याही ली, दो विश्वस्त फाउंटेनपेन और जिस अन्दाज से सिकन्दर ने बेबिलॉन छोड़ा था, मैं शहर छोड़ गाँव चल दिया।

गाँव, गाँव था। मैंने चारों ओर घूम-घूमकर देखा, वह गाँव ही था। यदि कहीं शहर होगा भी, तो आत्मा में होगा पर उसका बाहरी भौतिक शरीर गाँव का ही था, जिससे मुझे मतलब था। एक पतली-सी नदी, एक अदद अमराई, चन्द ढोर-डंगर, बड़ी संख्या में उजड्ड-से लगनेवाले लोग, सीमित समझ के कुछ कुत्ते, अपनी कला पर मोहित हलवाई, एक अनुभव-सम्पन्न नाई, एक चलता-पुर्जा पुरोहित, हवा, काफी सारा आसमान एवं खुर्राट रिटायर्ड कम्पाउंडर, कुछ नीम सुन्दर कन्याएँ, विधवाओं-सी विधवाएँ, कोई दस-बारह टीरीमिजाज छुटभैये नेता, सवैया युग से गांधी युग तक अपनी ही उपजाई भावुकता में फँसकर भूतपूर्व फ्रस्ट्रेटेड प्रौढ़ साहित्यकार अपनी चालीसोत्तर कविताओं को अभी भी सहेजे, दो कुएँ जिनमें एक अपेक्षाकृत प्रशंसित, कौवे, दीगर स्थानीय पंछी, एक भूत, एक चौपाल, एक बजरंगबली, एक पीर की दरगाह, कुछ आदि-आदि कुछ इत्यादिनें! गरज यह कि पूरा आंचलिक उपन्यास भर सामान था। लोग गलत हिन्दी बोलते थे, जो मेरी रचना की प्रथम आवश्यकता थी। आवश्यकता आविष्कार की अम्मा है। कुछ गलत हिन्दी मैं स्वयं बिना जनसहयोग के लिख लेता हूँ।

मैंने टेबल को खिड़की के पास लगाया। खिड़की से गाँव का एक विराट चल

कार्टून सहज अवस्था में प्राप्त था। मैंने एक रिम कागज में से कुछ कागज निकाले और 'बोल सियावर रामचन्द्र की जय' कहता लिखने लगा। आंचलिक उपन्यास की प्रेरणाएँ भिन्न हैं।

कमरे के उत्साही झाड़ू लगानेवाले ने, जिससे मैंने वचन ले लिया था कि वह उपन्यास पर झाड़ू नहीं मारेगा, मेरे एक रिम कागज को देखा और उसके मन में एक दार्शनिक प्रश्न उत्पन्न हुआ, क्या यह ढेर भर होना ज़रूरी है? मुझे इतने कागजों की क्या आवश्यकता है? ग्राम-वासियों के जीवन में कागज परचून की पुड़िया के रूप में प्रवेश करता है, अपनी श्रेष्ठ नाजुक अवस्था में वह कचहरी के आवेदन-पत्र के रूप में नजर आता है तथा आम धारणा यह है कि पतंग का कागज सबसे अच्छा होता है। इसके अतिरिक्त किसी प्रकार के कागज से उन्हें करंटानुभूति होती है, चाहे वह बनिए का खाता हो, कोर्ट का सम्मन या दूर के रिश्तेदार का पोस्टकार्ड। उन्हें कागज से अपशकुन की महक आती है। गाँववालों को इतने कागज एक साथ रखकर बैठा शख़्स खतरनाक लग सकता था पर मेरे भोले-भाले चेहरे को देख वे इसी नतीजे पर पहुँचे कि बन्दर के हाथ उस्तरा लग गया है।

दूसरे दिन झाड़ू निकालनेवाले मंसाराम ने मुझसे दो कागज माँगे। बड़ी नम्रता और संकोच से बोला। मैंने उदारता से उत्तर दिए और दो कागज थमा दिए। वह चला गया और मैं उपन्यास की शुरुआत करने के लिए किसी दूर की कौड़ी का इन्तजार करने लगा।

शाम को मुझे वहाँ के भूतपूर्व जागीरदार ने खाने पर बुलाया। पढ़े-लिखे थे। अपने खेतों को फार्म कहते थे। पुरखों के जमाने में दरवाजे पर हाथी बँधता था, आजकल एक बिगड़ा हुआ ट्रेक्टर स्थायी भाव-सा खड़ा रहता है। मेरी व्यंग्य रचनाओं के घोर प्रशंसक थे। यद्यपि जिन रचनाओं की चर्चा वे कर रहे थे, वे मेरी नहीं हरिशंकर परसाई की लिखी थीं। पर विषय बदलने के डर से तथा अपनी सहज नम्रतावश मैंने उनके कथन में सुधार करना उचित नहीं समझता। सोचा चलने दो, कौन यह नामवर सिंह है, जिसकी भूलें सुधारना साहित्य का तकाजा हो। तभी वे बोले, "सुना, आपके पास बहुत अच्छा सफेद कागज है। आज मंसाराम अप्लीकेशन लिखवाने यहाँ आया, तो मैंने देखा। मैंने पूछा—भाई, तेरे पास यह कागज कैसे? तब उसने बताया। मैं किसी को आजकल में कागज खरीदने शहर भेजने की सोच रहा था।"

"आपको कितना चाहिए?" मैंने पूछा।

"यही आठ-दस कागज।"

"भिजवा दूँगा।"

दूसरी सुबह मैंने कोई दस-पन्द्रह कागज जागीरदार की सेवा में प्रेषित कर दिए और भावी उपन्यास की मूल वस्तु पर विचार करने लगा।

गाँव की दोपहर वहाँ की रातों की तरह बोर होती है, यद्यपि नीतिवश मैं उपन्यास में नहीं लिखनेवाला था। ऐसी ही दोपहर को दो कन्याएँ मेरे कक्ष के इर्द-गिर्द मँडराने लगीं। वे मुझे देखतीं और हँसती हुई झमक से इधर से उधर निकल जातीं। फिर कभी खम्भे के पीछे छुप बतियातीं और बीच-बीच में मुझे देखतीं। मुझे लगा प्रभु मेरे उपन्यास के लिए हीरोइन भेज रहे हैं। पर इसी बीच अपने भरे-पूरे शरीर का समूचा आत्मिक बल जुटा वे समीप आईं और एक ने दूसरी की तरफ इशारा कर कहा, "इसे लिखने को कागच चइए।"

"हट, मेरे को क्यों चइए, तुझे ही चइए," दूसरी बोली।

"तुझे नी चइए क्या?"

दूसरी शरमा गई। मैंने अपने माइनस फाइव पाइंट फाइव से उन पर रसभीनी नजर डालकर पूछा, 'काँय को चइए?"

इस पर पहली ने गर्दन को कुछ ऐसा खम दिया, जिसके अर्थ थे तुमको क्यों बताएँ? दूसरी खिड़की के बाहर तकने लगी।

"ले जाओ," मैंने दो कागज दिए। उसे अपने हृदयस्थल के समीप सटाते हुए उसने कहा, "दो और दो।"

"लो," मैंने दे दिये।

वे फिर हँसती-मुस्कुराती, पलट निहारती चली गईं।

दो दिन में ग्राम के युवा वर्ग को मेरे पास कागज होने की सूचना मिल गई। एक लड़का मेरे पास आया और पूछने लगा कि कुएँ पर पम्प लगाने को बैंक से कर्ज लेने के लिए क्या करना पड़ेगा? मैंने अपनी समझ भर समझाया, तो बोला, "कागज दे दीजिए, अप्लीकेशन देना है।" मैं न देता, तो ग्राम का विकास रुक जाता, इसलिए दे दिए। फिर कुछ और लड़के आए। मैंने काँपते हुए महसूस किया कि ग्राम में आत्मोन्नति की लहर फैल रही है। कोई आवेदन कर रहा है, कोई किसी विभाग को शिकायत भेज रहा है और कागज मैं दे रहा हूँ। जब मैंने रुखाई बरती, तो वे भी मुझसे रूखे पेश आ कागज माँगने लगे। उनका तर्क था कि जब आपने दूसरों को दिये, तो हमें क्यों नहीं दे रहे हैं। तभी गाँव में एक वारदात हो गई। तहकीकात के लिए जो आया, उसने मेरे कमरे के बाहर बरामदे में बैठ सारी कार्यवाही की। वहाँ न भी करता तो भी कागज तो मुझे ही देने थे। मेरे कागज पर सरपंच ने गाँव में एक जोरदार नोटिस घुमा दिया। मेरे कागज पर एक पार्टी ने सरपंच के काले कारनामे लिखकर चिपका दिए। उसका जोरदार उत्तर उसने मेरे कागज पर दिया। सारे गाँव में मुझसे कागज प्राप्त कर कोई करिश्मा करने की प्रतियोगिता आरम्भ हो गई। कुछ-कुछ देर में कोई आता और नम्रता से या आँखें दिखाता, कागज ले जाता। लड़कियाँ आतीं, वे पान की दुकान पर खड़े लड़कों को प्रेम-पत्र लिखतीं, जो उनके

बाप पकड़ लेते और मुझसे लड़ने आते कि मैंने कागज क्यों दिया और फिर लड़कों की रिपोर्ट करने के लिए कागज ले जाते। गाँव के लोग आधी रात को मुझे उठाते और कागज माँग ले जाते। मेरे कागजों के कारण वातावरण में सक्रिय तनाव था और मुझे लगा कि किसी को भी मैंने कागज देने से इन्कार किया तो वह अँधेरे-उजाले मुझ पर आक्रमण कर सकता है। मैं पार्टी बनना नहीं चाहता था, इसलिए कागज दे देता था। आंचलिक उपन्यास सम्भव नहीं था क्योंकि कागज कम बचे थे। मैं कम-से-कम एक लम्बी कहानी लिख लौटना चाहता था। पर जिस तेजी से कागज जा रहा था, वह सम्भव नहीं था। मैं यथार्थ पर अपनी पकड़ गहरी करने के चक्कर में गाँव की एक सभा सुनने चला गया। वहाँ भाषणों का मूल स्वर यह था कि यदि हम अपने ग्राम का विकास कर लें, तो फिर शेष भारत का ही रह जाएगा, जो खास ज्यादा नहीं। वहाँ प्रस्ताव पास हुए और तय हुआ कि नदी पर बाँध बनाने, हाई स्कूल खोलने के लिए आवेदन किए जाएँ और साथ ही भाषणों में कहा गया कि जहाँ तक आवेदन के लिए कागजों का सम्बन्ध है, (मेरा नाम) यहाँ हमें वरदान के रूप में प्राप्त हैं, उसकी कमी नहीं होगी। कमी है, केवल एकता और दृढ़ उद्‌देश्य की, जिसे हमें दूर करना है और गाँव को आगे बढ़ाना है।

किसी ने कहा था कि इस देश में नवयुग आएगा, तो वह गाँव से आएगा। कहने को तो कहा गया पर नहीं जानता था कि वह सच कह रहा है। कागज का सुरक्षित एकाधिकार मेरे पास से जिस गति से वितरित हुआ, मैं उस कथन में निहित सत्य से परिचित हो गया था, मैंने सामान बाँधना शुरू किया। एक कागज बचा था। मैंने भारतमाता ग्रामवासिनी को मन में रख एक कविता लिखने का प्रयास किया :

बिखरा जाता हूँ तेरे आँचल में
ओ माँ
अपने सारे पत्र
यत्र तत्र सर्वत्र
पूरा रीम
आम बरगद नीम
गए हैं जीम
बिखरा जाता हूँ तेरे आँचल में
लिखने की आस
उपन्यास
काँस घास पलास
बचाकर अपनी साँस

बचाकर जाता हूँ

ओ माँ!

उस शाम मैं गाँव से लौट आया। बाद में प्यारे बाबूलाल ने मुझे बताया कि मेरे जाने के दो माह की अवधि में गाँव में तीन निर्माण कार्य स्वीकृत किए गए, दो वारदात हुईं, चार लड़कियाँ भागीं और उन सबके मूल में मेरे बाँटे कागज का योग था, तो मुझे विश्वास नहीं हुआ। लेखक अपने अलिखित पृष्ठ यदि समाज को सौंप दे, तो वह ज्यादा हलचल उत्पन्न कर सकता है। लिखकर जो सेवाएँ मैंने की हैं, उनसे बढ़कर मैंने न लिखकर सेवाएँ की हैं। इस तथ्य की ओर नम्रता से ध्यान आकर्षित कर मैं अपना स्थान ग्रहण करूँगा। धन्यवाद।

●●●